Anne Vorderwülbecke

STUFEN 3
INTERNATIONAL

Deutsch als Fremdsprache
für Jugendliche und Erwachsene

Lehr- und Arbeitsbuch

> Man kann Sprache nur verstehen,
> wenn man mehr als Sprache versteht.
> *Hans Hörmann*

Ernst Klett International
Stuttgart

STUFEN INTERNATIONAL 3
von
Anne Vorderwülbecke
Phonetikprogramm:
Klaus Vorderwülbecke

Erklärung der Symbole

 Sie befinden sich im Lektionsabschnitt „Situationen – Texte – Redemittel"

Sie befinden sich im Lektionsabschnitt „Phonetik"

Sie befinden sich im Lektionsabschnitt „Grammatik"

Sie befinden sich im Lektionsabschnitt „Aktivitäten"

 Partnerarbeit

 Kleingruppenarbeit (3-5 KT)

 zwei oder mehr KT im Plenum

 lehrergesteuerte Arbeit

 schreiben

 lesen

 sprechen

 Hörverstehen (Kassette, Text im Lehrbuch)

 Hörverstehen (Kassette, Text im Handbuch für den Unterricht

 Höflichkeitsform „Sie"

 Rundfrage

Rollenspiel

Abkürzungen

A   = Akkusativ
Ang. = Angabe
D   = Dativ
Ⓓ Ⓐ ⒸⒽ = Deutschland, Österreich, Schweiz
DIR   = Direktivergänzung
E   = Ergänzung
G   = Genitiv
KT   = Kursteilnehmer/in
L   = Lehrer/in
N   = Nominativ
PRÄP = Präpositivergänzung
QUAL = Qualitativergänzung
SIT   = Situativergänzung
V   = Verb

Gedruckt auf Papier aus chlorfrei gebleichtem Zellstoff

1. Auflage A1 7 6 5 4 3 | 2003 2002 2001 2000 1999
Alle Drucke dieser Auflage können nebeneinander benutzt werden,
sie sind untereinander unverändert.
Die letzte Zahl bezeichnet das Jahr des Druckes.

Redaktion: Sabine Utheß, Stuttgart
Herstellung und Layout: Buch & Grafik Design, Günther Herdin GmbH, München
Repro und Satz: Hans Buchwieser, Satz- und Druck-Service GmbH, Kirchheim b. München
Druck: Grafos S.A., Barcelona · Printed in Spain

ISBN: 3-12-675290-X

Lektion/Themen	Situationen/Texte/Redemittel	Phonetik	Grammatik	Kommunikation/ Aktivitäten
Begegnungen Eindrücke in einem fremden Land, kulturelle Unterschiede, (inter-kulturelle) Kontakte, Freunde finden, multi-kulturelle Gesellschaft, Wechsel der Staatsbür-gerschaft, Integration durch Anpassung **21** S. 9	**Sprachliche Handlungen:** Eindrücke schildern und vergleichen, jemanden einladen, zögern, jeman-den überreden, zusagen, ablehnen, Dialog erstellen, Geschichten zu Bild-folgen erfinden, Cartoon ergänzen, Begriff „Freund/Freundin" hinterfra-gen, diskutieren, Informations- und Kommentartext schreiben und vor-tragen **Textsorten:** Sachtext (Erlebnisbericht: „Als ich in Deutschland ankam, ...", Illustrierten-text „Überall gut angekommen?"), Cartoon, Bildgeschichte, Dialog, HV-Text (Erlebnisbericht „Das ist bei uns anders", Dialog „Frisch gewagt ist halb gewonnen", Radiosendung: Dis-kussion über multikulturelle Gesell-schaft), Lerner-Gedicht „Freunde", Literarischer Text: Dikmen „Kein Geburtstag, keine Integration" S. 9	**Wiederho-lung:** (L. 11 – 20): 1. Artikulation und Lippenstel-lung bei Vokalen 2. Rhythmus-gruppen, Sprechmelodie, Satzakzente und Pausen S. 16	Positionen im Satz: Komplexe Sätze (Wiederholung); Präpositionen (V) mit Genitiv: *während, wegen, (an)statt, trotz;* Temporale, modale und lokale Anga-ben; Präpositivergän-zungen (II); Partikeln (Wieder-holung) S. 17	**Kommunikations-zentrum** Diskussionsformeln: Eigene Meinung aus-drücken, Zustimmen, Eingeschränkt zustim-men, Widersprechen; Diskussion: Wechsel der Staatsangehörigkeit – Pro und Kontra, Integrati-on durch Anpassung; Informationstext: Mit-einander leben **Aktivitäten:** Projekte; Spiele und Aufgaben; Gestik – Mimik; Sprichwörter und Redensarten; Ausge(D)(A)(CH)te Geschichten; Gespräch mit Lunija S. 23

Städte – Regionen – Länder: Die „Regio" am Oberrhein S. 24/25

Lernen Lernmethoden, Mogeln, alternative Lernmetho-den, Gedächtnisfunk-tionen, Gedächtnis-tests, Schulnoten, autonomes Lernen, Schulsystem im Hei-matland **22** S. 26	**Sprachliche Handlungen:** Bild beschreiben, Erlebnisse schil-dern, Inhalt zusammenfassen, Dialog rekonstruieren, Sachtext ergänzen und zusammenfassen, über eigene Erfahrungen berichten, diskutieren, Informations- und Kommentartext schreiben und vortragen **Textsorten:** Cartoon, HV-Text (Erlebnisbericht „Mogeln mit Fantasie, Sachtext mit Musik „Superlearning", Dialog „Tipps und Tricks für besseres Behalten"), Dialog „Lernen mit der Maus", literari-scher Text: Churchill „mensa – o Tisch", Sachtext „Wie das Gedächt-nis funktioniert", Gedächtnistest „Tipps und Tricks für besseres Behal-ten" S. 26	1. Satzphonetik (II): Phonetische Umschrift 2. Sprechmelo-die und Satzak-zent S. 33	Zeitenfolge und Positionen im Satz; Nebensätze mit Modalverben im Perfekt bzw. Plus-quamperfekt; *werden*-Passiv mit Modalverben; Nebensätze (VIII): *je ... desto/umso* S. 34	**Kommunikations-zentrum** Formeln zur Diskussions-organisation: Die Diskus-sion eröffnen, Zu weiterer Äußerungen ermuntern, Auf Diskussionsregeln hin-weisen, Diskussionsbeiträ-ge hervorheben, Diskus-sionsende einleiten; Dis-kussion: Schule ohne Noten in den ersten zwei Jahren – Pro und Kontra; Bildgeschichte: „Mogeln"; Informationstext „Lernen heute und morgen" **Aktivitäten:** Projekte; Spiele und Aufgaben; Sprichwörter und Redensarten; Ausge(D)(A)(CH)te Ge-schichten; Hörszene: Der blaue Brief S. 38

Eine Fremdsprache lernen (X): Wortschatzfestigung S. 41

Lektion/Themen	Situationen/Texte/Redemittel	Phonetik	Grammatik	Kommunikation/ Aktivitäten
Krieg und Frieden Assoziationen zu Krieg und Frieden, Gewalt in der Erziehung, Aggressionen von Jugendlichen, Friedenserziehung, Wehr- und Zivildienst, Engagement für den Frieden, Kriegserfahrungen, Abrüsten oder Aufrüsten?, Frauen als Soldatinnen, Kriege: Ursachen – Folgen	**Sprachliche Handlungen:** (Parallel-)Gedicht schreiben, Text rekonstruieren, etwas aus anderer Perspektive erzählen, diskutieren, Hörtext anhand von Notizen wiedergeben, Dialekt in Standardsprache umformen, über Erfahrungen berichten, Text gliedern, Text zusammenfassen, Schluss erfinden, Informationstext schreiben und vortragen **Textsorten:** Gedichte (Jandl „Markierung einer Wende", Reding „Friede"), Sachtext (Illustriertentext „Nach der Schule in den Krieg", Kommentartext „Krieg auf dem Pausenhof", Begründung für Kriegsdienstverweigerung), HV-Text: Radiosendung „Coolness-Training für jugendliche Gewalttäter", Dialog: „Auf zur Demo!", literarischer Text: Borchert „Nachts schlafen die Ratten doch"	Keine	Attribut: Funktion und Position von Attributen; Nebensätze (IX): Relativsätze (II) mit *deren, dessen, was, wo(+r)* + Präposition; Partikeln: Partikelkombinationen *mal eben/mal gerade*	**Kommunikationszentrum** Diskussionsorganisation: Formeln für informelle Diskussionen: Rederecht anmelden, Rederecht verteidigen (neutral und leicht verärgert); Diskussion: Für den Frieden abrüsten oder rüsten? – Pro und Kontra, Frauen als Soldatinnen; Informationstext „Der letzte Krieg in Ihrem Land" **Aktivitäten:** Projekte; Spiele und Aufgaben; Gestik – Mimik; Sprichwörter und Redensarten; Ausge(D)(A)(CH)te Geschichten; Vorlesetext: Rotkäppchen (nach Gebrüder Grimm)
23 S. 42	S. 42		S. 49	S. 53

Städte – Regionen – Länder: Weltkulturerbe in (D)(A)(CH) S. 56/57

Religion und Religiosität Glauben, Ethik- und Religionsunterricht, Sekten, neue religiöse Bewegungen, kirchliche Feste, multikulturelle Gesellschaft und freie Religionsausübung	**Sprachliche Handlungen:** Meinungen erkennen und ordnen, Text zusammenfassen, Hauptinformationen benennen, über die Situation im Heimatland berichten, diskutieren, Informations- und Kommentartext schreiben und vortragen **Textsorten:** HV-Texte (Dialog „Stabü, Reli, LER", Diskussion: „Ethik-Unterricht oder Religionsunterricht?", Radiosendung: „Stimmen aus Taizé"), Sachtext („Was will LER?", Illustriertentext: Befragung „Ich glaube ...", Sekten in Deutschland", Zeitungstext „Auf der Suche nach den Quellen des Glaubens"), Quiz, Erzählung „Der letzte Weihnachtsmann"	1. Sprechmelodie im Satz; 2. Wortakzent (VII): Mehrsilbige Wörter	Satzförmige Ergänzungen und *dass*-Sätze; Positionen im Satz (Wiederholung): Satzbau; Adverbien: *noch – schon – erst – nur*	**Kommunikationszentrum** Diskussionsformeln: Vorsichtige Meinungsäußerung, eigene Meinung bekräftigen, Meinungen/Argumente bezweifeln, Nachfragen nach Inhalt/Bedeutung; Diskussion: Der Ruf des Muezzin stört die Christen – Pro und Kontra **Aktivitäten:** Projekte; Spiele und Aufgaben; Ausrufe und Wendungen; Ausge(D)(A)(CH)te Geschichten; Zum Hören: Traditionelle Weihnachtslieder
24 S. 58	S. 58	S. 65	S. 66	S. 70

Eine Fremdsprache lernen (XI): Notizentechnik und Textkonstruktion S. 41

Lektion/Themen	Situationen/Texte/Redemittel	Phonetik	Grammatik	Kommunikation/ Aktivitäten
Vorurteil Einheimische und Fremde, Klischeevorstellungen über andere Völker, Vorurteile gegen Frauen, Vorurteile gegen Behinderte, Vorurteile überwinden **25** S. 74	**Sprachliche Handlungen:** Begriff definieren, Bild beschreiben, Inhaltsangabe schreiben, Textsorte wechseln, Geschichte nacherzählen, Geschichte anhand von Vorgaben erfinden, Schaubild versprachlichen, diskutieren, Informations- und Sachtext schreiben und vortragen **Textsorten:** Lexikontext, Dialog, Sachtext: Zeitschriftentext „Das alles kommt mir so spanisch vor", HV-Text (Erzählung „Ein Essen für zwei", Schluss der Kurzgeschichte „Die blaue Amsel", Interview „Frauen sind schlauer"), literarischer Text: Hohler „Die blaue Amsel", Fabel: Thurber „Die Kaninchen, die an allem schuld waren" S. 74	Keine	Konjunktiv II (V): Irreale Vergleichssätze mit *als ob*; Nebensätze (VIII); Nominalstil – Verbalstil; Verben mit Infinitiv S. 81	**Kommunikationszentrum** Diskussionsformeln: Anknüpfen an vorher Gesagtes, etwas klarstellen, Klarstellung/Erklärung verlangen, Zurückweisen von falschen Interpretationen; Diskussion: Mischehen – Pro und Kontra; Informationstext: Auswirkungen von Vorurteilen im Heimatland; Kommentartext: Liegen Vorurteile in der Natur des Menschen? **Aktivitäten:** Projekte; Spiele und Aufgaben; Sprichwörter und Redensarten; Ausge(D)(A)(CH)te Geschichten; Hörtexte: Witze über Klischees und Vorurteile S. 85

Stufengalerie: Malerei des 20. Jahrhunderts in (D)(A)(CH) S. 88/89

Arbeit und Beruf Duales Ausbildungssystem, bevorzugte Eigenschaften von Auszubildenden, Geselln auf Wanderschaft, Arbeitslosigkeit, Löhne und Gehälter, Arbeitssuche, Bewerbung, Leben ohne Arbeit, Arbeitssucht, Fabrikarbeit, Telearbeit **26** S. 90	**Sprachliche Handlungen:** Auswerten von Schaubildern, jemanden interviewen, eine Person charakterisieren, Bewerbungsbrief und Lebenslauf schreiben, sich bewerben, eine Geschichte aus anderer Perspektive erzählen, Radiosendung zusammenfassen, Streitgespräch führen, diskutieren, Kommentar schreiben **Textsorten:** Sachtext: („Das Duale System", „Duales Ausbildungssystem in der Krise"), Schaubilder: „Worauf Ausbildungsbetriebe Wert legen", „Lohn und zweiter Lohn", HV-Text (Interview „Nach der Lehre auf die Walz", Dialog „Arbeitslos", Radiosendung „Wenn Arbeit zur Sucht wird"), Bewerbungsbrief, Lebenslauf, Zeitungsannonce (Bewerbung um einen Job), literarischer Text (Böll „Anekdote zur Senkung der Arbeitsmoral", Wallraff „Am Fließband"), Interview „Ein Leben ohne Arbeit" S. 90	Interjektionen (I): Tonmuster S. 97	Maskuline Nomen auf -(e)*n* im Plural und Sonderformen im Singular; Nomen aus Adjektiven und Partizipien; Trennbare und untrennbare Verben (Wiederholung und Ergänzung); Mehrteilige Verbindungselemente S. 98	**Kommunikationszentrum** Arbeitswoche einer Telearbeiterin: Bildbeschreibung, Rollenspiel, Streitgespräch, Interview, Diskussion, Kommentar **Aktivitäten:** Projekte; Spiele und Aufgaben; Sprichwörter und Redensarten; Ausge(D)(A)(CH)te Geschichten; Hörspiel: Ein Mörder wird reingelegt (Kurzkrimi) S. 102

Eine Fremdsprache lernen (XII): Selbstkorrekturen bei schriftlichen Textwiedergaben S. 105

Lektion/Themen	Situationen/Texte/Redemittel	Phonetik	Grammatik	Kommunikation/ Aktivitäten
Engagement Assoziationen zu Engagement, Umweltengagement, Greenpeace, soziales Engagement, politisches Engagement, Bürgerinitiativen **27** S. 106	**Sprachliche Handlungen:** Diskutieren, bedeutungsähnliche Wörter unterscheiden, Interviewtechnik beschreiben, Bericht über Radiosendung schreiben, Bildgeschichte versprachlichen, (Parallel-)Gedicht schreiben, Informationen aus einer Radiosendung notieren, Telefongespräch führen, Brief schreiben, Handlung aus einer anderen Perspektive erzählen **Textsorten:** Dialog, HV-Text (Interview „Greenpeace-Taten statt warten", Radiosendung „Das freiwillige Soziale Jahr"), Sachtext (Zeitschriftentext „Einen Stein ins Wasser werfen", „Bürgerinitiativen – wie sie funktionieren", „Engagement International: SOS-Kinderdörfer"), Bildgeschichte, Traumgeschichte „Ich hatte einen Traum", Gedicht: Kunze „Sensible Wege", Lernergedicht „Grüner Berg", literarischer Text: Aicher-Scholl „Die Weiße Rose"　　S. 106	Keine	Konjunktiv II (VI): Passiv; Wiederholung: Konjunktiv II Aktiv; Negationselemente; Partikeln – *etwa* und *denn* S. 113	**Kommunikationszentrum** Bürgerinitiativen – wie sie funktionieren: Nachbarn anrufen, Flugblatt schreiben, Informationsabend organisieren, Brief schreiben, Mitglied des Gemeinderats anrufen, Antwortbrief schreiben; Rollenspiel; Zeitungsbericht schreiben; Informationstext über Parallelen im Heimatland schreiben **Aktivitäten:** Projekte; Spiele und Aufgaben; Sprichwörter und Redensarten; Ausge(D)(A)(CH)te Geschichten; Hörspiel: Schwarzer Tag für Willi (Kurzkrimi)　　S. 117

Deutschsprachige Literatur des 20. Jahrhunderts in „STUFEN INTERNATIONAL" S. 120/121

Lektion/Themen	Situationen/Texte/Redemittel	Phonetik	Grammatik	Kommunikation/ Aktivitäten
Angst Verschiedene Arten von Ängsten, Ängste der Deutschen, Angsterlebnis, Prüfungsangst, Überwindung von Angst **28** S. 122	**Sprachliche Handlungen:** Statistik versprachlichen, Notizen zu vorgelesenem Text machen und mündlich wiedergeben, Lesetext zusammenfassen, Schluss einer Geschichte erfinden, Geschichte anhand von Vorgaben erzählen, Text zusammenfassen, über eigene Erfahrungen berichten, Geschichten erzählen, Texte vergleichen **Textsorten:** Schaubild „Die Ängste der Deutschen", HV-Text (Zeitungsbericht „Touristenmaschine abgestürzt", Telefondialog „Was ist mit Philipp?", Lied (Grönemeyer „Angst", Mey „Der Mörder ist immer der Gärtner"), literarischer Text: Wölfel „Der Nachtvogel", Moderne Fabel: Gerhardt „Die Angstkatze", Sachtext (Illustriertentexte: „Prüfungsangst", „Angst und ihre Überwindung") S. 122	1. Einschübe (Parenthesen); 2. Interjektionen (II) S. 129	*werden*-Passiv, *sein*-Passiv; Partizip I und II; Infinitiv I und II mit *zu* S. 130	**Kommunikationszentrum** Erzählen von Geschichten; Diskussion: Sollte man Angstsituationen in Prüfungen vermeiden?; Bericht über Prüfungen im Heimatland; Kommentar zur Durchführung von Prüfungen **Aktivitäten:** Projekte; Spiele und Aufgaben; Ausrufe und Wendungen; Ausge(D)(A)(CH)te Geschichten; Hörspiel: Dienstreise ins Jenseits (Kurzkrimi) S. 134

Eine Fremdsprache lernen (XIII): Überprüfung des Lernfortschritts S. 137

Lektion/Themen	Situationen/Texte/Redemittel	Phonetik	Grammatik	Kommunikation/ Aktivitäten
Information und Medien Deutschsprachige Zeitungen, Klassenzeitung, Rufmord in der Zeitung, elektronische Information, Vorteile von Druckmedien gegenüber elektronischen Medien, totale Information und globale Vernetzung **29** S. 138	**Sprachliche Handlungen:** Reime ergänzen, anhand von Vorgaben eine Geschichte schreiben, bedeutungsähnliche Wörter unterscheiden, diskutieren, Überschriften für Textabschnitte suchen, Text zusammenfassen, (Science-Fiction-)Text schreiben, Bild beschreiben, Vermutungen äußern, Ärger und Protest ausdrücken, Kommentartext schreiben und vorlesen, Interviews machen **Textsorten:** Sachtext (Informationstext „Was die Deutschen täglich lesen", Zeitschriftentext „Elektronische Information"), Artikel aus Fachlexikon, HV-Text (Dialog „Zeitung selbst gemacht", Lied: Mey „Was in der Zeitung steht", Radiosendung „Gute alte Druckerschwärze"), Bildbeschreibung, Kommentar, Interview S. 138	Keine	Konjunktiv I (Gegenwart und Zukunft) in der indirekten Rede im formelleren Sprachgebrauch; Konjunktiv I (Vergangenheit) in der indirekten Rede im formelleren Sprachgebrauch, Konjunktiv II (Gegenwart und Vergangenheit) im informellen Sprachgebrauch; Textkonstruktion; Nominaler und verbaler Ausdruck (Wiederholung und Erweiterung) S.145	**Aktivitäten:** Projekte; Spiele und Aufgaben; Ausge D A CH te Geschichten; Hörspiel: Der Würger lässt die Maske fallen (Kurzkrimi) **Kommunikationszentrum** Was die Deutschen am meisten ärgert – Bildbeschreibung, Rundfrage, Rollenspiel, Diskussion, Kommentar, Interview S. 149

Europäische Union S. 152/153

Lektion/Themen	Situationen/Texte/Redemittel	Phonetik	Grammatik	Kommunikation/ Aktivitäten
Zukunft Zukunftswünsche, Jugendarbeitslosigkeit, Zukunftspläne, Aussteiger, das „richtige" Leben, die glücklichsten Deutschen, Glücksgene **30** S. 154	**Sprachliche Handlungen:** Text zusammenfassen, Informationen aus HV-Texten notieren und vergleichen, Cartoon aus dem Gedächtnis beschreiben, Schluss zu einer Geschichte erfinden, Geschichten zu Fotos erfinden, Text zusammenfassen, diskutieren, Brief schreiben, Interviews machen und darüber berichten **Textsorten:** Sachtext (Zeitungsartikel „Jugend sieht ihre Chancen schwinden", „Das Glück liegt in den Genen"), HV-Text: Interview „Die neue Generation – Wer ist wirklich glücklich?", Gedicht: Achimow „Meine Zukunft", Lerner-Gedicht „Weil", Cartoon, literarischer Text: Ende „Vom Zeitsparen und dem richtigen Leben" (aus „Momo"), Bericht, Brief, Interview S. 154	Dialekt und Standardsprache S. 161	haben ... *zu* und *sein ... zu* + Infinitiv sowie Alternativen mit Modalverben; Konstruktionen mit *werden*; Übersicht zu Verbposition in Haupt- und Nebensatztypen; Wiederholung der Bilder und Merkhilfen zu den Positionen im Satz und zur Textproduktion S. 162	**Kommunikationszentrum** Aufbruch in der Gaisbergstraße – Rollenspiele, Berichte, Briefe, Interviews, Evaluation des Kurses **Aktivitäten:** Projekte; Spiele und Aufgaben; Sprichwörter und Redensarten; Ausge D A CH te Geschichten; Hörspiel: Der unsichtbare Mörder (Kurzkrimi) S. 166

Anhang

Phonetik Fitness Center   S. 169
    15. Wort – fort [v] – [f]
    16. Reise – leise [r] – [l]
    17. Ober – Oper [b] – [p]
    18. heißen – Eisen [s] – [z]
    19. Konsonantenhäufungen: Schwierige Konsonanten-
         verbindungen

Verben mit Präpositivergänzung nach Präpositionen geordnet   S. 173

Valenz von Adjektiven und Nomen   S. 176

Lösungsschlüssel   S. 177

Grammatikregister   S. 190

Quellenverzeichnis   S. 191

Begegnungen

● Situationen – Texte – Redemittel

1. Ein Land mit fremden Augen sehen

Was fällt Ihnen bei diesen Bildern aus (D) (A) (CH) auf? Was ist anders als in Ihrem Heimatland? Was ist gleich oder ähnlich, ungewöhnlich oder selten und warum?

Beispiel: Bei Bild A fällt mir auf, dass die Leute in einer Großstadt Rad fahren. Bei uns gibt es das nicht, weil es zu gefährlich ist. Wir haben nämlich keine Radwege.

neun 9

Situationen

2. Eindrücke in der Fremde

a) Waren Sie schon in einem fremden Land oder in einer anderen Region Ihres Heimatlandes?
Was ist Ihnen da aufgefallen? Nennen Sie Themenbereiche, z. B. Wetter, Gewohnheiten, Verkehr ...

b) Sammeln Sie Äußerungen anderer Gruppenmitglieder, und berichten Sie.
Beispiel: Als Rosita in Wien war, ist ihr aufgefallen, dass ...

c) Lesen Sie die Textteile, und bringen Sie sie in eine sinnvolle Reihenfolge.

Als ich in Deutschland ankam, ...

A Als ich dann in Deutschland ankam, hatte ich bloß ein langärmeliges Hemd über einer „Jeans" an. Bei der Ankunft auf dem Frankfurter Flughafen schien alles normal zu sein. Nach der üblichen Kontrolle am Zoll erkundigte ich mich in meinem gebrochenen Deutsch nach dem Weg nach Heidelberg. Zum Glück konnten viele Deutsche Englisch oder, wie sie sagten, „ein bisschen Englisch". Deshalb hatte ich keine Schwierigkeiten zu fragen. Kurz und gut, die Leute, die ich fragte, waren höflich, nett und vor allem geduldig. Das war eine erste gute Erfahrung mit den Deutschen. Herzlich willkommen in Deutschland!

B Im Zug fiel mir auf, dass einige Leute etwas wärmere Kleidung trugen als ich. Zugleich bemerkte ich, dass die Leute in demselben Abteil nicht miteinander redeten. Jeder sah aus dem Fenster hinaus, als ob jede Sekunde etwas Interessantes passierte. Das hätte ich auch gern gesehen. Ich sah hinaus, konnte aber nichts Ungewöhnliches entdecken.

C Auf einmal, als ich noch darüber nachdachte, fing ich an zu zittern. Eine Weile überlegte ich: „War dies der Sommer, den man mir beschrieben hatte?" Es war kalt, das heißt, nach deutschem Standard wohl normal. „Aber hat Gott dieses Wetter für die Menschen gemacht?", zweifelte ich. „Wenn der Sommer so kalt ist, was ist mit dem Winter?", dachte ich nicht ohne Angst. „Das Wetter hat sich geändert und ebenso die Haltung der Leute. Würde ich mich auch ändern?"

D Die Fahrt dauerte etwa anderthalb Stunden. Obwohl alles neu für mich war, langweilte ich mich, weil der Zug an allen Bahnhöfen hielt und die Landschaft nicht besonders interessant war: nur Bahnhöfe, ein paar Gebäude und Züge.

E Als sich der Zug Heidelberg näherte, bemerkte ich, dass es kurz zuvor geregnet hatte. Schon beim Aussteigen stellte ich fest, dass sich die Temperatur verändert hatte. Es war deutlich kälter als in Frankfurt, und ich bemerkte, dass einige Leute die Hände in ihren Jackentaschen versteckten.

F Als ich meinen Koffer packte, sagte man mir, dass ich Glück habe, weil jetzt in Deutschland Sommer sei. Das freute mich sehr, da ich Kälte nicht mag. Ich komme aus Afrika, genauer gesagt, aus Nigeria, einem der wärmsten Länder der Welt, wo es nur wenige kalte Tage im Jahr gibt.

G Am Fahrkartenschalter wurde ich dann gefragt, ob ich einen Schnellzug nehmen wolle. „Was für eine Frage", dachte ich, „warum einen schnellen Zug?" Ich hatte es nicht eilig, weil es gerade acht Uhr morgens war. Ich wollte mir die Landschaft ansehen. Das wäre mit einem schnellen Zug wohl schwierig gewesen. Deshalb sagte ich: „Nein, normal bitte."

H Auf den Straßen war es leiser als in meinem Heimatland. Nichts von dem, was Nigeria zu einem lebendigen Land macht, keine Hütten, keine laute Unterhaltung, kein geschäftiges Treiben. Schade! Was für eine jähe Änderung der Lebensart, an die ich mich anpassen musste. Mir schien, dass die Leute jetzt kalt aussahen wie das Wetter. „Nein, das kann nicht sein. Wenn es so wäre, was ist dann mit den oben erwähnten Leuten am Flughafen? Mal sehen."

d) Was ist für den jungen Nigerianer neu? Was findet er positiv, was eher negativ und was einfach nur anders? Was befürchtet er?

e) Schreiben Sie einen ähnlichen Text über Ihre Eindrücke im Ausland bzw. in einer anderen Region Ihres Heimatlandes.

Gr. 1.

Situationen

3. „Das ist bei uns anders"

a) Hören Sie den Text. Wer spricht, wo findet das Gespräch statt, worum geht es?

b) Vergleichen Sie das Gehörte mit Ihrem Heimatland, und berichten Sie.

4. Wortfeld „sehen"

a) Sammeln Sie Verben zum Wortfeld „sehen", und nennen Sie möglichst viele Beispiele.

b) Ergänzen Sie die Verben unten.

1. etwas/jemanden plötzlich
   _____

2. sich etwas _____
   etwas _____

3. jemanden _____
   jemandem _____

8. jemanden _____

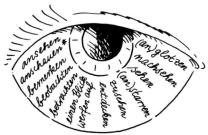

ansehen* anschauen bemerken beobachten betrachten einen Blick werfen auf (an)glotzen nachsehen sehen (an)starren zusehen entdecken

*schauen besonders süddeutsch, österreichisch und schweizerdeutsch für sehen

4. etwas _____

5. etwas/jemanden
   _____

6. jemanden _____
   jemanden _____

7. auf etwas/jemanden
   _____

c) Ergänzen Sie die Verben aus a).

1. Der junge Nigerianer nahm einen langsamen Zug, weil er sich während der Fahrt die Landschaft ... wollte. Er wunderte sich, warum sich die Reisenden nicht ... , sondern interessiert aus dem Fenster ... . *anschauen* _____ _____

2. Nur ein kleines Mädchen ... ihn fasziniert ... . _____

3. Ihre Mutter ... das und sagte zu ihrer Tochter: „... doch den jungen Mann nicht so ... ! Das macht man nicht." _____ _____

4. Zu dem Nigerianer sagte sie entschuldigend: „Ich glaube, sie hat noch nie einen Afrikaner ... und fragt sich, warum Sie so anders ... ." Er lachte und sagte zu dem Kind: „In meiner Heimat, in Afrika, da ... alle Leute ganz anders ... als hier." *aussehen* _____ _____ _____

5. Weil er die Ankunftszeit in Heidelberg nicht mehr wusste, ... er im Fahrplan ... . Dann ... er einen Blick ... seine Uhr und ... , dass er in zehn Minuten in Heidelberg ankommen würde. _____ _____ _____

6. Kurz darauf stand er vor dem Heidelberger Bahnhof und ... die Leute und den Verkehr und ... die Gebäude um den Bahnhof herum. Er war an seinem Ziel angekommen. _____

d) **Verbinden Sie die folgenden Nomen mit den Verben in b), z. B.:** Foto – *sich ein Foto ansehen*   Gr. 2.
Spiel, Wörterbuch, Partner, Fische (im Wasser), Veränderungen, Zeitung, Kunstwerk ...

5. Kontakte knüpfen

Ein Haus in Heidelberg

Nworah sucht schon seit zwei Wochen in Heidelberg ein Zimmer. Frau Weinert hat in der Zeitung gelesen, dass zu Semesterbeginn hunderte von Studenten noch kein Zimmer haben. Sie beschließt, ein Zimmer zunächst für ein Semester zu vermieten. Nworah sieht es sich an, und es gefällt ihm. Frau Weinert findet ihn sehr sympathisch, und er bekommt das Zimmer. Kurz darauf laden die jungen Leute aus dem Haus ihn und Frau Weinert zu einem Abendessen ein.

a) Sammeln Sie Redemittel zu „Einladen", „Zögern", „Überreden", „Zusagen" und „Ablehnen", und vergleichen Sie.

b) Lesen Sie die Redemittel unten, und ordnen Sie sie auf einem Blatt wie im Beispiel. Ergänzen Sie weitere Redemittel.

Einladen

- Können Sie übernächsten Samstag zu uns zum Abendessen kommen?
- Ich mach' am Samstag 'ne kleine Party. Hast du schon was vor?
- Wir wollen nächsten Samstag chinesisch kochen. Hast du Zeit und Lust?
- Ich möchte Sie übernächsten Samstag zum Abendessen einladen. Hätten Sie Zeit?

Hätten Sie am 26. abends Zeit?

Bei mir ist heut 'ne Party! Hast du Zeit und Lust?

formell	salopp
Können Sie übernächsten Samstag zu uns zum Abendessen kommen?	*Ich mach am Samstag 'ne Party. Hast du schon was vor?*

Zögern

- Das kann ich noch nicht sagen.
- Mal sehen, ich weiß noch nicht.
- Ich glaube, das geht nicht.
- Du, eigentlich habe ich keine Zeit.

Überreden

- Schade! Geht es wirklich nicht? Herr und Frau X kommen nämlich auch.
- Och, komm doch auch!
- Versuch doch mal, ob's nicht doch geht!
- Das wäre aber sehr schade. Wir planen nämlich eine Überraschung.

Ablehnen

- Es tut mir sehr Leid, aber am Samstag haben wir Besuch.
- Echt schade, du, da kann ich überhaupt nicht! Aber vielleicht ein andermal.
- Das ist wirklich schade, aber da sind wir nicht hier. Trotzdem vielen Dank für die Einladung.
- Am Samstag? Da geht's leider nicht. Da hab' ich schon was vor.

Zusagen

- Na klar, ich bin dabei!
- Sehr gern! Vielen Dank!
- Oh, super, ich komme bestimmt!
- Vielen Dank für die Einladung. Ich komme gern.

c) Hören Sie die Redemittel in a), und sprechen Sie nach.

d) Rollenspiele: 1. Felix lädt Nworah zu dem gemeinsamen Abendessen ein.
   2. Tobias lädt Frau Weinert ein.
   3. Sie laden jemanden aus dem Kurs zu einem Abendessen, einem Picknick, einer Radtour, einem Kino- oder Kneipenbesuch am Wochenende ein.

e) Sammeln Sie Fragen, die die jungen Leute aus der Gaisbergstraße Nworah stellen können, um ihn näher kennen zu lernen, und spielen Sie die Situation.

Situationen

Gr. 3.

6. Überall gut ankommen?

a) Warum finden einige Leute immer sehr schnell Kontakt?
Notieren Sie die Gründe, und vergleichen Sie!
Beispiel: Ich glaube, dass einige Leute schnell Kontakt
finden, weil sie Humor haben und andere zum
Lachen bringen.

b) Lesen Sie den Text. Versuchen Sie, die Bedeutung
von „ankommen" zu erschließen.

Beliebt zu sein, viele Freunde und Bekannte zu haben, wer wünscht sich
das nicht? Die Frage ist nur, wie man das erreichen kann. Ist Beliebtheit
eine angeborene Charaktereigenschaft, oder kann jeder selbst etwas dafür
tun? Sowohl als auch: Psychologen sind der Meinung, dass es tatsächlich
5 Menschen gibt, die von Natur aus gut mit anderen umgehen können, aber
dass man andererseits auch selbst etwas dafür tun kann, wenn man beliebt
sein möchte. Bei Leuten, die überall gut ankommen, kann man häufig
Folgendes beobachten:
• Ihre äußere Erscheinung ist angenehm. Sie wirken nicht exzentrisch, aber
10 auch nicht farblos.
• Sie gehen lächelnd und offen auf andere zu. So entsteht von vornherein ein freundliches Klima.
• Sie sehen das Leben in positivem Licht und versuchen, aus allem das Beste zu machen.
• Sie haben eine natürliche Neugier und echtes Interesse an anderen Menschen. Sie können zuhören, sich
Informationen merken und interessiert fragen.
15 • Sie nehmen andere Menschen so, wie sie sind, und suchen nicht gleich nach Fehlern und Schwächen.
• Sie akzeptieren sich selbst und haben ein natürliches Selbstbewusstsein.
Inwieweit man alle diese Dinge lernen kann, ob man dann automatisch überall beliebt ist und ob Beliebtheit
das oberste Ziel im Leben ist, sind natürlich offene Fragen.

c) Was bedeutet „ankommen"? Ordnen Sie die folgenden Sätze den Sätzen 1.-3. zu.
Es hängt von bestimmten Faktoren ab. Er ist überall beliebt. Er hat keine Verspätung.

1. Er kommt bei allen Leuten gut an. _____

2. Er kommt pünktlich an. _____

3. Es kommt darauf an. _____

d) Diskutieren Sie:

1. Kann man lernen, beliebt zu sein? 2. Ist Beliebtheit das oberste Ziel im Leben?

e) Schreiben Sie auf, welche Probleme Sie bei Kontakten mit fremden Menschen
(besonders im Ausland) haben und warum.

7. Kann man das Kennenlernen lernen?

Schreiben Sie kurze Geschichten zu diesen Bilderfolgen, und erfinden Sie einen Schluss.
Tragen Sie Ihre Texte nach Kontrolle durch L möglichst frei vor.

Gr. 4.–5.

8. Frisch gewagt ist halb gewonnen

a) Was können junge Leute in Ihrem Heimatland machen, wenn sie eine Frau oder einen Mann kennen lernen möchten? Wer ergreift die Initiative (früher, heute)?

b) Hören Sie den Text zweimal. Worum geht es? Machen Sie sich Notizen zu den Methoden, jemanden kennen zu lernen, und vergleichen Sie.

c) Geben Sie diese Kennenlern-Methoden aus b) zuerst schriftlich wieder, und ergänzen Sie weitere.

d) Spielen Sie einige Szenen.

9. Hägar, der Schreckliche

Ergänzen Sie die Sprechblasen, und vergleichen Sie.

10. Interkulturelle Begegnung

a) Lesen Sie das Gespräch zwischen Asiye, Nworah, Tobias und Verena mit verteilten Rollen.

Tobias: Hast du dich eigentlich hier schon ein bisschen eingelebt?

Nworah: Hm, schwer zu sagen. Ich kenne mich natürlich hier schon ganz gut aus, und es ist auch spannend, so viel Neues zu erleben, aber ich fühle mich doch manchmal noch richtig fremd.

Tobias: Wie meinst du das?

Nworah: Na ja, manchmal meine ich, ich bin hier nur ein Zuschauer, und das richtige Leben läuft woanders.

Tobias: Wahrscheinlich Heimweh.

Nworah: Ja, besonders dann, wenn ich das Gefühl habe, dass ich nicht so richtig dazugehöre. Dann fehlen mir meine Freunde und natürlich auch meine Familie. Wie ist das eigentlich bei dir, Asiye? Hast du nicht auch manchmal Heimweh?

Asiye: Bei mir ist das schwierig. Die Türkei ist zwar mein Heimatland, aber ich war erst vier Jahre alt, als wir weggingen. Und weil ich hier aufgewachsen bin, ist meine Heimat eigentlich hier.

Verena: Und wie ist das, wenn ihr im Urlaub in die Türkei fahrt?

Asiye: Irgendwie ganz komisch. Da sind wir für alle in unserem Dorf „die Deutschen", und am Anfang fühle ich mich auch immer ein bisschen fremd. Aber das geht schnell vorbei. Ich glaube, eine richtige Heimat an einem Ort habe ich gar nicht. Ich fühle mich da wohl, wo meine Familie ist und – natürlich – meine Freunde.

Tobias: (Legt seinen Arm um sie.) Ja, besonders wo *wir* sind!

Verena: Er meint natürlich, besonders wo *er* ist.

Asiye: (Lacht ihn an.) Ja, natürlich, besonders wo *du* bist.

b) **Was bedeutet es, wenn ein Mann oder eine Frau „mein Freund" sagt? Gibt es in Ihrer Muttersprache dafür verschiedene Begriffe?**

c) **In welchem Land würden Sie gerne einige Zeit verbringen? Warum?**

d) **Hatten Sie schon einmal Heimweh? Berichten Sie.**

11. Freunde

a) **Lesen Sie das Gedicht.**

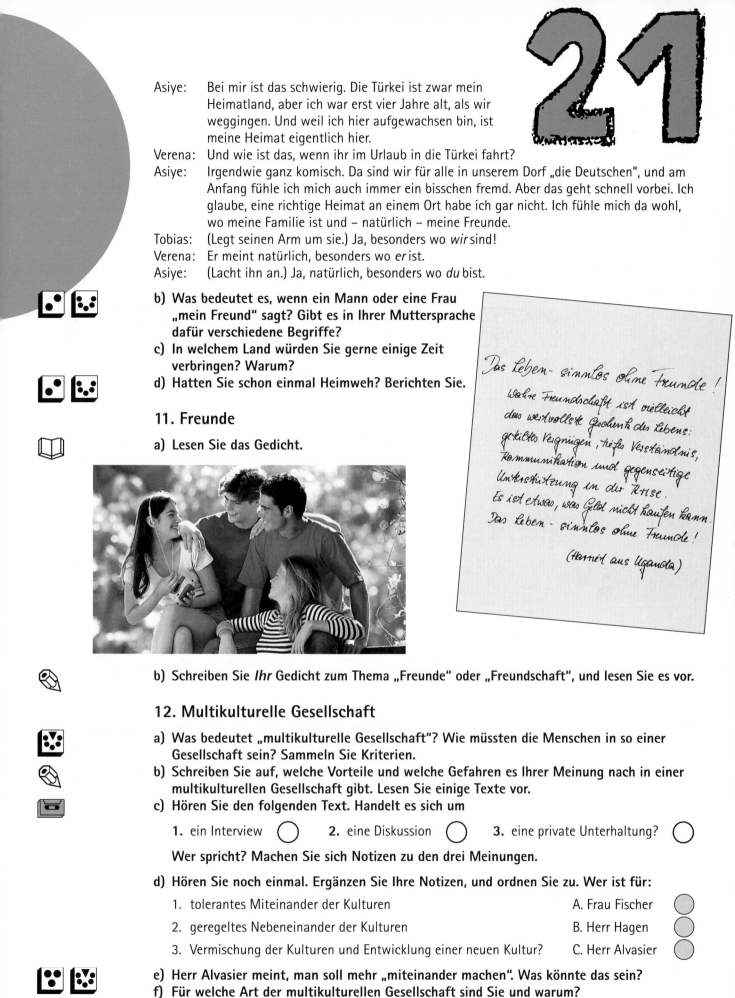

Das Leben – sinnlos ohne Freunde!
Wahre Freundschaft ist vielleicht das wertvollste Geschenk des Lebens: geteiltes Vergnügen, tiefes Verständnis, Kommunikation und gegenseitige Unterstützung in der Krise. Es ist etwas, was Geld nicht kaufen kann. Das Leben – sinnlos ohne Freunde!

(Harriet aus Uganda)

b) **Schreiben Sie *Ihr* Gedicht zum Thema „Freunde" oder „Freundschaft", und lesen Sie es vor.**

12. Multikulturelle Gesellschaft

a) **Was bedeutet „multikulturelle Gesellschaft"? Wie müssten die Menschen in so einer Gesellschaft sein? Sammeln Sie Kriterien.**

b) **Schreiben Sie auf, welche Vorteile und welche Gefahren es Ihrer Meinung nach in einer multikulturellen Gesellschaft gibt. Lesen Sie einige Texte vor.**

c) **Hören Sie den folgenden Text. Handelt es sich um**

1. ein Interview ◯   2. eine Diskussion ◯   3. eine private Unterhaltung? ◯

Wer spricht? Machen Sie sich Notizen zu den drei Meinungen.

d) **Hören Sie noch einmal. Ergänzen Sie Ihre Notizen, und ordnen Sie zu. Wer ist für:**

1. tolerantes Miteinander der Kulturen   A. Frau Fischer ◯

2. geregeltes Nebeneinander der Kulturen   B. Herr Hagen ◯

3. Vermischung der Kulturen und Entwicklung einer neuen Kultur?   C. Herr Alvasier ◯

e) **Herr Alvasier meint, man soll mehr „miteinander machen". Was könnte das sein?**

f) **Für welche Art der multikulturellen Gesellschaft sind Sie und warum?**

Phonetik

Das Wichtigste aus den Lektionen 11 bis 20 (Wiederholung und Ergänzung)

1. Artikulation und Lippenstellung bei Vokalen

Lippen nicht rund

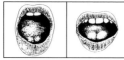

[aː] Z<u>a</u>hl [a] d<u>a</u>nke [ɐ] ein<u>er</u> [ə] Nam<u>e</u> [eː] z<u>e</u>hn [ɛː/ɛ] D<u>ä</u>ne, <u>e</u>lf [iː] v<u>ie</u>l [i] <u>i</u>ch

Lippen rund

[oː] R<u>o</u>m [ɔ] <u>O</u>st [øː] <u>Ö</u>l [œ] K<u>ö</u>ln [uː] g<u>u</u>t [ʊ] <u>u</u>nd [yː] S<u>ü</u>d [ʏ] f<u>ü</u>nf

 Hören Sie die Beispielwörter, und sprechen Sie nach. Kontrollieren Sie Ihre Lippenstellung mit einem Spiegel.

2. Rhythmusgruppen, Sprechmelodie, Satzakzente und Pausen

Jeder Satz wird beim Sprechen gegliedert. Jeden (längeren) Satz kann man in Rhythmusgruppen (|) einteilen. Am Ende jeder Rhythmusgruppe ist oft eine kurze Pause:

> *Als Beispiel für die richtige Art,* | *Freunden einen Dienst zu erweisen,* | *gab Herr K. die folgende Geschichte zum Besten.*

Eine weitere Art der Gliederung sind Sprechmelodie und Satzakzente:

> *Als Beispiel für die richtige <u>A</u>rt, (→) Freunden einen D<u>ie</u>nst zu erweisen, (→) gab Herr <u>K</u>. die folgende Gesch<u>i</u>chte zum Besten. (↓)*

 a) **Hören Sie den folgenden Text von Bertolt Brecht und markieren Sie die Sprechmelodie (Die Klammern zeigen hier auch die Rhythmusgruppen an). Notieren Sie beim zweiten Hören die Satzakzente. (Hauptakzent lang/kurz → = / ..; Nebenakzent lang/kurz → _ / .)**

Freundschaftsdienste

Als Beispiel für die richtige Art, ( ) Freunden einen Dienst zu erweisen, ( ) gab Herr K. folgende Geschichte zum Besten. ( ) Zu einem alten Araber kamen drei junge Leute ( ) und sagten ihm: ( ) „Unser Vater ist gestorben. ( ) Er hat uns siebzehn Kamele hinterlassen ( ) und im Testament verfügt, ( ) daß der Älteste die Hälfte, ( ) der Zweite ein Drittel ( ) und der Jüngste ein Neuntel der Kamele bekom-
5 men soll. ( ) Jetzt können wir uns über die Teilung nicht einigen; ( ) übernimm du die Entscheidung!" ( ) Der Araber dachte nach ( ) und sagte: ( ) „Wie ich sehe, ( ) habt ihr, ( ) um gut teilen zu können, ( ) ein Kamel zu wenig. ( ) Ich habe selbst nur ein einziges Kamel, ( ) aber es steht euch zur Verfügung. ( ) Nehmt es ( ) und teilt dann, ( ) und bringt mir nur, ( ) was übrig bleibt." ( ) Sie bedankten sich für diesen Freundschaftsdienst, ( ) nahmen das Kamel mit ( ) und teilten die achtzehn Kamele nun so, ( ) daß
10 der Älteste die Hälfte, ( ) das sind neun, ( ) der Zweite ein Drittel, ( ) das sind sechs, ( ) und der Jüng-
ste ein Neuntel, ( ) das sind zwei Kamele, ( ) bekam. ( ) Zu ihrem Erstaunen blieb, ( ) als sie ihre Kamele zur Seite geführt hatten, ( ) ein Kamel übrig. ( ) Dieses brachten sie, ( ) ihren Dank erneuernd, ( ) ihrem alten Freund zurück. ( ) Herr K. nannte diesen Freundschaftsdienst richtig, ( ) weil er keine besonderen Opfer verlangte. ( )

Bertolt Brecht

---

 b) **Erzählen Sie den Text nach, oder lernen Sie ihn auswendig.**

Grammatik

Positionen im Satz: Komplexe Sätze (Wiederholung)

1. „Das fiel mir in (D) (A) (CH) auf."

a) Unterstreichen Sie in den Äußerungen einer Afrikanerin die Brückenwörter (Konjunktoren), die Rahmenwörter (Subjunktoren) und die Verben.

1. Als ich nach Deutschland kam, fiel mir auf, dass die Leute immer sehr schnell gehen.*
2. Jetzt fällt mir auf, dass ich auch sehr schnell gehe, und oft gehe ich sogar schneller als die Deutschen, wenn ich pünktlich sein will.

b) Schreiben Sie Satz 2 aus a) in die Tabelle.

Brücken-wort	Vorfeld	V1 oder Rahmenwort	Mittelfeld	V2	V1
	Jetzt	fällt	mir	auf,	
		dass			
**					

*Zur Position des Nebensatzes vgl. Lektion 13, Gr. 8. und 10. **Vgl. Lektion 11, Gr. 12.

c) Bilden Sie mit den Vorgaben komplexe Sätze.

Beispiel: In den Städten stehen überall Abfallbehälter. → Als ich nach Deutschland kam, fiel mir auf, dass in den Städten überall Abfallbehälter stehen.

1. Die Leute essen beim Gehen auf der Straße oder rauchen. 2. In den Innenstädten sind abends nur wenige Leute auf den Straßen. 3. Junge Leute küssen sich auf der Straße. 4. Es gibt viele Parks und Gärten mit Blumen. 5. Die Leute sonnen sich im Sommer oft wenig bekleidet in der Natur. 6. Die Leute laden sich oft nachmittags zu Kaffee und Kuchen ein. 7. Die Schüler haben nur vormittags Unterricht. 8. Es gibt viele Wohngemeinschaften, in denen junge Männer und Frauen zusammen wohnen. 9. Auf Autobahnen kann man meistens so schnell fahren, wie man will.

Präpositionen (V) mit Genitiv: *während, wegen, (an)statt, trotz*

2. Verliebt in Heidelberg

a) Unterstreichen Sie in den Äußerungen einer Koreanerin die Präpositionen mit Genitiv sowie die Artikelwörter, Adjektive und Nomen im Genitiv. Beantworten Sie die Fragen.

1. Während einer Europareise lernte ich Heidelberg kennen, und trotz des kurzen Aufenthalts verliebte ich mich in die Stadt. 2. Wegen des berühmten Schlosses und wegen der romantischen Straßen und Plätze in der Altstadt wollte ich gern noch einmal wiederkommen. 3. Statt einer weiteren Touristikreise plante ich dann, einen Deutschkurs in Heidelberg zu machen.

Welche Endungen haben die Artikelwörter im Genitiv? m.: ___ n.: ___ f.: ___ Pl.: ___

Welche Endungen haben die Adjektive nach Artikelwörtern im Genitiv? ___

b) Ergänzen Sie die Präpositionen *während, wegen, (an)statt, trotz* und die Endungen.

1. _____ mein___ schlecht___ Deutschkenntnisse__ musste ich noch einmal in den Anfängerkurs gehen. 2. _____ ein___ schriftlich___ Einstufungstest___ wurde nur ein kurzes mündliches Interview gemacht. 3. _____ mein___ viel___ Fehler__ verstanden mich die Leute bald ganz gut. 4. _____ d___ zweiwöchig___ Weihnachtsferien__ konnte ich meine Deutschkenntnisse in einer deutschen Gastfamilie weiter festigen.

Temporale, kausale, modale und lokale Angaben

3. Kurze Begegnung auf der Straße

a) Lesen Sie das Gespräch zwischen Tobias (T) und seinem Freund Mark (M).

T.: Komm doch am Wochenende mal bei mir
vorbei.

M.: Ich kann nicht. Ich muss arbeiten.

T.: Auch am Samstag?

M.: Ja, auch am Samstag.

T.: Warum denn?

M.: Wegen meiner Prüfung. Da muss ich ganz
intensiv arbeiten.

T.: Zu Haus?

M.: Nein, in der Bibliothek.

b) Ergänzen Sie den folgenden Satz aus den Antworten des Freundes.

Ich muss	*am Samstag*				arbeiten.
Fragewörter:	wann?	warum?	wie?	wo?	
Angaben*:	temporal	kausal	modal	lokal	

* Angaben sind für einen grammatisch kompletten Satz nicht obligatorisch.

c) Lernhilfe für die Grundposition der Angaben im Satz

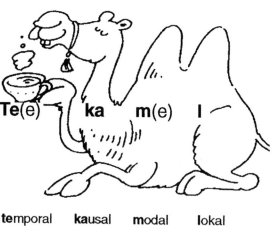

Te(e)   ka   m(e)   l

temporal   kausal   modal   lokal

d) Schreiben Sie kommunikativ sinnvolle Varianten zu dem Satz in b) auf.

Vorfeld*	V1	Mittelfeld	V2

*Eine Angabe, die im Kontext wichtig ist, kann im Vorfeld stehen.

e) Bilden Sie aus den Satzteilen Sätze, und variieren Sie bei jedem Satz das Vorfeld.

○ 1. Sie/am Samstag/gegen 8 Uhr/einladen/zu uns/gern/möchten/wir

△ 2. nicht/ich/am Wochenende/bin/leider/da 3. mit Freunden/am Samstag/fahren/will/
ich/wegen des schönen Wetters/an die See 4. kommen/wahrscheinlich/wir/zurück/am
Sonntag/sehr spät/wegen des starken Rückreiseverkehrs

Präpositivergänzungen (II)

4. Kontaktprobleme?

a) Unterstreichen Sie in den folgenden Empfehlungen die Verben, und ergänzen Sie die dazugehörigen Präpositionen wie im Beispiel.

Wenn Sie Kontaktprobleme haben, sollten Sie (besonders in Ⓓ Ⓐ ⒸⒽ) ...

1. nicht passiv ... Initiativen von anderen <u>warten</u>,   warten   *auf + A*
2. sich ... Kontaktmöglichkeiten informieren,   sich informieren   _____
3. sich ... Sportmöglichkeiten erkundigen,   sich erkundigen   _____
4. vielleicht ... einer neuen Sportart anfangen   anfangen   _____
5. oder z. B. ... einer Theatergruppe mitmachen,   mitmachen   _____
6. sich mal ... anderen ... Abendessen treffen,   sich treffen   _____ _____
7. sich ... sportlichen oder sonstigen Aktivitäten beteiligen,   sich beteiligen   _____
8. ... Diskussionen teilnehmen,   teilnehmen   _____
9. sich möglichst viel ... Personen aus Ⓓ Ⓐ ⒸⒽ unterhalten,   sich unterhalten   _____
10. ... andere zugehen   zugehen   _____
11. und sich ... sie interessieren.   sich interessieren   _____

Und wenn Sie die Kontakte vertiefen wollen, dann sollten Sie ...

12. sich mal ... Ihren neuen Bekannten/Freunden ... einem Kino- oder Discobesuch verabreden   sich verabreden   _____ _____
13. oder sie mal ... einem Ausflug oder einer Radtour einladen,   einladen   _____
14. sie ... ihren Interessen fragen,   fragen   _____
15. ... ihnen ... ihre Hobbys sprechen,   sprechen   _____ _____
16. ihnen vielleicht etwas ... Ihre Familie erzählen,   erzählen   _____
17. Ihren neuen Freunden mal ... Schwierigkeiten helfen   helfen   _____
18. sich bei Krankheit ... sie kümmern   sich kümmern   _____
19. oder sie bei eigenen Problemen auch mal ... Hilfe bitten.   bitten   _____

Aber Sie sollten ...

20. nicht gleich ... eigenen Problemen reden,   reden   _____
21. sich nicht immer ... Ihre Situation beklagen,   beklagen   _____
22. nicht immer nur Negatives in Ⓓ Ⓐ ⒸⒽ ... Ihrem Land vergleichen,   vergleichen   _____
23. nicht ... andere Leute schimpfen,   schimpfen   _____
24. sich nicht ... Missverständnisse ärgern,   sich ärgern   _____
25. sich nicht ... Misserfolgen entmutigen lassen.   sich entmutigen lassen   _____

Am einfachsten ist es, Sie verlieben sich ... eine Frau/ einen Mann aus Ⓓ Ⓐ ⒸⒽ, dann sind Ihre Kontakt- probleme meist gelöst.

sich verlieben   _____

b) Notieren Sie aus a) und aus der Liste S. 173 ff. die Verben mit zwei Präpositivergänzungen, und vergleichen Sie.

c) Wie haben Sie in einer neuen Umgebung Kontakte geknüpft? Was würden Sie einem gleichaltrigen Ausländer/ einer Ausländerin in Ihrem Heimatland empfehlen?

5. Mögliches Lernprogramm für Präpositivergänzungen

a) Wählen Sie eine der folgenden Präpositionen aus:

an, auf, aus, bei, für, gegen, in, mit, nach, über, um, unter, von, zu.

Schreiben Sie dann mit der ausgewählten Präposition alle Sätze aus 4.a) und aus der Liste S. 173 ff. untereinander.

b) Erfinden Sie zu den Verben mit der ausgewählten Präposition Lernhilfen mit Bildern (vgl. „Eine Fremdsprache lernen", VIII), oder ordnen Sie die Verben – wie in dem folgenden Beispiel einer Französin – nach Bedeutungskriterien.

Man benutzt *über + Akkusativ*

Nach einigen Verben, die Unzufriedenheit oder Missstimmung ausdrücken:

Alle <u>beklagen sich über</u> das schlechte Essen.
Sie <u>beschweren sich</u> bei dem Kellner <u>über</u> die kalte Suppe.
Sie <u>ärgern</u> sich <u>über</u> die Autofahrer.
Heute <u>regt sich</u> kaum jemand <u>über</u> unverheiratete Paare auf.

Nach Verben, die sich auf Sprache beziehen:

Sie <u>sagt</u> nichts Negatives <u>über</u> ihn.
Warum <u>reden</u> die Leute <u>über</u> das Wetter?
Professor Tomizek <u>spricht über</u> Literatur.
Er <u>informiert sich über</u> Charter-Flüge.
<u>Berichten</u> Sie bitte <u>über</u> das Experiment.
<u>Erzählen</u> Sie uns etwas <u>über</u> Ihre Familie.
Sie <u>unterhalten sich über</u> das Schulsystem.
Wir <u>diskutieren</u> morgen <u>über</u> Kernenergie.

Man kann sich <u>über</u> gutes Benehmen <u>streiten</u>.
Die Autofahrer <u>schimpfen über</u> die Benzinpreise.

Weitere Verben: <u>Erschrecken</u> Sie nicht <u>über</u> die Summe. Ich <u>freue mich über</u> das Geschenk. Ich habe <u>über</u> das Problem <u>nachgedacht</u>. Ich <u>wundere mich über</u> die hohen Preise.

---

c) Stellen Sie Ihre Lernhilfen vor, und kopieren Sie sie zusammen mit Ihrer Verbliste für alle.

Partikeln (Wiederholung)

Nina Reck
(28 Jahre)
Arzthelferin

6. Muss der Mann beim Kennenlernen immer die Initiative ergreifen?

Ergänzen Sie in dem folgenden Text die passenden Partikeln:
denn, doch, eigentlich, einfach, eben, ja, ruhig (2x), schon (2x).

Anke Hein
(21 Jahre)
Studentin

PRO

_____ 1. Ja, ..., denn nicht alle Männer akzeptieren es, wenn eine Frau sie
_____ auf der Straße oder im Bus ... anspricht. 2. Allerdings möchte ich
_____ oft ... den ersten Schritt machen,
_____ aber ich bin ... schüchtern und bleibe lieber passiv. 3. Die Männer
_____ können sich ... ein bisschen Mühe geben, wenn sie eine Frau kennen lernen wollen.

HABEN SIE LUST, EINEN KAFFEE MIT MIR ZU TRINKEN?

KONTRA

4. Nein, warum müssen ... Männer _____
immer die Aktiven sein? 5. Frauen
sind ... auch sonst überall gleichbe- _____
rechtigt. 6. Da können sie einem
Mann ... zeigen, wenn sie sich für _____
ihn interessieren. 7. Oder haben ...
nur Männer originelle Ideen und
Fantasie? 8. Ich finde ..., Frauen _____
sollten etwas selbstbewusster und
spontaner sein.

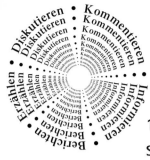

1. Diskussionsformeln

Sammeln Sie Redemittel zu den Redeabsichten unten. Vergleichen Sie sie dann mit den Vorgaben, und ergänzen Sie sie.

Zustimmen

- Genau/Ganz recht/Eben/Richtig!
- Das stimmt.
- Das glaube/finde/meine/denke ich auch.
- Der Meinung/Ansicht/Auffassung bin ich auch.
- _____

Eigene Meinung ausdrücken

- Ich glaube/finde/meine/denke, dass ...
- Ich bin der Meinung/Ansicht/Auffassung, dass ...
- Meiner Meinung/Ansicht/Auffassung nach ...
- _____

Widersprechen

- Das finde ich nicht.
- Da bin ich anderer Meinung.
- Das stimmt so nicht.
- _____

Eingeschränkt zustimmen

- Das kann ja sein, aber ...
- Da bin ich nicht so sicher, ich könnte mir denken, dass ...
- Das ist sicher möglich, aber ...
- _____

2. Wechsel der Staatsangehörigkeit: Pro und kontra

a) Würden Sie Ihre Staatsangehörigkeit aufgeben, um die deutsche, österreichische oder schweizerische anzunehmen, wenn Sie dauerhaft in Ⓓ Ⓐ ⒸⒽ leben wollten? Warum (nicht)?

b) Sammeln Sie Argumente dafür und dagegen. Vergleichen Sie dann mit dem Folgenden.

PRO

- Wenn man dauerhaft in einem anderen Land leben will, kann man auch die Staatsangehörigkeit des anderen Landes annehmen.
- Die Staatsangehörigkeit verliert man, aber die eigene Identität kann einem niemand nehmen.
- Man muss sich entscheiden, ob man in der neuen Heimat nur Gast sein will.
- Man hat Rechte, wie z. B. das Wahlrecht, und wenn man die Integration will, dann erreicht man sie irgendwann auch.
- Man kann eine doppelte Heimat haben, eine mit und eine ohne Pass und Staatsangehörigkeit, eine in der Vergangenheit und eine in der Gegenwart.

KONTRA

- Man verliert nicht nur seine Staatsangehörigkeit, sondern auf die Dauer auch seine Identität.
- Man wird im eigenen Heimatland zum Ausländer, wenn man z. B. im Urlaub oder im Alter dorthin zurückkommt.
- Durch die neue Staatsangehörigkeit verliert man mehr, als man gewinnt. Man bleibt Ausländer und ist auch mit der neuen Staatsbürgerschaft nicht stärker integriert.
- Man gehört auch mit einem neuen Pass in beiden Ländern nicht richtig dazu. Man weiß nicht, wo die eigentliche Heimat ist.

c) Formen Sie die Argumente in b) mit den Redemitteln in 1. wie im Beispiel um.

> Ich meine, wenn man dauerhaft in einem Land leben will, kann man auch die Staatsangehörigkeit annehmen.

> Das finde ich nicht, weil man nicht nur seine Staatsangehörigkeit verliert, sondern auf die Dauer auch einen Teil seiner Identität.

d) Bilden Sie Kleingruppen, bestimmen Sie ein Mitglied, das sich Notizen zu den wichtigsten Argumenten macht, und diskutieren Sie das Thema in a).

e) Fassen Sie die Ergebnisse im Plenum zusammen, und diskutieren Sie eventuell weiter.

f) Schreiben Sie Ihre Meinung in einem Kommentartext auf, und lesen Sie diesen nach Kontrolle durch L vor.

Meinungsfindung!

Nach meiner Meinung ...

3. Integration durch Anpassung?

a) Lesen Sie den Anfang eines Textes des türkischen Autors Sinasi Dikmen.

Kein Geburtstag, keine Integration

Nach jeder Geburtstagsfeier in Deutschland, zu der ich eingeladen worden bin, ist es das gleiche Theater. Seit einiger Zeit nehme ich Geburtstagseinladungen überhaupt nicht mehr an, weil ich ganz genau weiß, dass der bekannte Fragensturm mich wieder schüttelt, wenn ich hingehe.

– Warum feierst du denn deinen Geburtstag nicht?
5 – So viel brauchst du wirklich nicht zu sparen.
– Willst du in kürzester Zeit in die Türkei zurückkehren?
– Wird in der Türkei kein Geburtstag gefeiert? Warum nicht?

Ich habe jedesmal eine andere Antwort gegeben. „Ich mag nicht", habe ich gesagt, „ dass wir uns nur wegen des Geburtstags treffen." Ich habe gesagt: „Geburtstagsfeiern ist eine Erfindung der Konsum-
10 gesellschaft, wenn wir uns treffen wollen, so brauchen wir doch keinen Grund." Es hat alles nichts genützt. Ich weiß schon, dass meine deutschen Bekannten mich in ihre Gesellschaft voll integriert sehen wollen. Solange ich aber keinen Geburtstag feiere, scheitert dieser Integrationsversuch …

b) Wie würden Sie sich verhalten? Begründen Sie Ihre Meinung.

c) Diskutieren Sie: Sollte man sich in einem fremden Land an Sitten und Gebräuche des Gastlandes anpassen?

d) Schreiben Sie einen Kommentartext zu c).

4. Miteinander leben

Schreiben Sie einen Informationstext über Gruppen mit anderer Nationalität, Kultur oder Religion, die in ihrem Heimatland leben.

Berichten Sie z. B. über Unterschiede zur übrigen Bevölkerung, typische Sitten und Gebräuche sowie über das Zusammenleben früher und heute.

Tragen Sie Ihren Text nach Kontrolle durch L möglichst frei vor.

1. Projekte

a) In Ⓓ Ⓐ ⒸⒽ**:** Erkundigen Sie sich nach den Kontaktmöglichkeiten in den Bereichen Sport (z. B. Ballspiele, Yoga, Tanz) oder Kultur (z. B. Filmclubs, Laientheatergruppen, Chöre), und berichten Sie. Nennen Sie Zeiten und Kosten.

b) In Ⓓ Ⓐ ⒸⒽ**:** Fragen Sie Freunde und Bekannte, was sie tun würden, um in einer neuen Stadt Leute kennen zu lernen, und berichten Sie.

c) Ratgeber: Schreiben Sie auf, was eine gleichaltrige Person aus Ⓓ Ⓐ ⒸⒽ machen kann, um in Ihrem Heimatland Kontakt zu finden.

d) In Ⓓ Ⓐ ⒸⒽ**:** Schreiben Sie regelmäßig Ihre Eindrücke und Erlebnisse auf. Übertragen Sie sie nach Kontrolle durch L in ein Tagebuch.

2. Spiele und Aufgaben

a) Schreiben Sie die entsprechenden Wörter unter die Zeichnungen. Die Buchstaben über den fetten Punkten bilden ein Sprichwort. Schreiben Sie es auf die Linie darunter.

•• ••   •• •• ••• •.   ••• •••   •• ••• •   ••• ••   ••• •••• ••• •••• • •• •••

Was bedeutet dieses Sprichwort? Halten Sie diese Aussage für eine gute Basis für eine Beziehung/Freundschaft? Warum (nicht)? Gibt es ein ähnliches Sprichwort in Ihrer Sprache?

b) Bilden Sie aus den Buchstaben von „Freundeskreis" möglichst viele neue Wörter (aus verschiedenen Wortklassen).

Freundes-kreis

3. Gestik – Mimik

Welche Bedeutung haben Gestik und Mimik auf den folgenden Zeichnungen? Schreiben Sie die entsprechenden Äußerungen auf, und vergleichen Sie.

A B C D E F

4. Sprichwörter und Redensarten

Ordnen Sie einander zu.

1. In einer Gruppe stören, weil man überflüssig ist 2. Jemandem in allen Situationen helfen 3. Wie man andere behandelt, so wird man auch selbst behandelt.

a) Das fünfte Rad am Wagen sein _____

b) Wie man in den Wald hineinruft, so schallt es heraus. _____

c) Mit jemandem durch dick und dünn gehen _____

5. Ausge Ⓓ Ⓐ ⒸⒽ te Geschichten

Ihre ausge Ⓓ Ⓐ ⒸⒽ te Person zieht in eine andere Stadt um und kennt dort niemanden. Was macht sie, um Leute kennen zu lernen?

6. Gespräch mit Lunija

Städte – Regionen – Länder: Die „Regio" am Oberrhein

Altstadt von Colmar, eine der größten in Europa

Isenheimer Altar aus dem 16. Jahrhundert von Matthias Grünewald

Folkloristische Traditionen in Colmar

Die Regio, Ziel für Feinschmecker und Weinkenner

Dreiländereck

Zwischen Schwarzwald und Vogesen rechts und links des Rheins liegt die „Regio". Diese Bezeichnung meint mehr als die Landschaft. Im Dreiländereck gehen Elsässer, Badener, Schweizer aus der Region um Bern wirtschaftlich, politisch und kulturell gemeinsame Wege. Es sind insgesamt 4,6 Millionen Menschen, die hier leben. Die Hälfte sind Deutsche, mehr als ein Drittel Franzosen, 12 Prozent Schweizer. Das Gebiet – Elsass, Baden, Südpfalz und die Nordwestschweiz – umfasst 18.000 km^2.

Jeden Tag fahren 60.000 Elsässer zum Arbeiten nach Baden und Basel, 10.000 deutsche Staatsbürger leben im Elsass, Tausende von Badenern arbeiten in der Chemiestadt Basel. Eingekauft wird in Straßburg, Basel und Freiburg. Man trifft sich in der Regio: Feuerwehren, Sportvereine und Wanderclubs besuchen sich, badische und elsässische Schulklassen schließen Partnerschaften, die Bürgervertreter der Partnerstädte tagen gemeinsam und tauschen ihr Wissen aus.

Historisches Rathaus aus dem 16. Jahrhundert in Mulhouse im Süden des Elsass

Schon in den Grundschulen sollen die Kinder die „Sprache der Nachbarn" lernen. Auch ein Gymnasium bietet das doppelte Abitur an, mit dem man in jeder deutschen und französischen Universität studieren kann. Auszubildende, die während ihrer dreijährigen Lehrzeit 18 Wochen in einem anderen Land gearbeitet haben, bekommen nach bestandener Abschlussprüfung das trinationale Eurozertifikat. Damit können sie in allen drei Ländern arbeiten. Auch die Universitäten der Regio (drei Straßburger Universitäten, Mühlhausen, Karlsruhe, Freiburg und Basel) bieten gemeinsame Ausbildungsprogramme, Forschungsprojekte und Tagungen an. Diplome und Dissertationen werden gegenseitig anerkannt.

Das Freiburger Schwabentor

Markt vor dem Freiburger Münster

Pfyffespieler bei der Basler Fastnacht, die erst nach Aschermittwoch beginnt

Das Bild am Schwabentor

Das Bild am Freiburger Schwabentor zeigt einen Bauern und einen Pferdewagen, der mit zwei Fässern beladen ist. Über die Bedeutung werden verschiedene Geschichten erzählt. Eine davon ist die folgende: Ein reicher Schwabenbauer hörte von der Schönheit Freiburgs und beschloss, es sich zu kaufen. Deshalb füllte er sein Geld in zwei Fässer, fuhr damit nach Freiburg und fragte: „Was kostet das Städtlein?" Dass es tausendmal mehr wert war als sein Geld, wunderte den Bauern sehr. Die Freiburger lachten ihn deshalb aus, und sie machten sich noch mehr über ihn lustig, als die Fässer geöffnet wurden und statt Geld nur Sand darin war. Die Frau des Bauern hatte nämlich das Geld heimlich aus den Fässern geleert und dafür den Sand hineingefüllt. Damit hatte sie bewiesen, dass es in Schwaben auch gescheite Leute gibt.

Typisches Bauernhaus im Schwarzwald

Basel - wichtiges Handelszentrum, bedeutende chemische und pharmazeutische Industrie

Basel - zweitgrößte Stadt der Schweiz, kulturelles Zentrum mit historischer Vergangenheit

Die großen Bühnen im Dreiländereck, das Freiburger Theater, das Baseler Theater und das Kulturzentrum Filatur in Mulhouse bieten ein gemeinsames Regio-Abonnement an, das die Fahrt zu den Spielstätten der Regio leichter machen soll

Seit 1992 gibt es die „Dreilandzeitung", die ihre Leser auf Deutsch und Französisch infomiert. „Initiative radiophonique" nennt sich ein Projekt von Radio France Alsace in Straßburg und dem Landesstudio des Südwestfunks, die gemeinsam neue Hörfunksendungen planen.

Aufgaben:
1. Was bedeutet „Heimat" für Sie? Glauben Sie, dass Heimat nur der Ort sein kann, an dem man geboren und aufgewachsen ist? Kann man mehr als eine Heimat haben? Nennen Sie Gründe.
2. Welche Flagge bei D gehört zu welchem Land?
3. Schreiben Sie die folgenden Überschriften über die passenden Textteile: Medien, Kultur, Zusammenarbeit, Ausbildung, Land und Leute.
4. Warum ist am Freiburger Schwabentor ein Bauer mit einem Pferdewagen abgebildet?
5. Welche Information in den fünf Textteilen finden Sie in Bezug auf Europa besonders interessant oder wichtig? Notieren Sie sie, und vergleichen Sie in der Gruppe.

Lernen

● Situationen – Texte – Redemittel

1. Ohne Worte

a) Was fällt Ihnen zu diesem Bild ein? Beschreiben Sie die Situation.

b) Warum kriechen die Schüler aus der Klasse? Wie müsste der Unterricht sein, damit die Schüler nicht fliehen? Was würden Sie verändern?

c) Sehen Sie sich das Bild noch einmal genau an, schließen Sie das Buch, und schreiben Sie auf, woran Sie sich erinnern.

d) Rekonstruieren Sie die Bildbeschreibung zu a).

1. A_uf_ diesem Bi_ld_ sieht m___ ein traditi_____ Klassenzimmer.
2. V__ der Kla___ sitzt e___ etwas ält_____ Lehrer a___ seinem Ti____. 3. Er hä___ ein Bu___ in d___ Händen, a___ dem e__ vorliest. 4. Li_____ von i____ hängt ei___ große Ta_____ an d___ Wand. 5. We____ der Unter_____ offensichtlich langw_____ ist, ha_____ die Sch_____ Figuren a___ Pappe gem_____ und a___ die Tis_____ gestellt. 6. I___ Vordergrund si_____ man, w___ die Sch_____ hinter d____ letzten Stü____ zur T____ kriechen u___ aus d____ Klassenzimmer fli_____. 7. Der Leh_____ scheint nic____ zu beme_____ und li____ weiter a___ seinem Bu____ vor.

2. Mogeln mit Fantasie

a) Hören Sie die Geschichte einer Kursteilnehmerin, und machen Sie sich beim zweiten Hören Notizen. Geben Sie die Geschichte schriftlich wieder.

b) Was haben Sie oder Ihre Mitschüler/innen in Ihrer Schulzeit gemacht, um die Lehrer/innen zu ärgern, zu erschrecken oder zu täuschen? Erzählen Sie.

> Gr. 1.

3. mensa – o Tisch

a) Sehen Sie sich die Überschrift, die eingerahmten Wörter und die Illustration unten an. Worum geht es wohl in dem Text?

b) Lesen Sie den Text.

(Der siebenjährige Winston Churchill wurde verspätet in der St. James Schule angemeldet. Nachdem die Formalitäten mit dem Schulleiter besprochen worden waren, musste Churchill noch eine Einzelprüfung in Latein machen.)

… Ich wurde in ein Klassenzimmer geführt und musste mich an ein Pult setzen. Die anderen Jungen waren alle draußen, und ich sah mich allein mit dem Klassenlehrer. Er zog ein dünnes Buch in grünlichbraunem Umschlag hervor, angefüllt mit Worten in verschiedenen Drucktypen.

„Latein hast du bisher noch nicht gehabt, nicht wahr?", sagte er.

5 „Nein, Sir."

„Dies ist eine lateinische Grammatik." Er schlug eine stark abgegriffene Seite auf und wies auf zwei Reihen eingerahmter Wörter. „Das hast du jetzt zu lernen", sagte er. „In einer halben Stunde komme ich wieder und hör' dich ab." So saß ich denn an einem trübseligen Spätnachmittag in einem armseligen Schulraum. Weh im Herzen und die erste Deklination vor mir.

10 Was zum Henker sollte das bedeuten? Was hatte das für einen Sinn? Reinstes Kauderwelsch schien es mir. Na, eins konnte ich wenigstens tun: auswendig lernen.

Also nahm ich denn, soweit es meine privaten
15 Kümmernisse gestatteten, die rätselhafte Aufgabe in Angriff. Zur gehörigen Zeit erschien der Lehrer wieder.

„Hast du's gelernt?", fragte er.

„Ich glaube, ich kann es aufsagen", antwortete ich und schnurrte die Lektion herunter.
20 Er schien sehr befriedigt, und das gab mir den Mut zu einer Frage.

„Was bedeutet denn das eigentlich, Sir?"

„Das, was da steht. Mensa – der Tisch. Mensa ist ein Hauptwort der ersten Deklination. Fünf Deklinationen gibt es. Du hast den Singular der ersten Deklination gelernt."

„Aber", wiederholte ich, „was bedeutet es denn?"

25 „Mensa bedeutet der Tisch", war die Antwort.

„Warum bedeutet dann aber mensa auch: o Tisch", forschte ich weiter, „und was heißt das: o Tisch?"

mensa	der Tisch
mensa	o Tisch
mensam	den Tisch
mensae	des Tisches
mensae	dem Tische
mensa	von oder mit dem Tisch

„Mensa, o Tisch, ist der Vokativ."

„Aber wieso: o Tisch!" Meine angeborene Neugierde ließ mir keine Ruhe.

„O Tisch – das wird gebraucht, wenn man sich an einen Tisch wendet oder ihn anruft."

Und da er merkte, dass ich ihm nicht folgen konnte:

„Du gebrauchst es eben, wenn du mit einem Tisch sprichst."

„Aber das tu ich doch nie", fuhr es mir in ehrlichem Erstaunen heraus.

„Wenn du hier frech bist, wirst du bestraft, und zwar ganz gehörig, das kann ich dir versichern", lautete seine endgültige Antwort.

Aus: Winston S. Churchill: Meine frühen Jahre

c) Worin besteht die Lernmethode? Welche Unterschiede sehen Sie zu heutigen Methoden? Welche Gründe gibt es dafür?

4. Wortfeld „behalten"

a) Sammeln Sie Verben zum Wortfeld „behalten", und bilden Sie Beispielsätze.

b) Ergänzen Sie unten: *etwas behalten, sich etwas merken* (A+D), *sich erinnern an* (A), *sich etwas einprägen* (A+D), *jemanden erinnern an* (A).

1. _____
(bewusst ins Gedächtnis aufnehmen
und dort festhalten)

4. _____
(sich etwas ins Gedächtnis
zurückrufen)

2. _____
(sehr bewusst ins Gedächtnis aufnehmen, um es dauerhaft festzuhalten)

5. _____
(jemandem etwas ins Gedächtnis
zurückrufen)

3. _____
(im Gedächtnis festhalten)

c) Ergänzen Sie die Verben aus a).

1. Churchill ... sich in seinen Memoiren an seine erste Lateinstunde. _____

2. Den Namen des Lehrers hat er nicht ... . _____

3. Er ... sich aber genau, dass er sich die erste Deklination von
   ‚mensa' ... sollte. _____

4. Er hat sie ein Leben lang ... . _____

5. Seit dieser Zeit hatte er ein gutes Gedächtnis und konnte
   sich fremde Namen und Telefonnummern problemlos ... . _____

Ein Haus in Heidelberg
Felix hat viel von seinem Schulenglisch vergessen. Er will es auffrischen, weil er plant, Linda in Kanada zu besuchen. Er will sich ein gutes Lehrbuch kaufen und geht in eine Buchhandlung ...

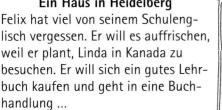

5. Lernen mit der Maus

a) Sammeln Sie Redemittel zu der Situation in der Buchhandlung.

b) Formen Sie die folgenden Vorgaben in einen Dialog um.

1. will schnell Englisch verbessern – sucht Lehrbuch für Fortgeschrittene

2. bietet statt Lehrbuch moderne Alternative an: Multimedia-Paket

3. ist skeptisch

4. erklärt Multimedia-Paket mit CD-ROM und Arbeitsbuch: „Bestseller"

5. fragt nach Vorteilen gegenüber Buch

6. findet Programm für Selbstlerner besser: kontrolliert Lösungen, enthält viele Videoszenen mit Muttersprachlern usw.

7. erkundigt sich nach Preis

8. nennt Preis

9. findet Preis sehr hoch

10. widerspricht und vergleicht mit Preisen für Sprachkurse an Sprachschulen

11. zögert – ist unsicher

12. überredet ihn, Multimedia-Paket zu kaufen

Felix probiert die CD-ROM zu Hause aus. Zuerst ist er fasziniert, aber dann stellt er immer mehr Mängel und Schwächen fest. Deshalb geht er wieder in die Buchhandlung.

13. fragt nach der Verkäuferin, die ihn vorher bedient hat

14. erinnert sich, fragt, ob zufrieden

15. unzufrieden: nur 6 Videoszenen, zu leichte, langweilige Übungen usw.

16. versteht das nicht - bisher alle Kunden zufrieden

17. will CD-ROM umtauschen gegen gutes Lehrwerk mit Lösungsschlüssel und Kassette

18. sagt: nicht möglich

19. verlässt verärgert die Buchhandlung

c) Mit welchen Materialien und Methoden haben Sie bisher Deutsch oder andere Fremdsprachen gelernt? Was fanden Sie besonders gut, was nicht? Warum? Berichten Sie.

d) Haben Sie schon Erfahrungen mit Multimedia-Sprachprogrammen gemacht? Welche Vor- und Nachteile sehen Sie gegenüber traditionellen Sprachkursen?

e) Beschreiben Sie, wie das ideale Lehrwerk für Sie aussehen müsste, und lesen Sie einige Texte nach Kontrolle durch L vor.

6. Superlearning

a) Was wissen Sie über diese Lernmethode?

b) Verdecken Sie die Wörter am Rand, und versuchen Sie, die unterstrichenen Wörter aus dem Kontext zu erschließen.

1. Superlearning <u>kombiniert</u> geistige Konzentration mit körperlicher Entspannung, Musik und einer besonderen <u>Darbietung</u> des Lernstoffs.
2. Losanov <u>führte Forschungen über</u> die Möglichkeiten des stressfreien Lernens <u>durch</u>.
3. Später haben die Amerikaner die Methode übernommen und <u>zunehmend</u> bekannt gemacht.
4. Die Methode <u>beruht</u> auf Erkenntnissen der Lernpsychologie und der Gehirnforschung.
5. Das Gehirn ist das komplexeste Stück Materie im <u>Universum</u>.
6. Aber wir benutzen nur einen <u>Bruchteil</u> der <u>Kapazität</u> unseres Gehirns.
7. Disharmonie zwischen den beiden <u>Hemisphären</u> des Gehirns ist <u>für</u> Lernprobleme <u>verantwortlich</u>.
8. Die linke Hemisphäre denkt <u>verbal</u>, <u>analytisch</u> und <u>rational</u>.
9. Dagegen denkt die rechte Gehirnhälfte <u>intuitiv</u> und verarbeitet Sinneseindrücke räumlich und <u>simultan</u>.
10. Wir müssen das <u>Potential</u> des Gehirns besser nutzen lernen.

Randwörter:
verbinden
e Präsentation, -en
etw. erforschen
immer mehr

basieren auf (D)
r Kosmos
kleiner Teil, s Fassungsvermögen
e Hälfte, -en
hier: die Ursache für
in Worten, zergliedernd, vernunftmäßig
spontan erkennend
gleichzeitig
e Leistungsfähigkeit, -en

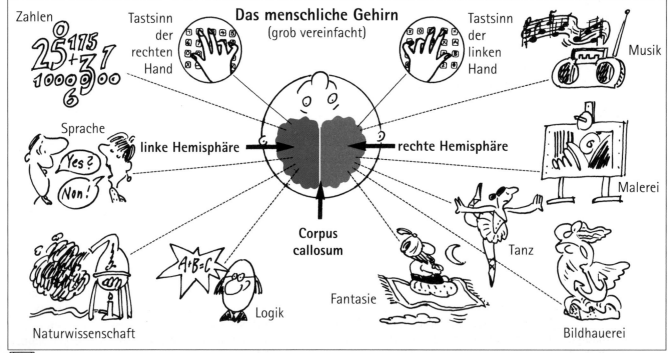

Das menschliche Gehirn (grob vereinfacht)

Zahlen — Tastsinn der rechten Hand — Tastsinn der linken Hand — Musik — Sprache — linke Hemisphäre — rechte Hemisphäre — Malerei — Corpus callosum — Naturwissenschaft — Logik — Fantasie — Tanz — Bildhauerei

c) Hören Sie jetzt den Text zweimal, und kreuzen Sie an.

stimmt   stimmt nicht

1. Losanov ist von Beruf Psychologe.
2. Er führte zwischen 1960 und 1970 Versuche zum entspannten stressfreien Lernen durch.
3. Losanov nannte seine Methode „Superlearning".
4. Durch die Amerikaner ist diese Methode sehr bekannt geworden.
5. Wir nutzen nur 50% unserer Gehirnkapazität.
6. Ganzheitliches Lernen ist nur möglich, wenn die linke Gehirnhälfte zu 100% aktiviert wird.
7. Die beiden Gehirnhälften haben ähnliche Aufgaben.
8. Lernstoff wird in der Regel über die linke Gehirnhälfte aufgenommen und verarbeitet.
9. Die linke Hälfte ist für Kreativität zuständig.
10. Harmonie zwischen den Gehirnhälften bedeutet volle Nutzung der Gehirnkapazität.

  d) Kennen Sie eine alternative Lehr- und Lernmethode? Berichten Sie.

7. Wie das Gedächtnis funktioniert

a) Was wissen Sie über das Gedächtnis und seine Funktionen? Berichten Sie.

b) Lesen Sie den Text, und ergänzen Sie die folgenden Verben:
sich merken, sich einprägen, behalten, erinnern, vergessen.

Wie das Gedächtnis entsteht und wie es funktioniert, weiß kein Mensch ganz genau. Darüber gibt es nichts als Theorien, von denen die folgende zur Zeit als wahrscheinlich gilt. Sie unterscheidet drei Arten von Gedächtnis:

5 **1. Ultrakurzzeitgedächtnis (UZG).** Es umfasst alle die Informationen, die ständig vom Bewusstsein erlebt werden; das sind etwa 100 bit pro Sekunde. Sie kreisen nur 20 Sekunden lang im Großhirn und wenn sie innerhalb dieses Zeitraums nicht verarbeitet werden, dann werden sie

10 auch schnell wieder völlig _____. Dieses Ultrakurzzeitgedächtnis ist beispielsweise beim Telefonieren sehr nützlich: Man sucht sich die richtige Nummer aus dem Telefonbuch heraus und _____ sie sich gerade so lange, bis man gewählt hat; danach braucht man die Nummer nicht mehr und _____ sie wieder.

15 **2. Kurzzeitgedächtnis (KZG).** Nur jede zehnte Information von außen wird darin aufgenommen und bleibt dort etwa 20 Minuten lang. Wenn die Information während dieser Zeit nicht weiter gespeichert wird, geht sie dem Gedächtnis wieder verloren.

3. Langzeitgedächtnis (LZG). Das ist der Wissensspeicher des Men-

20 schen. Hier werden die Informationen endgültig gelagert. Sie werden über das ganze Gehirn verteilt und in vielen Punkten gleichzeitig gespeichert.

Diese Vorgänge laufen bei allen Menschen gleich ab. Warum die einen dennoch ein besseres Gedächtnis als die anderen haben, ist durch andere Faktoren zu erklären. Die drei wichtigsten davon sind:

• Die Einstellung zum Lernen. Je lieber man etwas lernt, desto besser _____ man es, und desto besser

25 kann man sich daran _____ . So war es auch in der Schule: Den Stoff des Lieblingsfachs hatte man leichter parat.

• Die emotionale Besetzung des Materials. Was einem gleichgültig ist, das _____ man am schnellsten. Wer über die politischen Verhältnisse eines Landes liest, das ihn im Moment wenig interessiert, _____ das Gelesene schnell. Will er jedoch in dem Land bald Urlaub machen, _____ er

30 es sich leichter. Wobei man Gefühle empfindet – egal ob zustimmende oder ablehnende – das _____ sich am besten _____ .

• Die Anordnung des Materials. Sinnvolle Sätze werden leichter _____ als sinnlos aneinandergereihte Wörter. So geht es einem zum Beispiel, wenn man einen Satz in einer fremden Sprache hört. Dennoch kann es selbst Menschen mit sonst gutem Gedächtnis passieren, dass sie sich beim besten Willen nicht an etwas

35 _____ können. Schuld daran sind fast immer äußere Einflüsse – etwa Angst vor dem Versagen oder übermäßiger Stress bei der Prüfung, die beide zu Gedächtnisschwäche führen. Leichter Stress dagegen kann gut für die Erinnerung sein, weil dabei alle drei Formen des Gedächtnisses auf Impulse besser ansprechen.

Du, ich hab' da was unheimlich Interessantes über das Gedächtnis gelesen...

c) Lesen Sie den Text noch einmal, und schreiben Sie in Stichwörtern die wichtigsten Inhaltspunkte zu den einzelnen Textteilen auf:
1. Gedächtnisarten, Menge der gespeicherten Informationen, Speicherdauer
2. Gründe für unterschiedliche Gedächtnisleistungen
3. Gründe für Gedächtnisschwäche und -stärke
Vergleichen Sie.

d) Fassen Sie den Text auf der Basis Ihrer Stichwörter zusammen, korrigieren Sie ihn anhand von b) zuerst selbst, und geben Sie ihn dann L zur Kontrolle.

e) Berichten Sie, was Sie über das Gedächtnis gelesen haben.

8. Tipps und Tricks für besseres Behalten

a) Nehmen Sie etwas zum Schreiben und eine Uhr. Lesen Sie die Aufgaben durch. Machen Sie dann die drei Gedächtnistests, und notieren Sie Ihre Punktzahl.

Ein Haus in Heidelberg
Jan hat gerade in einer Zeitschrift einen Gedächtnistest gemacht und will jetzt die anderen testen. Er geht in die Küche, wo Philipp, Tobias, und Felix sitzen und zeigt ihnen den folgenden Test.

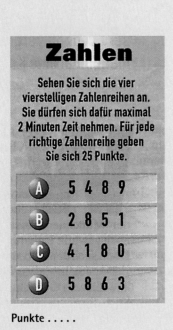

Zahlen

Sehen Sie sich die vier vierstelligen Zahlenreihen an. Sie dürfen sich dafür maximal 2 Minuten Zeit nehmen. Für jede richtige Zahlenreihe geben Sie sich 25 Punkte.

A	5 4 8 9
B	2 8 5 1
C	4 1 8 0
D	5 8 6 3

Punkte . . . . .

Punktebewertung siehe Lösungsschlüssel

Termine

Prägen Sie sich in maximal 2 Minuten möglichst viele Verabredungen ein. Für jede richtige Antwort (Zeit und Ort) gibt es 25 Punkte.

08:00	Kindergarten
09:00	STERN kaufen
10:00	Steuerberater
11:00	Finanzamt
12:00	Treffen mit Klaus
13:00	Solarium
14:00	Zahnarzt
15:00	Post
16:00	Reisebüro
17:00	Sprachkurs

Punkte . . . . .

Namen & Daten

Sie haben 3 Minuten Zeit, sich die Namen und die Daten folgender Personen einzuprägen. Für jede richtige Person und Information geben Sie sich 5 Punkte.

Herr Hans Kappeller – 56 Jahre
Frau Else Miller – Hamburg
Herr Erwin Duller – Sonnenstraße 3
Frau Inge Moosmann – Ottobrunn
Herr Konrad Heiny – Tel. 4398
Frau Monika Barbar – Flug LH 102

Punkte . . . . .

b) Vergleichen Sie Ihre Ergebnisse und die Methoden, die Sie benutzt haben. Berichten Sie.

c) Hören Sie jetzt das Gespräch in der WG, und machen Sie sich Notizen zu den verschiedenen Möglichkeiten, sich etwas zu merken. Was halten Sie davon?

d) Haben Sie in der Schule etwas über das Lernenlernen erfahren? Berichten Sie. Was und in welchen Bereichen bzw. Fächern? Nennen Sie Beispiele.

e) Lesen Sie, was ein Gedächtniskünstler über Tricks beim Behalten sagt:

„Das Gehirn ist wie ein Muskel, der sich trainieren lässt. Der Trick beim Behalten ist, trockenen Lernstoff in möglichst lebendige Bilder zu verwandeln. Denn Bilder behält das Gehirn sehr viel leichter als Zahlen und Namen. Dabei ist es gleichgültig, ob die Bilder über die Sinne aufgenommen werden oder Produkte der eigenen Fantasie sind. Je übertriebener und bizarrer die Fantasiebilder sind, umso einfacher kann sie sich das Gehirn merken. Auch klangliche oder inhaltliche Assoziationen zwischen Unbekanntem und Bekanntem, Abstraktem und Konkretem fördern das Behalten, weil die so gespeicherten Informationen leichter wieder abrufbar sind als isoliert aufgenommene."

▲ Phonetik

1. Satzphonetik (II)

a) Hören Sie: Welche der beiden Äußerungen in phonetischer Umschrift passt zu dem Satz in Normalschrift rechts? Schreiben Sie jeweils „a" oder „b" in das Kästchen.

1. a) vas hasdn̩ viːdɐ   b) vas hatɐŋ viːdɐ   ☐ Was hast du denn wieder?
2. a) kœn zə ma vartn̩   b) kansdə ma vartn̩   ☐ Kannst du mal warten?
3. a) vohɐ kɔmten   b) vohɐ kɔmtɪɐ   ☐ Woher kommt ihr denn?
4. a) vilsdn̩ ma zeːn   b) vilsdəs ma zeːn   ☐ Willst du es mal sehen?
5. a) van mʏstɪən geːn   b) van mʊsdəŋ geːn   ☐ Wann müsst ihr denn gehen?
6. a) viˀɪsn̩ das da   b) vi haisdn̩ das da   ☐ Wie heißt denn das da?
7. a) van hatsn̩ ma tsait   b) van hasdn̩ ma tsait   ☐ Wann hat sie denn mal Zeit?

b) Welcher Satz entspricht dem Gehörten? Kreuzen Sie an.

1. a) Wer ist es denn? ☐   b) Wer ist denn das? ☐   c) Wer ist das denn? ☐
2. a) Wie soll er es machen? ☐   b) Wie sollen wir's denn machen? ☐
   c) Wie sollen wir es machen? ☐
3. a) Er kommt heute nicht. ☐   b) Ihr kommt heute nicht. ☐   c) Er kommt heute mit. ☐
4. a) Wann war er denn zu Haus? ☐   b) Wann warst du denn zu Haus? ☐
   c) Wann wart ihr denn zu Haus? ☐
5. a) Ich hab's ihm doch gegeben. ☐   b) Ich hab's ihr doch gegeben. ☐
   c) Ich hab's ihnen doch gegeben. ☐

2. Sprechmelodie und Satzakzent

Der blaue Brief

a) Was kann im Zusammenhang mit der Schule ein „blauer Brief" sein?
b) Schreiben Sie einige Sätze zu dem vermuteten Inhalt des Dialogs zwischen Vater und Sohn.
c) Hören Sie zweimal, und markieren Sie die Sprechmelodie und die Satzakzente.

> *Der Vater liest Zeitung.*
> SOHN: Du, ( ) Papa, ( ) Charly hat gesagt, ( ) 'n blauen Brief kriegt jeder mal in seinem Leben. ( )
> VATER: Entschuldige, ( ) ich hab eben nicht zugehört. ( ) Was war mit dem Brief? ( )
> SOHN: 'n blauen Brief. ( ) So'n Brief von der Schule. ( ) Charlys Schwester sagt, ( ) das wäre ein blauer Umschlag. ( ) Deswegen heißt so ein Brief „blauer Brief". ( ) Weil er blau ist. ( )
> VATER: So, ( ) einen blauen Brief kriegt Charlys Schwester. ( ) Dann wird sie ihn wohl auch verdient haben.( )
> SOHN: Gab's früher denn auch schon blaue Briefe, ( ) ich mein, ( ) zu deiner Zeit?( )
> VATER: Natürlich! ( )
> SOHN: Und hast du auch mal ... ( )
> VATER: Ich? ( ) Nie! ( ) Wie kommst du denn darauf? ( )
> SOHN: Nur so. ( ) Charlys Schwester kriegt den Brief aber gar nicht. ( )
> VATER: Wer denn? ( ) Charly? ( )
> SOHN: Charly doch nicht! ( )
> VATER: Charly auch nicht? ( ) Wer kriegt ihn denn nun? ( )
> SOHN: Wer? ( ) Also – ich. ( )

d) Lesen Sie den Dialog mit verteilten Rollen möglichst ausdrucksvoll vor.
e) Lernen Sie die Rolle von Vater oder Sohn auswendig.
f) Erfinden Sie einen Schluss, und spielen Sie die Szene (eventuell mit Variationen).

Grammatik

Zeitenfolge und Positionen im Satz
Nebensätze mit Modalverben im Perfekt bzw. Plusquamperfekt

1. Erlebnis aus der der Schulzeit

a) Hören Sie den Text von Iliana, einer amerikanischen Studentin.
b) Unterstreichen Sie die Verben in den Nebensätzen unten. Was fällt Ihnen auf?

1. Ich war sehr müde, weil ich fast die ganze Nacht an einem Referat hatte arbeiten müssen.
2. Nachdem ich schließlich den letzten Satz hingeschrieben hatte, wollte ich erleichtert ins Bett gehen und noch zwei bis drei Stunden schlafen. 3. Bevor ich einschlief, erinnerte ich mich plötzlich, dass ich ganz vergessen hatte, mich auf den Englischtest am nächsten Tag vorzubereiten ...

c) Ergänzen Sie die Übersicht unter 2.

NS: Präteritum/Perfekt ⟶		HS: Präsens
1. Weil Iliana die ganze Nacht	arbeiten musste,	⎫
	hat arbeiten müssen*,	⎬ ist sie müde.

* Statt des Perfekts benutzt man bei Modalverben meist das Präteritum.

NS: Plusqamperfekt ⟶		HS: Präteritum/Perfekt
2. Weil Iliana die ganze Nacht	gearbeitet _____ /,	⎫
Weil sie zu spät ins Bett	gegangen _____ /,	⎬ war sie müde./
Weil sie nicht genug	**hatte** schlafen können/,	⎭ ist sie müde gewesen.

 In Nebensätzen mit Modalverben steht „haben" vor den Infinitiven.
(..., weil sie hat(te) arbeiten müssen.)

d) Ergänzen Sie die Verben im Präteritum oder im Plusquamperfekt, und machen Sie am Satzende das folgende Zeichen ⊠, wenn Sie das Präteritum benutzen.

4. Todmüde ... ich an meinen Schreibtisch zurück ⊠. 5. Als ich   (gehen)   _____

da etwa eine halbe Stunde ... ... , ... ich plötzlich ⊠, dass ich   (sitzen, bemerken,   _____

so gut wie nichts von dem Gelesenen ... . 6. Deshalb ... ich   behalten), (gehen,   _____

schließlich doch ins Bett ..., weil ich noch etwas ... ... 7. Weil   schlafen wollen)   _____

ich mich so schlecht ... ... , ... ich am nächsten Tag einen sehr   (vorbereiten, schreiben),   _____

schlechten Test ... . 8. Müde und deprimiert ... ich an diesem Tag   (kommen)   _____

wie immer nachmittags um vier nach Hause ... . 9. Ich ... nur   (schlafen wollen)   _____

noch ... . 10. Aber da ... noch ein letzter Test ..., den ich   (sein,   _____

unbedingt ... ... 11. Also ... ich ..., noch etwas zu lernen.   bestehen müssen), (versuchen)   _____

12. Weil ich aber fast die ganze vorangegangene Nacht nicht ...   (schlafen,   _____

..., ... ich mich überhaupt nicht ... .   konzentrieren können),   _____

13. Ich ... deshalb ..., gleich ins Bett zu gehen und am nächsten   (beschließen)   _____

Tag früh aufzustehen. 14. Ich ... mir den Wecker auf fünf Uhr ... .   (stellen)   _____

15. Als ich ... ..., ... es schon sieben Uhr ..., und kurz nach halb
acht ... mein Bus ... . 16. Da ... der Wecker mal wieder nicht ...,
oder ... ich ihn nicht ...? 17. Nachdem ich schnell ... ... und
etwas ... ..., ... ich zur Haltestelle ... . 18. Als ich etwa fünf
Minuten ... ..., ... ich langsam unruhig ... .
19. Ob ich den Bus ... ...? 20. Es ... so ..., denn außer
mir ... niemand an der Haltestelle ... . 21. Total frustriert ... ich
nach Hause ... . 22. Vielleicht ... mich meine Mutter
ausnahmsweise zur Schule ... . 23. Als ich zu Hause ... ...,
... meine Mutter ... ... , wo ich ... .
24. „An der Haltestelle", ... ich kleinlaut ... .
25. Da ... meine Mutter ... und ... auf die Küchenuhr ... .
26. Es ... 8 Uhr ..., aber abends!
27. Da ... ich überrascht und erleichtert ... .

(aufwachen, sein, fahren), (klingeln, hören), (duschen, essen, rennen)
(warten, werden)
(verpassen), (scheinen, sein), (gehen)
(fahren können)
(ankommen, wissen wollen, sein)
(sagen)
(lachen, zeigen)
(sein)
(sein)

e) **Rekonstruieren Sie den Text in b) und d) anhand der folgenden Vorgaben, und vergleichen Sie mögliche Varianten in der Gruppe.**

Beispiel: Iliana müde - fast ganze Nacht an Referat arbeiten müssen
Iliana war müde, weil sie fast die ganze Nacht an einem Referat hatte arbeiten müssen.

1. Nachdem letzten Satz hingeschrieben – ins Bett
2. Fast eingeschlafen, erinnert sich: Englischtest vergessen
3. An Schreibtisch zurück – merkt plötzlich: nichts behalten
4. Deshalb wieder ins Bett – noch etwas schlafen
5. Schlecht vorbereitet – schlechter Test am nächsten Tag
6. Nachmittags müde nach Hause – nur noch schlafen
7. Aber noch Mathematiktest – möglichst gut machen
8. Wieder an Schreibtisch – versucht zu lernen
9. Vorangegangene Nacht fast kein Schlaf – keine Konzentration
10. Beschließt – geich ins Bett – am nächsten Morgen früh aufstehen
11. Wacht auf – 7 Uhr – Bus halb acht
12. Wecker nicht geklingelt oder nicht gehört?
13. Nach Duschen und Frühstücken zur Haltestelle
14. Wartet fünf Minuten – wird unruhig
15. Bus verpasst? – Möglich – niemand sonst an der Haltestelle
16. Frustriert nach Hause
17. Mutter zur Schule fahren?
18. Zu Hause – Mutter will wissen – wo gewesen
19. Haltestelle
20. Mutter lacht – zeigt auf Uhr: acht Uhr abends
21. überrascht – erleichtert

f) **Sprechen Sie den Text zu Hause anhand der Stichwörter zunächst auf Ihre Übungs-kassette, und kontrollieren Sie ihn anhand von a).**

g) **Geben Sie die Geschichte mündlich in der Gruppe wieder (1 Satz pro KT), und korrigieren Sie Satzbaufehler anhand der Faustregel in Lektion 12, Ü. 6.**

werden – Passiv mit Modalverben

2. Frau Weinert berichtet aus ihrer Schulzeit

a) Lesen Sie, und unterstreichen Sie die Modalverben und die Passivformen.

Früher war alles ganz anders: 1. Da musste der Lehrer morgens im Chor begrüßt werden. 2. Anschließend musste gemeinsam gebetet werden. 3. Während des Unterrichts durfte nicht gesprochen werden, wenn man vorher nicht gefragt worden war. 4. Wer nicht gehorchte oder frech war, durfte vom Lehrer geschlagen oder an den Ohren gezogen werden.

b) Ergänzen Sie die fehlenden Formen in der Übersicht.

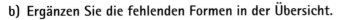

	werden – Passiv	*werden* – Passiv mit Modalverben
Präsens	Die Kinder *werden* anders erzogen.	Sie *dürfen* nicht geschlagen werden.
Präteritum	Die Kinder _____ anders erzogen.	Sie _____ geschlagen werden.
Perfekt	Die Kinder _____ anders erzogen _____ .	Sie _____ geschlagen werden _____ .
Plusquam-perfekt	Die Kinder _____ anders erzogen _____ .	Sie _____ geschlagen werden _____ .

* Statt des Perfekts benutzt man bei Modalverben meist das Präteritum.

c) Was war in Ihrer Schulzeit anders als in der von Frau Weinert? Vergleichen Sie.

3. Pädagogische Prinzipien von gestern und heute

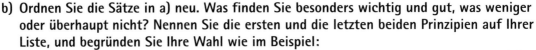

a) Lesen Sie.

1. Man muss Schüler zur Pünktlichkeit erziehen. ◯
2. Man muss Schülern effektive Lernstrategien vermitteln. ◯
3. Man muss Zuspätkommen bestrafen. ◯
4. Man muss Schüler hin und wieder schlagen. ◯
5. Man muss Schüler zu Höflichkeit und Rücksichtnahme erziehen. ◯
6. Man sollte Schüler zu eigenverantwortlichem Lernen führen. ◯
7. Man muss Schülern vor allem Gehorsam und Disziplin beibringen. ◯
8. Man sollte Schüler als gleichberechtigte Partner ansehen. ◯
9. Man sollte über die Art des Unterrichts demokratisch abstimmen. ◯
10. Man sollte im Unterricht das machen, was die Schüler wollen. ◯

b) Ordnen Sie die Sätze in a) neu. Was finden Sie besonders wichtig und gut, was weniger oder überhaupt nicht? Nennen Sie die ersten und die letzten beiden Prinzipien auf Ihrer Liste, und begründen Sie Ihre Wahl wie im Beispiel:

Prinzip 6 steht für mich an erster Stelle, weil ich finde, dass Schüler zu eigenverantwortlichem Lernen geführt werden sollen.
An zweiter Stelle ...
Prinzip ... steht für mich an letzter Stelle, weil ich der Meinung bin, dass ...

c) Sagen Sie Ihre Meinung zu weiteren Prinzipien aus a) wie im Beispiel:

Auch für sehr wichtig (nicht für so wichtig) halte ich Prinzip ..., weil ...

d) Wie war die Situation in Ihrer Schule im Heimatland? Berichten Sie wie im Beispiel:

Wir wurden nicht zur Pünktlichkeit erzogen und auch nicht für Zuspätkommen bestraft.

Grammatik

4. Lerntipps und Tricks mit *je … desto/umso*

a) Unterstreichen Sie die Hauptsätze (HS). Was fällt Ihnen am Anfang der Haupt- und Nebensätze (NS) auf?

1. Je lieber man etwas lernt, desto besser kann man es behalten.
2. Je mehr Lernkanäle man aktiviert, umso besser kann man Informationen behalten.
3. Je früher man eine Sprache lernt, desto weniger Probleme hat man.

b) Ergänzen Sie die Beispielsätze aus a) in der Grafik.

	Vorfeld	Rahmenelemente	V1	Mittelfeld	V2	V1
NS		Je lieber				
HS	desto besser					
NS		Je mehr** Lernkanäle				
HS	umso besser*					
NS		Je früher				
HS	desto weniger Probleme					

* *desto* und *umso* sind synonym.   ** *mehr* oder *weniger* haben nie eine Endung.

c) Unterstreichen Sie die Adjektive und die direkt folgenden Nomen wie in Satz 1.

1. Wenn man Lernstrategien <u>bewusst</u> anwendet, dann erreicht man <u>bessere</u> Ergebnisse. 2. Wenn man viel liest, dann wächst der Wortschatz schneller. 3. Wenn man gute Eselsbrücken findet, dann kann man etwas leichter behalten. 4. Wenn man stark im Stress ist, dann macht man mehr Fehler. 5. Wenn man häufig Deutsch spricht, dann hat man weniger Sprechangst. 6. Wenn man viele Phonetikübungen macht, wird die Aussprache besser. 7. Wenn man das Gehirn regelmäßig trainiert, dann wird die Gedächtniskapazität größer.

d) Bilden Sie aus den *wenn-dann*-Sätzen in c) Sätze mit *je … desto/umso* wie im Beispiel:

Wenn	man <u>viele Sprachen</u> spricht, dann*	kann man sich <u>besser</u> verständigen.
<u>Je mehr Sprachen</u>	man	spricht, <u>desto besser</u> kann man sich verständigen.

* Zur Betonung der Bedingung kann man zwischen Nebensatz (Position I) und dem Verb *dann* einfügen.

5. Felix berichtet über seinen Englischkurs in der Volkshochschule

Ergänzen Sie die Kommentare der Zuhörer, und vergleichen Sie.

1. Die Gruppe ist klein.
2. Der Unterricht macht Spaß.
3. Das Buch ist modern.
4. Heute ging es um Lernstrategien.
5. Die Lehrerin spricht nur Englisch.
6. Jeder soll bis nächste Woche etwas lesen und dann darüber berichten.

Das finde ich gut. Je kleiner …

Da hast du Glück. Je …

Das ist wichtig. Je …

Klasse! Je …

Verstehst du alles? Aber egal, je …

Das ist eine gute Methode. Je …

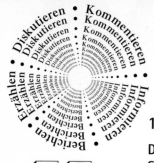

Kommunikationszentrum

1. Diskussionsorganisation

Diskussionsformeln (formelle Diskussion):
Sammeln Sie Redemittel zu den Redeabsichten unten. Vergleichen Sie sie dann mit den Vorgaben, und ergänzen Sie.

Die Diskussion eröffnen

- Wir wollen heute über die Frage diskutieren, ob ...
- Heute geht es um die Frage, ob ...
- Unser Thema heißt heute: ...
- Das Thema unserer Diskussion ist ...
- _____

Auf die Diskussionsregeln hinweisen

- Moment, bitte einer nach dem anderen!
- Nicht alle auf einmal!
- Nicht alle durcheinander!
- Also jetzt zuerst A, dann B und danach C!
- _____

Das Diskussionsende einleiten

- Ich glaube, wir müssen langsam zum Schluss kommen.
- Ich fürchte, wir haben nicht mehr viel Zeit.
- So langsam müssen wir die Diskussion beenden.
- _____

Zu weiteren Äußerungen ermuntern

- Wer möchte etwas dazu sagen?
- Wollte noch jemand etwas zu diesem Punkt sagen?
- Seid ihr alle der Ansicht, dass ...?
- _____

Diskussionsbeiträge hervorheben

- Das halte ich für einen sehr wichtigen Aspekt.
- Genau das ist der springende Punkt!
- Genau darum geht es.
- Das finde ich sehr interessant.
- _____

2. Schule ohne Noten in den ersten zwei Jahren

Sammeln Sie Pro- und Kontra-Argumente, und vergleichen Sie mit den Vorgaben. Bestimmen Sie dann zwei Diskussionsleiter, und geben Sie die Diskussionszeit vor.

PRO	KONTRA
• Noten sind gute Informationen über Leistungen.	• Noten sind Druckmittel und verhindern entspanntes Lernen.
• Noten sind objektiv.	• Noten sind nicht immer objektiv.
• Leistungskontrollen sind eine gute Vorbereitung auf das Berufsleben.	• Noten messen nicht die subjektive Leistungssteigerung.
• Noten können motivieren.	• Noten können Frustrationen bewirken.
• Noten sind ein gutes Mittel gegen Faulheit.	• Noten sind für Eltern oft wichtiger als für Kinder.
• Kinder brauchen Druck, damit sie lernen.	• Durch Noten entstehen Egoismus und Mangel an Solidarität.
• Noten helfen, die eigenen Stärken und Schwächen zu erkennen.	• Ohne Notendruck kann den Kindern das Lernen mehr Spaß machen.
• Noten fördern gesundes Wettbewerbsdenken.	

3. Bildergeschichte

a) Worum geht es bei dem Cartoon? Suchen Sie eine Überschrift.
b) Sammeln Sie Redemittel, und beschreiben Sie die drei Zeichnungen.
c) Erzählen Sie eine Kettengeschichte zu den Bildern (1 Satz pro KT).
   Wiederholen Sie jeweils das schon Gesagte.
d) Schreiben Sie zu Hause einen Erlebnisbericht über diesem Vorfall.
e) Diskutieren Sie: Ist Mogeln akzeptabel? Warum wird gemogelt?

4. Autonomes Lernen

a) Was verstehen Sie unter autonomem Lernen? Sammeln Sie Definitionen, und nennen Sie Beispiele für autonomes Lernen aus Ihrem Erfahrungsbereich.
b) Lesen Sie einen Ausschnitt aus einem Interview mit dem Schweizer Publizisten Hans A. Pestalozzi (HAP).

Frage: Jedes Kind will lesen, schreiben, malen, zeichnen, rechnen – mit Freude, mit Begeisterung, freiwillig. Die Schule verhindert es. Ist dies nicht ein Widerspruch?

HAP: Die Schule verhindert es nicht nur, sie treibt es einem sogar aus! – Überlegen wir einmal, wer liest denn noch nach der Schulzeit, es gibt ja nur noch ganz wenige Leute, die überhaupt fähig sind, richtig zu lesen, ein Buch zu hinterfragen, selbst Studenten kaum mehr. Heute liest man noch Sprechblasen, Boulevardpresse ohne jeglichen Inhalt, sitzt vor dem Fernseher. Wer schreibt noch eigene Gedanken, Gefühle nach der Schule selber nieder? Das sind vielleicht noch zwei Prozent der Bevölkerung … und da sieht man ja, was Schule alles ausgelöscht hat, was das Kind ursprünglich einmal lernen wollte.

Frage: Wenn Sie eine Lehrerausbildung gestalten könnten, wie sähe diese aus?

HAP: (lacht laut) Ich würde die Lehrer abschaffen. Wenn ich Schule aus Prinzip ablehne, kann ich nicht Lehrer ausbilden wollen. Wir müssen uns von dem Begriff Schule lösen, wir brauchen statt Lehrer eine Art Animatoren, die den Kindern für ihr selbständiges Lernen und Neugierde-Löschen zur Verfügung stehen.

c) Sollte man statt Lehrer Animatoren ausbilden? Diskutieren Sie Vor- und Nachteile.

5. Lernen heute und morgen

a) Schreiben Sie einen Informationstext über das Schulsystem in Ihrem Heimatland.
Berichten Sie auch über Kosten, Ausstattung und Qualität öffentlicher und privater Schulen, Dauer des täglichen Unterrichts, Ferienzeiten, Klassenstärke, Lehr- und Lernstile, Strafen.
b) Tragen Sie Ihren Text möglichst frei vor.
c) Schreiben Sie einen Kommentar.
Wie müsste die ideale Schule der Zukunft aussehen? Was müsste an den heutigen Schulen verändert werden?
d) Lesen Sie Ihren Text vor.

Aktivitäten

1. Projekte

a) **Lernmethoden:** Machen Sie in Kleingruppen Umfragen: Wie kann man ohne besonderen Mehraufwand an Zeit seine Fähigkeiten in den Bereichen Wortschatz, Grammatik, Hörverstehen, Leseverstehen und Schreiben verbessern? Stellen Sie Ihre Ergebnisse im Plenum vor, und diskutieren Sie sie.

b) **In Ⓓ Ⓐ ⒸⒽ:** Formulieren Sie ein Projekt zum Thema Lernen wie im Beispiel. Hängen Sie es im Kursraum auf, und suchen Sie Partner dafür.

> *Mein Projekt: Ich möchte sehen, wie Kinder hier eine Fremdsprache lernen. Deshalb möchte ich in einer Schule einige Male am Unterricht teilnehmen und Lehrer wie auch Schüler interviewen. Bei der Projektvorstellung möchte ich auch zeigen, wie das bei uns in Polen ist. Wer macht mit?*

2. Spiele und Aufgaben

Gedächtnistest: Sie brauchen Bleistift, Papier und eine Uhr.

Begriffe

Versuchen Sie, sich innerhalb von 2 Minuten die Begriffe in der vorgegebenen Reihenfolge einzuprägen. Für jedes richtige Wort erhalten Sie 10 Punkte.

Glas
Anzug
Zeitschrift
Ei
Zahnpasta
Stuhl
Tisch
Badehose
Fenster
Diskette

Punkte*_____

Kofferpacken

Schauen Sie sich diese Gegenstände 1 Minute lang an, und decken Sie anschließend das Bild ab. Für jeden richtig ins Gedächtnis gerufenen Gegenstand gibt es 5 Punkte.

Punkte*_____

Liste

Prägen Sie sich folgende nummerierte Einkaufs- bzw. Erledigungsliste 3 Minuten lang ein. Decken Sie die Liste zu, und schreiben Sie die Begriffe nach 2 Minuten Pause auf ein Blatt Papier. 5 Punkte für jedes Wort mit richtiger Zahl.

1)	Saft	11)	Bank
2)	Bananen	12)	Telefonat
3)	Brot	13)	Zeitung
4)	Pizza	14)	Autoreparatur
5)	Salat	15)	Versicherung
6)	Peperoni	16)	Kinokarten
7)	Käse	17)	Kopierladen
8)	Nudeln	18)	Flugtickets
9)	Salz	19)	Hochzeitsgeschenk
10)	Datteln	20)	Tennisplatz

Punkte*_____

* Punktebewertung siehe Lösungsschlüssel

3. Sprichwörter und Redensarten

Gibt es diese Sprichwörter und Redensarten auch in Ihrer Muttersprache? Was bedeuten sie?
1. Was Hänschen nicht lernt, lernt Hans nimmermehr. 2. Übung macht den Meister. 3. Früh übt sich, wer ein Meister werden will. 4. Es ist noch kein Meister vom Himmel gefallen. 5. Man lernt nie aus. 6. Ein Gedächtnis wie ein Sieb haben.

4. AusgeⒹ Ⓐ ⒸⒽte Geschichten

Ihre ausgeⒹ Ⓐ ⒸⒽte Person möchte ihre Französischkenntnisse verbessern und schreibt sich in einen Sprachkurs ein. Welche Erfahrungen macht sie dort?

5. Hörszene: Der blaue Brief (Wiederholung und Fortsetzung von Phonetik, 3.c)

Wortschatzfestigung

I. Individuelle Wortschatzarbeit

a) **Wie haben Sie bisher versucht, Wortschatz zu festigen** (beispielsweise mit Vokabelheften, Wortschatzkarteien, Ringbüchern mit nach Sachgruppen geordnetem Wortschatz, Haftzetteln in der Wohnung ...)? **Vergleichen Sie Vor- und Nachteile Ihrer Lernmethoden.**

b) **Wie viel vergisst man Ihrer Meinung nach, wenn man Wortschatz nicht wiederholt? Ergänzen Sie, und vergleichen Sie dann mit dem Lösungsschlüssel.**

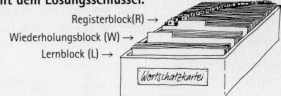

Registerblock(R) →
Wiederholungsblock (W) →
Lernblock (L) →
Wortschatzkartei

Nach 20 Minuten vergisst man	etwa	_30 – 45_	Prozent,
nach einem Tag	etwa	_____	Prozent,
nach einer Woche	etwa	_____	Prozent,
nach einem Monat	etwa	_____	Prozent.

c) **Notieren Sie Vor- und Nachteile der Arbeit mit einer Wortschatzkartei** (vergleiche „Eine Fremdsprache lernen III", nach Lektion 8), **und diskutieren Sie sie.**

d) **Sammeln Sie Tipps für die Wortschatzarbeit, und vergleichen Sie.**

II. Wortschatzfestigung im Unterricht

Was für Übungen zur Wortschatzfestigung würden Sie gern im Unterricht machen? Kreuzen Sie an, und begründen Sie Ihre Meinung.

a) **Wiederholungsübungen mit Synonymen am Rand (zum Umknicken),** sowohl als häusliche Wiederholung und Selbstkontrolle zu einem späteren Zeitpunkt als auch als Kontrollübung im Unterricht. ☐

Was war hier für Sie neu und ungewöhnlich? Was ist Ihnen hier ... aufgefallen?

b) **Wiederholung von kurz zuvor eingeführtem Wortschatz,** z. B.: L schreibt Einzelwörter an die Tafel, die KT schreiben mit jedem Wort einen Beispielsatz. Anschließend Vergleich im Plenum. ☐

c) **Partnerarbeit mit der Wortschatzkartei** Die KT wiederholen täglich 2 bis 3 Minuten lang Wortschatz aus dem Registerblock des Karteikastens. Dabei zieht KT1 eine Karte aus der Kartei von KT2 und zeigt KT2 den muttersprachlichen Eintrag auf der Rückseite. KT2 muss das Wort durch Umschreibung oder einen Beispielsatz erklären. Wenn die Erklärung richtig ist, kommt die Karte wieder zurück in den Kasten, und KT1 macht weiter, bis KT2 einen Fehler macht. Dann bleibt die Karte auf dem Tisch liegen, und KT2 ist an der Reihe. ☐

d) **Memory-Spiel mit der Wortschatzkartei außerhalb von Ⓓ Ⓐ ⒸⒽ,** z. B.: Zwei Spieler legen 5 mal 5 Karteikarten auf den Tisch (muttersprachlicher Eintrag nach oben). KT1 nennt die deutsche Entsprechung für eins der Wörter. Wenn sie richtig ist, darf KT1 die Karte nehmen und weitermachen. Ist sie falsch, bleibt die Karte liegen, und KT2 ist an der Reihe. ☐

e) **Kontextübung (möglichst mit leiser Entspannungsmusik im Hintergrund),** z. B.: Die KT hören die Vorgaben von L, ergänzen im Stillen die fehlenden Wörter oder Phrasen, die nach einer kurzen Pause von L genannt werden, und vergleichen. L: *Es gibt Leute, die überall beliebt sind und bei allen gut – (Pause) – ankommen.* Die KT notieren, was sie nicht gewusst haben, und wiederholen es zu Hause. ☐

f) **Wortschatzspiele** ☐

Krieg und Frieden

● Situationen – Texte – Redemittel

1. Alternativen

a) Was verbinden Sie mit Krieg und Frieden?
b) Lesen Sie das Gedicht von Ernst Jandl. Was bedeuten die Jahreszahlen? Hat die Anzahl der Wörter „krieg" eine Bedeutung? Was wissen Sie über diese Zeit? Sammeln Sie Informationen.

1944	1945
krieg	krieg
krieg	krieg
krieg	krieg
krieg	krieg
krieg	mai
krieg	
krieg	
krieg	
krieg	
krieg	
krieg	
krieg	Ernst Jandl

c) Lesen Sie das Gedicht von Joseph Reding.
Was bedeutet „Friede" in Ihrer Muttersprache?
Schreiben Sie Ihr Gedicht.

Friede

Das heißt auf …

Du, komm,
lass uns
zusammen …

Friede

„Bloß keinen Zank
und keinen Streit!"
Das heißt auf englisch
ganz einfach
PEACE
und auf französisch
PAIX
und auf russisch
MIR
und auf hebräisch
SHALOM
und auf deutsch
FRIEDE

oder:
„Du, komm, laß uns
zusammen spielen,
zusammen sprechen,
zusammen singen,
zusammen essen,
zusammen trinken
und zusammen leben,
damit wir leben."

Josef Reding

d) Nennen Sie mögliche Ursachen von Gewalt und aggressivem Verhalten.

2. Kleinkrieg

a) Lesen Sie den Text, und klären Sie Wortschatzfragen.
Aus dem Tagebuch eines Zweijährigen:

Ein ganz normaler Donnerstag

8.10 Uhr.	Kölnisch Wasser auf den Teppich gespritzt. Riecht fein. Mama böse. Kölnisch Wasser ist verboten.
8.45 Uhr.	Feuerzeug in Kaffee geworfen. Haue gekriegt.
9.00 Uhr.	In Küche gewesen. Rausgeflogen. Küche ist verboten.
9.15 Uhr.	In Papas Arbeitszimmer gewesen. Rausgeflogen. Arbeitszimmer auch verboten.
9.30 Uhr.	Schrankschlüssel genommen. Damit gespielt. Mama wusste nicht, wo er war. Ich auch nicht. Mama hat sehr geschimpft.
10.00 Uhr.	Rotstift gefunden. Tapete bemalt. Ist verboten.
10.20 Uhr.	Stricknadel aus Strickzeug gezogen und krumm gebogen. Zweite Stricknadel in Sofa gesteckt. Stricknadeln sind verboten.

11.00 Uhr.	Sollte Milch trinken. Wollte aber Wasser. Aus Wut gebrüllt. Haue gekriegt.
11.10 Uhr.	Hose nass gemacht. Nassmachen verboten.
11.30 Uhr.	Zigarette zerbrochen, Tabak drin. Schmeckt nicht gut. Sehr verboten.
11.45 Uhr.	Ameisen bis unter Mauer verfolgt. Dort Tausendfüßler gefunden. Sehr interessant, aber verboten.
12.15 Uhr.	Dreck gegessen. Witziger Geschmack. Verboten.
12.30 Uhr.	Salat ausgespuckt. Ungenießbar. Ausspucken dennoch verboten.
13.15 Uhr.	Mittagsruhe. Nicht geschlafen. Aufgestanden und auf Bettdecke gesessen. Gefroren. Frieren ist verboten.
14.00 Uhr.	Nachgedacht. Festgestellt: Alles ist verboten.

b) Was finden Sie an diesem Text ungewöhnlich?
c) Wodurch wird das Kind erzogen? Wie hätten Sie sich als Mutter oder Vater verhalten?
d) Ordnen Sie die folgenden Äußerungen der Eltern den Uhrzeiten zu wie in Satz 1.

1. Was hast du denn da schon wieder gemacht? Das ist doch jetzt bestimmt kaputt!

2. Wie oft habe ich dir schon gesagt, dass du mich nicht stören sollst. Ab in dein Kinderzimmer!

3. Was soll denn das Theater? Was? Auch noch brüllen? Das fangen wir ja gar nicht erst an! – So, und jetzt trink!

4. Aua! Was ist das denn? Du sollst doch meine Sachen nicht anfassen!

e) Erfinden Sie ähnliche Äußerungen, und lassen Sie sie zuordnen.
f) Wählen Sie eine Aktivität aus a), und erzählen Sie sie aus der Perspektive des Kindes.

g) Sammeln Sie Ausdrücke wie: *zuerst ... kurz darauf ... am Ende*, und vergleichen Sie. Schreiben Sie damit aus a) einen fortlaufenden Text aus der Perspektive der Eltern. Einige KT lesen vor.
h) Wie hat man in Ihrer Familie und in der Schule Konflikte gelöst?
i) Was halten Sie von dem Motto: „Lass dir nichts gefallen!"?

j) Diskutieren Sie: Sind Schläge ein wirksames Erziehungsmittel? Warum (nicht)?

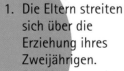

k) Rollenspiele:
1. Die Eltern streiten sich über die Erziehung ihres Zweijährigen.
2. Die Mutter sucht Rat bei einem Kinderpsychologen.

Hackordnung in der Familie

Wer seinen Sohn liebt, der züchtigt ihn.

M. Monks

Gr. 1.–2.

3. Nach der Schule in den Krieg

a) Lesen Sie den Text.

„Du Versager! Jetzt kriegst du's!", faucht Martin, 14. Er steht mit Michael, 18, in der Spielwarenabteilung eines Kaufhauses vor dem flackernden Bildschirm. Die beiden kämpfen erbittert gegeneinander. Alles, was sonst verboten ist, ist hier erlaubt. Es wird geschlagen, getreten, geschossen, getötet. Es geht also zu
10 wie im richtigen Leben, wo das Fernsehen tagtäglich Kriegsbilder zeigt, die Kriminalität zunimmt und Gewalt immer häufiger ihr Ziel erreicht. Wer rücksichtslos seine Ellbogen ge-
15 braucht, gilt als erfolgreich. Wer nachgibt und zurückweicht, als Schwächling. Das ist das, was über den Monitor vermittelt wird.

Videospiele waren für Michael schon früh das Einzige, wofür er sich interessierte und wofür er sein ganzes Taschengeld ausgab. In der neunten Klasse
20 flog er von der Hauptschule, weil er öfter ins Kaufhaus zum Spielen als in die Schule ging. „Ich kann einfach nicht mehr aufhören", sagt er. „Es ist wie eine Droge." Nach eigenen Aussagen verbringt er täglich mehrere Stunden vor dem Bildschirm. „So ein Gewaltkonsum bleibt nicht ohne Folgen", warnen Psychologen. „Er stumpft ab, macht mitleidlos, verherrlicht Brutalität als
25 Konfliktlösung und ist so für die steigende Jugendkriminalität zu einem großen Teil mitverantwortlich. Aber Gewalt darf kein Spaß sein. Wenn Sie gezeigt wird, dann nicht als isolierte Aktion, sondern als Ereignis mit Gründen und Folgen – zum Beispiel dem Schmerz der Opfer."

b) Warum heißt die Überschrift: „Nach der Schule in den Krieg"?
c) Wie sieht wohl das Zuhause von Michael aus?
d) Was kann man gegen den Gewaltkonsum tun? Sammeln Sie Vorschläge, und vergleichen Sie.

> Gr. 3.

4. „Coolness"-Training für jugendliche Gewalttäter

a) Klären Sie die Bedeutung der folgenden Wörter: *Diebstahl, Gewaltdelikt, Kids, Caritas, vorgehen gegen, abbauen, Gewaltakt, Motiv, Siedlung, Pokal, erbetteln, schildern, Detail, in Kauf nehmen.* Bilden Sie Beispielsätze und möglichst auch Wortfamilien. Vergleichen Sie.

b) Hören Sie einen Text über einen jugendlichen Gewalttäter, machen Sie sich Notizen, und geben Sie den Inhalt grob wieder.

c) Schreiben Sie die folgenden Äußerungen von Bastian in Standard-Deutsch auf, und vergleichen Sie. Nennen Sie einige für die gesprochene Sprache typische Kriterien.

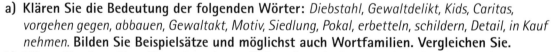

„Desis ne Abwechslung. Man muss nich so viel Geld bezahln. Du kannst da fahn und dann kannstu auch noch Pokale un so gewinn, weman aufm Renn mitfährt. Undes mitm Cart, desis meist 'n Wochnende und 'm Wochnende habich nie gewusst, was ich machn soll, unda ha'ich gleich gesagt: Ja, da mach ich mit."

d) Was ist das Wichtigste an der Caritas-Initiative?

5. Was ist Friedenserziehung?

a) Lesen Sie die sechs Thesen.

1
Kinder und Jugendliche sollen lernen, sich aktiv für den Frieden einzusetzen und Konflikte gewaltfrei zu lösen.

2
Friedenserziehung ist politische Erziehung; sie soll zu politischem Handeln befähigen und motivieren. Dazu gehört auch die Fähigkeit zur Toleranz und zum Kompromiss.

3
Friedenserziehung ist historische Bildung über die Ursachen, Funktionen und die Schrecken von Kriegen.

6
Friedenserziehung ist auf internationale Zusammenarbeit angewiesen. Notwendig sind ein verstärkter Jugendaustausch sowie gemeinsame Aktivitäten zum Abbau von Vorurteilen und Feindbildern.

4
Friedenserziehung ist multikulturelle Erziehung; sie ist gegen Ausländerfeindlichkeit, Rassismus und Antisemitismus gerichtet und praktiziert Solidarität mit ausländischen und ethnischen Minderheiten.

5
Friedenserziehung setzt sich nicht nur für soziale Gerechtigkeit im eigenen Land ein.

b) Unterstreichen Sie die folgenden Wörter in a), und schreiben Sie sie zu den Erklärungen unten:
sich einsetzen für (A), *praktizieren, angewiesen sein auf* (A), *sich richten gegen* (A), *befähigen zu* (D)

1. *sich richten gegen (A)*   → gegen etwas sein (z. B. gegen Gewalt und Fanatismus)

2. _____ → etwas dringend brauchen (z. B. internationale Zusammenarbeit)

3. _____ → jemandem die Möglichkeit geben (z.B. politisch zu handeln)

4. _____ → sich für etwas engagieren/ alles für die Erreichung eines Ziels tun (z. B. für den Frieden)

5. _____ → etwas in Taten umsetzen/ etwas realisieren/ verwirklichen (z. B. Solidarität im Alltag)

c) Fragen Sie sich die Wörter aus b) gegenseitig ab.
Beispiel: ● Was bedeutet ...? ▲ Das bedeutet, dass man ...
d) Welche These in a) halten Sie für die wichtigste? Begründen Sie Ihre Wahl.
Beispiel: Am wichtigsten finde ich, dass man Kindern und Jugendlichen beibringt, ...
e) Lesen Sie die Textbeispiele rechts, und klären Sie Wortschatzfragen.
f) Berichten Sie über persönliche Erfahrungen, in denen die Thesen in a) im Alltag praktiziert werden.

NEUE REVUE
Kommentar
Robert Pölzer
Chefredakteur
Liebe Leser

Krieg auf dem Pausenhof – Schlagzeilen aus den letzten Monaten. Doch viel zu selten wird über Positives an den Schulen berichtet. Ein gutes Beispiel möchte ich Ihnen vorstellen. Alle Schüler der Werner-Stephan-Hauptschule in Berlin haben freiwillig zehn Versprechen unterschrieben wie: „Ich beleidige, provoziere und verpetze meine Mitschüler nicht." „Streit will ich schlichten und nicht anheizen." „Ich mache mich nicht über meine Mitschüler lustig."
Jeder hält sich daran. Denn auf einmal ist Fairness wieder „in". Davon können auch die Erwachsenen lernen.

... In einer Hauptschule entstand das Projekt „Du und Ich", ein Integrationsprojekt der oberen Klassen. Über eine Koordinierungsgruppe, in der alle Nationalitäten vertreten sind, wird „Gemeinschaftlichkeit" erprobt, z. B. durch ein multikulturelles Basketballteam, eine Malaktion in der Stadt, eine Hilfssammlung für eine russische Kleinstadt ...

Ein Haus in Heidelberg
Jan kommt abends in die Küche der WG. Dort stehen Nworah und Tobias am Herd und sind mit dem Abendessen beschäftigt.

6. Auf zur Demo!

 a) Hören Sie den folgenden Dialog, und lesen Sie ihn dann mit verteilten Rollen.

Jan: Hallo! Hmm! Das riecht ja super! Könnte es sein, dass ich gerade richtig komme?

Tobias: (Lacht) Ja, Nworah hat mir gerade was beigebracht, was man in keinem Kochbuch findet, und das reicht für 'ne halbe Kompanie.

Jan: Klasse! Apropos Kompanie: Da ist am Dienstag 'ne Demo „Jugend gegen den Krieg". Da will ich eigentlich hin. Kommt ihr mit?

Tobias: Ach nee, nicht schon wieder 'ne Demo!

Nworah: Wieso wollt ihr denn gegen den Krieg demonstrieren? Ihr habt doch gar keinen!

Jan: Ja, zum Glück nicht, aber da geht es ja auch nicht um einen bestimmten Krieg, sondern um Kriege allgemein.

Tobias: Also, wenn ich gegen alles, was schlecht ist, demonstrieren wollte, da könnte ich jede Woche durch die Hauptstraße marschieren.

Jan: Aber vielleicht musst du dann demnächst wieder bei der Bundeswehr in irgendwelchen Krisengebieten marschieren.

Tobias: Na davor bist du mit deiner Kriegsdienstverweigerung ja relativ sicher.

Nworah: Womit?

Tobias: Kriegsdienstverweigerung. Das bedeutet, dass jemand statt Wehrdienst Zivildienst macht und sich um behinderte Kinder oder kranke alte Leute kümmert und so.

Nworah: Und wie wird man so ein – äh – Kriegs-weiger-dienstler? Kann das jeder machen?

Jan: Im Prinzip ja, aber du musst schon einen Antrag stellen und dann auch genau begründen, warum du nicht zum Militär willst. Und du kannst auch abgelehnt werden.

Nworah: Und was muss in so einer Begründung drinstehen? Das würde ich gern mal lesen.

Jan: Ich kann dir ja meine mal raussuchen. Erklären kann ich dir das nicht so schnell.

Nworah: (Zu Tobias) Und warum bist du zum Militär gegangen?

Tobias: Das kann ich dir ganz schnell erklären: weil irgendjemand auch dafür sorgen muss, dass der Frieden erhalten bleibt, und wenn's nicht anders geht, auch mit Waffen.

b) Ist Wehr- bzw. Zivildienst in Ihrem Heimatland Pflicht? Ist die Dauer dieser Dienste unterschiedlich lang? Halten Sie das für richtig? Warum (nicht)? Wie viel Prozent eines Jahrgangs machen Zivildienst?

c) Würden Sie sich heute für Wehr- oder Zivildienst entscheiden? Warum? **Gr. 4.**

7. „Stell dir vor, es war Krieg, und keiner hilft."

 a) Ergänzen Sie den Slogan, auf dem diese Überschrift basiert: „Stell dir vor, es ist Krieg, ... Vergleichen Sie. (s. auch LS, S. 179).

b) Lesen Sie die Fragen, hören Sie, und machen Sie sich Notizen zu den Antworten.

1. Um was für einen Hörtext handelt es sich? Kreuzen Sie an:

Um eine Diskussion ◯, ein Interview ◯ oder einen Bericht ◯?

2. Wer spricht mit wem? 3. Was ist organisiert worden? 4. Wie war die Beteiligung?
5. Wie war das Ergebnis?

c) Hätten Sie bei diesem Projekt mitgemacht? Warum (nicht)?

8. Begründung für die Kriegsdienstverweigerung

a) Lesen Sie Jans Begründung für die Kriegsdienstverweigerung

Meine frühesten Erinnerungen an das Thema Krieg und Militär habe ich aus der Zeit, als ich ungefähr fünf Jahre alt war. Damals fragte ich nach meinen Großvätern und bekam zur Antwort: Sie sind im Krieg gefallen, genau wie deine Urgroßväter. Meine Eltern erzählten manchmal über die schlimmen Kriegsjahre, die Entbehrungen, Zerstörungen und Verwüstungen. Aber ich konnte mir damals noch nicht so richtig vorstellen, was
5 Krieg ist. Das Einzige, was ich mich schon damals fragte, war, warum sich Menschen auf so grausame Weise bekämpften.

In der Grundschule wurde mir zum Thema Gewalt eigentlich nichts Wesentliches vermittelt außer der Aufforderung, keine Mitschüler zu schlagen und insbesondere keine Mädchen. Gewalt wurde generell als schlecht dargestellt.

10 Diese ablehnende Haltung gegenüber Gewalt gegen andere wurde mir auch durch meine Eltern vermittelt. Sie sind gegen jede Form von Gewalt als Erziehungsmittel. Sie bemühten sich, mir und meinen Geschwistern schon früh eine gewaltfreie Konfliktlösung bei Streitigkeiten beizubringen und die Vorteile zu verstehen.

Im Gymnasium bekam ich dann in den höheren Klassen im Geschichtsunterricht wichtige Denkanstöße für meine spätere Gewissensentscheidung, den Kriegsdienst zu verweigern. Von Anfang an waren dort Kriege
15 mit ihren Ursachen und ihren politischen und sozialen Folgen das Hauptthema. Besonders die ausführlich behandelten Geschehnisse im Dritten Reich machten mir bewusst, dass zerstörerische Gewalt und Greueltaten durch das Militär unterstützt oder sogar erst möglich gemacht werden können. Anhand von Filmen und Berichten über die Judenverfolgung wurde mir zudem klar, dass für diese Greueltaten nicht einmal ein Krieg, sondern nur ein funktionierender Militär- und Parteiapparat genügt. Dass dieses Morden keine Ausnahme in
20 der Geschichte ist und dass es immer durch das Militär oder militärisch organisierte Gruppen geschieht, bestärkte meine Ablehnung gegenüber Ausbildung an und Gebrauch von Waffen. Denn für mich ist logisch, dass nur der, der Waffen besitzt und sie benutzen kann, mit eben diesen Waffen auch andere Menschen töten kann.

Ein weiterer Punkt, der mich und meine Gewissensbildung beeinflusste, ist mein Verhältnis zu Menschen
25 anderer Länder sowie meine Einstellung zu Patriotismus und Nationalstaat. Durch mehrere Auslandsaufenthalte und durch die Berufe meiner Eltern lernte ich junge Leute verschiedener Nationalitäten und Mentalitäten kennen. Besonders prägend war für mich ein Schüleraustausch mit unserer Partnerstadt Lille. Ich lernte viel über die französische Lebensweise und fand viele neue Freunde. Besonders durch die Gespräche mit meinen Gasteltern lernte ich, den zweiten Weltkrieg auch aus ihrer Sicht zu verstehen. Die Vorstellung, dass
30 ich sie und meine neuen Freunde in einem Krieg hätte bekämpfen müssen, bestärkte mich in meiner Ablehnung gegen die Anwendung von Waffengewalt.

Ein weiterer Grund für meine Weigerung, mich an Waffen ausbilden zu lassen, ist mein Verständnis von Patriotismus und Staat. An zahllosen Beispielen aus der Geschichte wird deutlich, dass ein Krieg oft von sogenannten Patrioten geführt wurde. Da ich keine patriotischen Gefühle habe, kann ich auch nicht für das
35 Vaterland töten – sei es in einem Angriffs- oder in einem Verteidigungskrieg. Für mich ist der Staat keine Einrichtung, die eine bestimmte Kultur oder eine Lebensauffassung repräsentiert. Der Staat ist für mich eine Verwaltungseinheit in einem hoffentlich bald funktionsfähigen Europa, in dem eine kriegslose auf Toleranz und Verständigung basierende Gesellschaft gebaut werden kann.

b) Wie gliedert Jan seine Begründung für die Kriegsdienstverweigerung? Nennen Sie seine Hauptpunkte, und vergleichen Sie. Welche Gründe würden Sie hinzufügen?

c) Welche Punkte werden auch in Text 5. „Was ist Friedenserziehung?" genannt?

d) Finden Sie Jans Begründung überzeugend? Warum (nicht)?

Gr. 5.-6.

9. Wortbildung: <u>Ver</u>wüstung und <u>Zer</u>störung

Wörter mit den Vorsilben *ver*- und *zer*- haben häufig negative Bedeutung.
Schreiben Sie in zwei Minuten möglichst viele dieser Wörter auf, und vergleichen Sie.
Bilden Sie anschließend mit einigen davon Wortfamilien.

10. Nachts schlafen die Ratten doch

a) Lesen Sie den Text einmal ohne Unterbrechung.

Das hohle Fenster in der vereinsamten Mauer gähnte blaurot voll früher Abendsonne. Staubgewölke flimmerten zwischen den steilgereckten Schornsteinresten. Die Schuttwüste döste.

Er hatte die Augen zu. Mit einmal wurde es noch dunkler. Er merkte, daß jemand gekommen war und nun vor ihm stand, dunkel, leise. Jetzt haben sie mich! dachte er. Aber als er ein bißchen blinzelte, sah er nur zwei
5 etwas ärmlich behoste Beine. Die standen ziemlich krumm vor ihm, daß er zwischen ihnen hindurchgehen konnte. Er riskierte ein kleines Geblinzel an den Hosenbeinen hoch und erkannte einen älteren Mann. Der hatte ein Messer und einen Korb in der Hand. Und etwas Erde an den Fingerspitzen.

Du schläfst hier wohl, was? fragte der Mann und sah von oben auf das Haargestrüpp herunter.

Jürgen blinzelte zwischen den Beinen des Mannes hindurch in die Sonne und sagte: Nein, ich schlafe nicht.
10 Ich muß hier aufpassen.

Der Mann nickte: So, dafür hast du wohl den großen Stock da?

Ja, antwortete Jürgen mutig und hielt den Stock fest.

Worauf paßt du denn auf?

Das kann ich nicht sagen. Er hielt die Hände fest um den Stock.
15 Wohl auf Geld, was? Der Mann setzte den Korb ab und wischte das Messer an seinem Hosenboden hin und her.

Nein, auf Geld überhaupt nicht, sagte Jürgen verächtlich. Auf ganz etwas anderes.

Na, was denn?

Ich kann es nicht sagen. Was anderes eben.
20 Na, denn nicht. Dann sage ich dir natürlich auch nicht, was ich hier im Korb habe. Der Mann stieß mit dem Fuß an den Korb und klappte das Messer zu.

Pah, kann mir denken, was in dem Korb ist, meinte Jürgen geringschätzig, Kaninchenfutter.

Donnerwetter, ja! sagte der Mann verwundert, bist ja ein fixer Kerl. Wie alt bist du denn?

Neun.
25 Oha, denk mal an, neun also. Dann weißt du ja auch, wieviel drei mal neun sind, wie?

Klar, sagte Jürgen und um Zeit zu gewinnen, sagte er noch: Das ist ja ganz leicht. Und er sah durch die Beine des Mannes hindurch. Dreimal neun, nicht? fragte er noch mal, siebenundzwanzig. Das wußte ich gleich.

Stimmt, sagte der Mann, genau soviel Kaninchen habe ich.

Jürgen machte einen runden Mund: Siebenundzwanzig?
30 Du kannst sie sehen. Viele sind noch ganz jung. Willst du?

Ich kann doch nicht. Ich muß doch aufpassen, sagte Jürgen unsicher.

Immerzu? fragte der Mann, nachts auch?

Nachts auch. Immerzu. Immer. Jürgen sah an den krummen Beinen hoch. Seit Sonnabend schon, flüsterte er.

Aber gehst du denn gar nicht nach Hause? Du mußt doch essen.
35 Jürgen hob einen Stein hoch. Da lag ein halbes Brot. Und eine Blechschachtel.

Du rauchst? fragte der Mann, hast du denn eine Pfeife?

Jürgen faßte seinen Stock fest an und sagte zaghaft: Ich drehe. Pfeife mag ich nicht. Schade, der Mann bückte sich zu seinem Korb, die Kaninchen hättest du ruhig mal ansehen können. Vor allem die Jungen. Vielleicht hättest du dir eines ausgesucht. Aber du kannst hier ja nicht weg.
40 Nein, sagte Jürgen traurig, nein nein.

Wolfgang Borchert

b) Fragen zum Text:
1. Worum geht es in der Geschichte? Fassen Sie den Inhalt kurz zusammen. 2. Welche Wörter in den ersten zwei Zeilen werden durch das obere Foto auf Seite 42 illustriert? 3. Warum hat der Junge Angst? 4. Warum unterhält sich der Mann wohl mit dem Jungen? 5. Worauf muss der Junge wohl aufpassen?

c) Schreiben Sie eine Fortsetzung der Geschichte, und lesen Sie einige Texte vor.
d) Lesen Sie die Fragen, und hören Sie dann den Rest der Kurzgeschichte.
1. Worauf passt der Junge auf und warum? 2. Wie bringt der Mann den Jungen zum Verlassen der ‚Schuttwüste'? 3. Welche Bedeutung kann das kleine weiße Kaninchen für den Jungen haben? 4. Wie hat sich der Junge in dieser Geschichte verändert? 5. Wie kann man den letzten Satz interpretieren: *Grünes Kaninchenfutter. Das war etwas grau vom Schutt.*?

Grammatik

Attribut

1. Funktion und Position von Attributen

der	**Krieg**	
der Klein	**krieg**	
der tägliche Klein	**krieg**	in der Familie
der tägliche Klein	**krieg**	der Geschwister
der	**Krieg,**	den keiner will
die	**Schwierigkeit,**	Kriege zu verhindern
Attribute		**Attribute**

a) Was machen Attribute?   Sie erklären _____ .
    Wo stehen Attribute?   _____ oder _____ dem Bezugswort.

b) Ergänzen Sie Attributsätze mit Infinitiv und zu.
1. Eltern haben oft Schwierigkeiten, ... / Ich habe oft Schwierigkeiten, ...
2. Eltern haben oft keine Zeit, ...   / Ich habe oft keine Zeit, ...
3. Eltern macht es oft keinen Spaß, ... / Mir macht es oft keinen Spaß, ...

2. Mögliche Positionen der attributiven Relativsätze

a) Vervollständigen Sie die Hauptsätze durch die folgenden Wörter, und ergänzen Sie in den Nebensätzen die Relativpronomen:

nicht fangen – nicht – gefunden – weg – nicht gleich wieder ausspucken – ausgeleert – ist

1. Ich habe die Handtasche meiner Mama   *ausgeleert,* _____   *die*   auf dem Sofa stand.
2. Ich habe ein Ding aus Metall   _____   _____ vor dem Schrank lag.
3. Ich weiß, wo der Schlüssel   _____   _____ Mama sucht.
4. Mama nimmt mir den Rotstift immer   _____   mit _____ ich so gern male.
5. Ich mag die Milch   _____   _____ ich jeden Tag trinken muss.
6. Ich konnte den Tausendfüßler   _____   _____ ich verfolgt habe.
7. Aber ich darf den Salat   _____   _____ Mama immer für mich macht.

b) Unterstreichen Sie die Nomen, auf die sich die Relativpronomen beziehen (Bezugswörter). In der Regel steht der Relativsatz direkt hinter dem Bezugswort und dem dazugehörigen Attribut. Wie ist das in a)? Was kann zwischen dem Bezugswort und dem Relativpronomen stehen?

> Besonders in der gesprochenen Sprache vermeidet man, einzelne Wörter (ein Verb/ Verbteil, das Negationsadverb *nicht* oder ein anderes Adverb) hinter den Relativsatz zu stellen. Also **nicht**: *Ich habe das Buch, in dem diese Geschichte steht, nicht.*

c) Welche Position der Relativsätze ist in a) auch möglich? Formen Sie diese Sätze um.
d) Verbinden Sie die Sätze wie im Beispiel, und vergleichen Sie mögliche Varianten.
Der Zweijährige hat das Kölnisch Wasser seiner Mutter verspritzt. Er hat das Kölnisch Wasser in ihrer Handtasche gefunden. → *Der Zweijährige hat das Kölnisch Wasser seiner Mutter verspritzt, das er in ihrer Handtasche gefunden hatte.*

1. Er wollte in das Arbeitszimmer seines Vaters gehen. In dem Arbeitszimmer gab es so viel schönes Papier.	2. Er fand, dass die Zigarette nicht besonders schmeckte. Er hatte die Zigarette zerbrochen.	3. Der Dreck hatte einen witzigen Geschmack. Er hatte den Dreck gegessen.

Nebensätze (IX): Relativsätze (II) mit *deren, dessen, was, wo (+ r)* + Präposition

3. Der Tote auf der Parkbank (Teil 1)

a) Lesen Sie den Text, und unterstreichen Sie Elemente, die Nebensätze einleiten.

1. Das ist das Aufregendste, was in dem Heidelberger Vorort seit Jahren passiert ist und worüber Jung und Alt reden.
2. Ein Toter, dessen Identität noch nicht geklärt ist, ist auf einem Kinderspielplatz aufgefunden worden. 3. Eine junge Mutter, deren Kinder den Mann entdeckt haben, hat sofort die Polizei alarmiert. 4. Jetzt suchen die Beamten die Bank, auf der der Tote saß, systematisch nach Spuren ab. 5. Aber sie finden zunächst nichts, was auf den Täter hinweist.
6. Um den Spielplatz herum stehen Leute aus der Nachbarschaft, bei deren teils neugierigen teils ängstlichen Fragen es immer um den Toten geht: Wer ist der Mann, und wer hat ihn ermordet?

b) Kombinieren Sie die Bezugswörter (links) mit einem Relativsatz (rechts), und ergänzen Sie ihn beliebig.

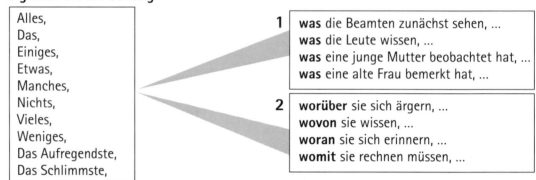

Alles,
Das,
Einiges,
Etwas,
Manches,
Nichts,
Vieles,
Weniges,
Das Aufregendste,
Das Schlimmste,

1
was die Beamten zunächst sehen, ...
was die Leute wissen, ...
was eine junge Mutter beobachtet hat, ...
was eine alte Frau bemerkt hat, ...

2
worüber sie sich ärgern, ...
wovon sie wissen, ...
woran sie sich erinnern, ...
womit sie rechnen müssen, ...

c) Warum stehen in Kasten 2 andere Einleitungselemente als in Kasten 1?

d) Ergänzen Sie *dessen* oder *deren*.

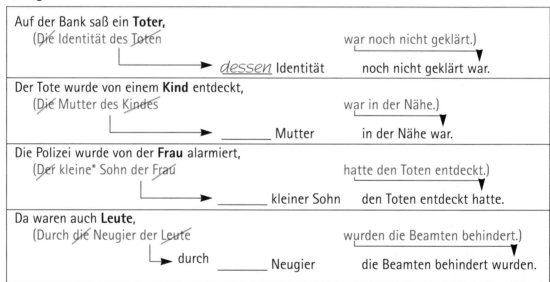

Auf der Bank saß ein **Toter,**
(Die Identität des Toten → *dessen* Identität   war noch nicht geklärt.)
noch nicht geklärt war.

Der Tote wurde von einem **Kind** entdeckt,
(Die Mutter des Kindes → _____ Mutter   war in der Nähe.)
in der Nähe war.

Die Polizei wurde von der **Frau** alarmiert,
(Der kleine* Sohn der Frau → _____ kleiner Sohn   hatte den Toten entdeckt.)
den Toten entdeckt hatte.

Da waren auch **Leute,**
(Durch die Neugier der Leute → durch _____ Neugier   wurden die Beamten behindert.)
die Beamten behindert wurden.

* *der kleine Sohn*, aber im Relativsatz: *deren kleiner Sohn*; weil der Artikel weggefallen ist, wird das Signal *-er* vom weggefallenen Artikelwort *der* an das Adjektiv angehängt (*deren* ist ein Relativpronomen und kein Artikelwort.).

e) Ergänzen Sie die Relativpronomen in der Übersicht, und markieren Sie die, die nicht mit den Artikelwörtern identisch sind wie im Beispiel unten.

	Singular			Plural
	maskulin	neutral	feminin	
Nominativ	*der*	*das*	*die*	*die*
Akkusativ				
Dativ				
Genitiv				*deren*

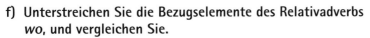

**f) Unterstreichen Sie die Bezugselemente des Relativadverbs
wo, und vergleichen Sie.**

1. In Heidelberg, wo der Mord verübt worden war, herrschte
zunächst große Aufregung.   2. Da, wo man den Toten gefunden
hatte, gab es keine Hinweise auf den Täter.   3. Jetzt, wo der Fall gelöst ist, sind alle erleichtert.
4. In einer Apotheke, wo die Männer die Schlaftabletten gekauft hatten, erinnerte man sich an sie.

Das Relativadverb *wo* benutzt man nach Bezugswörtern, die etwas Räumliches oder Zeitliches
bezeichnen. Nomen haben dann meist kein Artikelwort.

4. Der Tote auf der Parkbank (Teil 2)

a) Ergänzen Sie die relativsatzeinleitenden Elemente, bzw. bilden Sie Relativsätze.

Die Polizei stand vor einem Rätsel

1. Alles, ... man wusste, war, dass der Tote ca. 40 Jahre
alt war.   *was* _____

2. Nichts, ... er bei sich hatte, konnte seine Identität klären.   _____

3. In seiner Jackentasche fanden die Beamten ein Notizbuch,
... (Die vorderen Seiten des Notizbuchs waren herausgerissen.)   *dessen vordere Seiten ...*

4. Auf der Innenseite stand eine Telefonnummer,
... (Die letzten beiden Ziffern der Telefonnummer waren unleserlich.)   _____

5. Unter der Bank fanden die Beamten einen Handschuh,
... (An dem linken Daumen des Handschuhs waren Blutspuren.)   _____

6. Dieser Handschuh, ..., war ein erster Hinweis auf den möglichen Täter.
(Die Größe des Handschuhs passte nicht zu der Handgröße des Toten.   _____

7. Bei genauerer Untersuchung des Toten fanden die Beamten zunächst
nichts, ... auf die Todesursache hinwies.   _____

8. Sie fragten deshalb die Leute aus der Nachbarschaft, ob in der letzten
Zeit etwas passiert war, ... ihnen aufgefallen war.   _____

9. Plötzlich kam eine alte Frau,
... (Die Wohnung der alten Frau lag direkt am Spielplatz.)   _____

10. Sie hatte etwas beobachtet,
... sie mit dem Kommissar sprechen wollte.   _____

11. Von ihrem Schlafzimmer,
..., hatte sie in der Nacht komische Geräusche und leise Stimmen gehört. _____
(Die Fenster des Schlafzimmers gingen auf den Spielplatz hinaus.)

12. Sie hatte zwei Männer gesehen, ... (Die Gesichter der Männer hatte sie _____
natürlich nicht erkennen können.)

13. Sie hatten an einer Bank gestanden, ..., (Auf der Bank lag etwas.) ... _____
sie nicht identifizieren konnte.

14. Es schien etwas zu sein, ... sie sich sehr interessierten und ... sie sich _____
intensiv beschäftigten.

15. Der eine Mann, ..., verließ dann den Spielplatz. (Sie erinnerte sich noch _____
an die kräftige Figur des Mannes.)

16. Der andere Mann, ..., folgte ihm kurz danach. (Der leicht hinkende Gang _____
des Mannes war ihr aufgefallen.)

17. Das war das, ... sie dem Kommissar sagen wollte.   _____

18. Für die Beamten waren ihre Aussagen das Wichtigste,
... sie an diesem Morgen erfahren hatten.   _____

Bei späteren Untersuchungen fand man heraus, dass der Mann auf der Bank an einer Überdosis Schlaftabletten
gestorben war.

 **b) Schreiben Sie einige Vermutungen auf, was der Grund für seinen Tod gewesen sein
könnte und was die beiden Männer damit zu tun gehabt haben könnten.**

5. Textrekonstruktion

a) Rekonstruieren Sie den Text in 4.a) anhand der folgenden Stichwörter zunächst mündlich (jeder einen Satz). Benutzen Sie möglichst viele Relativsätze, und achten Sie auf die Zeitenfolge.

Beispiel: Aufregendste – seit Jahren – in Heidelberger Vorort – passiert – und alle redeten
Das war das Aufregendste, was seit Jahren in einem Heidelberger Vorort passiert war und worüber alle redeten.

1. Toter – Spielplatz – aufgefunden – Identität nicht geklärt
2. Frau – alarmierte Polizei – ihre Kinder – Toten entdeckt
3. Beamten fanden nichts – auf Täter hinweisen
4. Neugierige – wer ist Mann – Mord begangen?
5. Polizei fand Notizbuch – vordere Seiten herausgerissen
6. Unter Bank – Handschuh gefunden – passte dem Toten nicht – an Daumen Blut
7. Polizei – befragte Nachbarn – sollten alles sagen – aufgefallen
8. Alte Frau – Wohnung am Spielplatz – nachts komische Geräusche
9. Frau wollte Kommissar sprechen – etwas gesehen
10. zwei Männer – Gesichter nicht erkannt
11. Interesse an etwas auf Bank – Frau konnte nicht erkennen
12. Männer verließen Spielplatz – einer hinkte – fiel Frau auf
13. Für Polizisten Wichtigste – an diesem Morgen erfahren
14. Später stellte sich heraus – Tote – auf Spielplatz gefunden – gestorben an Überdosis Schlaftabletten

b) Wiederholen Sie die Übung noch einmal schriftlich.

Partikeln

6. Partikelkombinationen: *mal eben/mal gerade*

> Aufforderungen, Bitten und Fragen mit *mal eben/mal gerade* klingen weniger formell, besonders in Verbindung mit *doch* (in Aufforderungen) und *vielleicht* (in Fragen).

a) Formen Sie die Fragen und Aufforderungen mit den Partikeln oben um:
Polizeibeamter (P) – Mutter (M)

1. P: Entschuldigen Sie, kann ich Sie etwas fragen?

2. M: Ja, natürlich

3. P: Schildern Sie mir, was Sie gesehen haben.

4. M: Meine Kinder haben mich auf den Mann aufmerksam gemacht.

5. P: Können Sie sie herrufen? ...

6. M: Natürlich. Peter, Steffi, kommt her! ...

b) Hören Sie den Dialog, und sprechen Sie nach.

Kommunikationszentrum

1. Diskussionsorganisation

Formeln für informelle Diskussionen

Sammeln Sie Redemittel zu den Redeabsichten unten. Vergleichen Sie dann mit den Vorgaben, und ergänzen Sie sie.

Rederecht verteidigen (neutral)

(Moment/ Einen Augenblick,)
- darf ich das gerade noch zu Ende führen/bringen?
- ich möchte das gerade noch abschließen.
- ich bin gleich fertig.
- nur noch einen Satz.

Rederecht anmelden

- Dazu möchte ich kurz (et)was sagen/fragen.
- Darf ich (hier) mal kurz unterbrechen?
- Entschuldige, wenn ich dich unterbreche, aber ...
- Darf/Kann ich (gerade mal) eine kurze Zwischenfrage stellen?
- Vielleicht noch einen Satz/eine Ergänzung zu ...

Rederecht verteidigen (leicht verärgert)

(Entschuldigung, aber)
- ich habe noch nicht ausgeredet.
- lass mich (doch) mal ausreden!
- du musst mich schon ausreden lassen.
- kann/darf ich bitte mal ausreden?

2. Für den Frieden abrüsten oder rüsten?

 a) Ist es für den Erhalt des Friedens wichtiger abzurüsten oder weiter zu rüsten?

b) Sammeln Sie Argumente dafür und dagegen. Vergleichen Sie dann mit dem Folgenden.

Argumente für Abrüstung

- Rüstung kostet riesige Summen.
- Wer in Frieden leben will, braucht keine Waffen.
- Wenn niemand mehr Waffen hat, kann auch niemand mehr bedroht werden.
- Wenn man abrüstet, muss man neue Wege finden, Konflikte zu lösen.
- Alle müssen radikal umdenken. Statt für Waffen muss das Geld für das Überleben der Menschheit verwendet werden.

Argumente für Rüstung

- Nur durch Rüstung und Abschreckung kann man den Frieden erhalten.
- Um sich gegen militärische Bedrohungen verteidigen zu können, braucht man Waffen.
- Bedrohungen wird es immer geben.
- Abrüstungs- und Nicht-Angriffs-Verträge bieten keine letzte Sicherheit.
- Es hat immer Kriege gegeben, und es wird immer Kriege geben. Deshalb muss man sich schützen.

 **c)** Bestimmen Sie zwei Diskussionsleiter, und geben Sie die Diskussionszeit vor.
Zur weiteren Diskussionsorganisation s. Lektion 21, S. 22, 2. d)-e).

d) Schreiben Sie Ihre Meinung in einem Kommentartext auf, und lesen Sie ihn vor.

3. Weitere Diskussionsthemen

Wählen Sie eins der folgenden Themen aus, und diskutieren Sie in Kleingruppen. Zur weiteren Diskussionsorganisation s. Lektion 21, S. 22, 2.e)-f).

1. Ist Rüstung Diebstahl?
Jede Waffe, die hergestellt wird, jedes Kriegsschiff, das vom Stapel läuft, jede abgefeuerte Rakete ist im Grunde ein Diebstahl an denen, die hungern und nicht genährt, oder an denen, die frieren und nicht bekleidet werden.

Dwight D.Eisenhower
(Präsident der USA von 1950-58)

2. Gibt es eine Pflicht zu schießen?
Bei unseren ersten Vorstößen gegen die Gesetze wählten wir den Weg der Gewaltlosigkeit. Dann wurden neue Gesetze erlassen, die diesen Kampf der Gewaltlosigkeit unmöglich machten. Aber erst nachdem die Regierung alle Opposition gegen ihre Politik gewaltsam unterdrückte, entschlossen auch wir uns, Gewalt gegen Gewalt zu setzen.

Nelson Mandela
(Staatspräsident von Südafrika)

3. Kann gewaltloser Widerstand erfolgreich sein?
Wer gewaltlos Widerstand leistet, braucht sich weder als Einzelperson noch als Gruppe irgendwelchem Unrecht zu beugen. Er braucht aber auch nicht zur Gewalt zu greifen, um sich Recht zu verschaffen.   Martin Luther King
(Amerik. Bürgerrechtler 1929-1968)

4. Frauen als Soldatinnen

a) **Kommentieren Sie das Foto unten.**
b) **Lesen Sie den folgenden Text und die Äußerungen der interviewten Frauen rechts.**

Bei der Bundeswehr ist die Ausbildung zur Soldatin für Frauen nicht erlaubt. Ausnahmen sind nur das Musikkorps und der Sanitätsdienst. Inzwischen werden Stimmen laut, die einen gleichberechtigten Einsatz von Frauen in der Bundeswehr fordern. Eine Umfrage zu diesem Thema zeigte erstaunliche Ergebnisse: 84 % der Befragten waren der Meinung, dass Frauen der freiwillige Dienst an der Waffe erlaubt sein sollte, aber 87 % waren gegen die Einführung der Wehrpflicht für Frauen.

„Ich kann mir vorstellen, beim Militär zu arbeiten.
Männer und Frauen sollten dort die gleiche Vorbereitung bekommen. Man muss sich ja schließlich verteidigen können. Ich würde übrigens auch bei UN-Hilfstruppen mitmachen.“

Lea Rosental, 20

„Wenn eine Frau sich körperlich und psychisch in der Lage fühlt, Soldatin zu werden, dann soll sie das tun. Auch bei der Polizei tragen Frauen Waffen – warum nicht beim Bund? Für mich persönlich lehne ich das allerdings ab.“

Frauke Lenz, 26

„Ich sehe bei der Bundeswehr gute Aufstiegsmöglichkeiten – und würde deshalb auch dort arbeiten. Oder bei einem Friedensauftrag mitmachen. Und wenn man sich dazu entschließt, gehört eine Waffenausbildung wohl dazu.“

Anke Müller, 20

c) **Sind Sie für eine Wehrpflicht für Frauen? Warum (nicht)? Was halten Sie von freiwilligen Soldatinnen?**

5. Kriege – Ursachen – Folgen

a) **Schreiben Sie einen Informationstext über den letzten Krieg in Ihrem Land. Nennen Sie die politischen, wirtschaftlichen, sozialen oder psychologischen Gründe dafür sowie die Folgen. Tragen Sie ihn möglichst frei vor.**

b) **Welche gewaltfreien Aktionsformen kennen Sie? Schreiben Sie einen Bericht über Beispiele aus Gegenwart oder Vergangenheit in Ihrem Heimatland oder anderswo.**

Aktivitäten

1. Projekte

a) **In Ⓓ Ⓐ Ⓒⱨ: Zivildienst.** Erkundigen Sie sich nach den Bedingungen für Zivildienstleistende und nach den Einsatzbereichen. Berichten Sie darüber.
Alternative: Laden Sie einen ‚Zivi' in den Unterricht ein, und interviewen Sie ihn.

b) **UNESCO:** Schreiben Sie einen Brief an das Presse-Büro der UNESCO in der Schweiz, und bitten Sie um Informationsmaterial über laufende Projekte. Stellen Sie eins davon in der Gruppe vor. Adresse: Palais des Nations, 1211 Genf 10, Pressebüro

c) **In Ⓓ Ⓐ Ⓒⱨ: Zeitzeugen.** Laden Sie eine Person in den Unterricht ein, die den zweiten Weltkrieg miterlebt hat, und interviewen Sie sie.

2. Spiele und Aufgaben

Erzählen Sie, was hier passiert ist. Wie endet der Konflikt wohl?

3. Gestik – Mimik

Zu welcher Geste passen diese Sätze? Schreiben Sie die Zahlen in die Kästchen.

Es hat geklappt! ☐
Wir haben gewonnen! ☐
Ich wünsche dir, dass alles gut geht. ☐

1   2   3

4. Sprichwörter und Redensarten

a) **Ordnen Sie die fehlenden Verben zu:** *setzen, nachgeben, lassen, trauen, wollen*

   1. D̲e̲m F̲r̲ieden nicht _____.   _____

   2. Mit dem K̲opf durch die Wand _____.   _____

   3. Jemandem die Pisto̲l̲e a̲u̲f di̲e Brust _____. _____

   4. A̲u̲ge um A̲u̲g̲e, Zahn um Zahn.   _____

   5. Jemanden in F̲r̲ied̲e̲n _____ .   _____

b) **Schreiben Sie die folgenden Bedeutungserklärungen hinter die Redensarten:**
jemanden zu etwas zwingen – seinen Willen durchsetzen wollen – jemanden in Ruhe lassen – sich nicht sicher fühlen – sich rächen (nach dem Motto: Wie du mir so ich dir.)

c) **Bilden Sie aus den unterstrichenen Buchstaben in a) ein Sprichwort, und ergänzen Sie das fehlende Verb aus a).** _____
Wann würde man dieses Sprichwort benutzen?

5. Ausge Ⓓ Ⓐ Ⓒⱨ te Geschichten

Ihre ausge Ⓓ Ⓐ Ⓒⱨ te Person hat viel Geld im Lotto gewonnen und will mit einem Teil davon ein Friedensprojekt finanzieren. Was könnte sie machen? Wie könnte sie unter Freunden, Bekannten, Berufskollegen usw. Leute finden, die dabei mithelfen?

6. Vorlesetext: Rotkäppchen (nach Gebrüder Grimm)

Haben traditionelle Märchen in Ihrem Heimatland Gewaltelemente? Nennen Sie Beispiele, und nehmen Sie Stellung dazu.

Weltkulturerbe in Ⓓ Ⓐ ⒸⒽ

Was verbindet die Pyramiden Ägyptens mit dem Grand Canyon in den USA, den Mont Saint-Michel an der Westküste Frankreichs mit dem Tadsch Mahal in Indien, die Inka-Stadt Machu Pichu in Peru mit dem Ngorongoro-Krater in Tansania?

Sie alle sind Beispiele vergangener Kulturen oder einzigartiger Naturlandschaften. Ihr Untergang wäre ein großer Verlust für die gesamte Menschheit.

Deshalb wurde 1972 von der UNESCO die „Internationale Konvention für das Kultur- und Naturerbe der Menschheit" verabschiedet. Sie wurde inzwischen von 147 Staaten unterzeichnet. Die Länder benennen Kultur- und Naturdenkmäler und verpflichten sich, sie zu schützen und zu erhalten. In Ausnahmefällen können sie dabei von der UNESCO finanziell unterstützt werden.

Die Kriterien für die Aufnahme von Denkmälern in die UNESCO-Welterbe-Liste sind z. B. „Einzigartigkeit", „Authentizität" (historische Echtheit) oder „Integrität".

Auf der Liste der UNESCO stehen inzwischen 506 Denkmäler in 109 Ländern.

1. Holstentor, zweitürmiges Stadttor der Hansestadt Lübeck in der typischen Backsteingotik (fertig gestellt 1478).

2. Kölner Dom, berühmteste gotische Kathedrale Deutschlands mit den für den gotischen Baustil typischen Doppeltürmen und Spitzbögen (Bau von 1248 bis 1880).

3. Schloss Sanssouci in Potsdam, ehemalige Residenz des preußischen Königs Friedrich des Großen, erbaut im 18. Jahrhundert im Rokokostil.

4. Wieskirche in Südbayern, erbaut zwischen 1746 und 1757 im typisch bayerischen Barockstil.

5. Porta Nigra (lat. „Schwarzes Tor"), von den Römern Ende des 2. Jahrhunderts n. Chr. erbautes Stadttor in Trier an der Mosel. Trier wurde 16 v. Chr. von den Römern gegründet und war fast 500 Jahre lang eine römische Stadt.

6. Historische **Salzburger Altstadt**

7. Die **Völklinger Hütte** im Saarland aus dem Jahr 1873 ist die einzige noch erhaltene Eisenhütte aus dem 19. Jahrhundert in Europa.

8. Ehemalige **Residenz** der Bischöfe **in Würzburg**, eines der schönsten Barockschlösser, geplant und gebaut von Balthasar Neumann (ab 1720).

9.–10. Um 800 erbaute **Klosterkirche** im schweizerischen **Müstair** (Kanton Graubünden) mit romanischen Wandmalereien um 1170. Links Statue Karls des Großen.

11. Barocke Gartenanlage in **Schloss Brühl** bei Köln.

Aufgaben:

1. Ordnen Sie zunächst nur die Zahlen 1.–11. oben den passenden Bildern zu, und vergleichen Sie. Schreiben Sie dann den fettgedruckten Teil der Informationen unter die Bilder.

2. Welche Zeiträume passen zu folgenden Baustilen? Ordnen Sie zu: Gotik, Barock, Romanik, Rokoko

Mitte des 10. Jh. – Mitte des 13. Jh.: . . . .
Mitte des 13. Jh. – Ende des 15. Jh.: . . . .
Anfang des 17. Jh. – Ende des 18. Jh.: . . . .
18. Jh. (etwa 1720–1780): . . . .

3. Welche kulturellen oder natürlichen Sehenswürdigkeiten gibt es in Ihrem Heimatland? Beschreiben Sie sie möglichst anhand von Illustrationen.

Religion und Religiosität

● Situationen – Texte – Redemittel

1. Viele Wege ...

a) Zu welchen Weltreligionen passen die Fotos? Zum Buddhismus (1), Christentum (2), Islam (3), Judentum (4)? Ordnen Sie sie zu.

b) Was verbinden Sie mit „Religion"? Schreiben Sie drei Begriffe auf, vergleichen und kommentieren Sie sie.

58   achtundfünfzig

● Situationen

24

2. Ich glaube

a) Lesen Sie die Texte. Wer glaubt an Gott und wer nicht?

1. „Ich glaube an Gott. Gott ist für mich das Größte und das Schönste. Gott ist Menschlichkeit. Ich habe schon mit 12 angefangen zu glauben, weil ich in einem sozialistischen System gelebt habe, und da ist alles so kalt wie die Menschen, die an den Kommunismus glauben."
Nina Hagen
(Sängerin)

2. „Ich glaube nicht an den Gott, der als alter Mann mit weißem Bart auf einer Wolke sitzt, oder an den, der im jüngsten Gericht über Gut und Böse urteilt. Es ist eine ungeheure Anmaßung zu glauben, dass vor 2000 Jahren Jesus als Personifizierung Gottes auf die Welt kam. Ich bin jedoch überzeugt, dass es etwas gibt, was sich meinem Wissen und meiner Kenntnis entzieht ... Die Menschen stellen ihn sich immer als eine Art Supermenschen vor. Wenn Steine denken könnten, würden sie sich Gott als einen übergroßen Superstein vorstellen. Ich glaube an das, woran die Indianer glauben: sie sehen Gott in der Natur, in der Umgebung."
Prof. Wolfgang Pförringer
(Chefarzt der Orthopädischen Klinik München)

3. „Ich glaube an Gott, weil ich keine andere Möglichkeit habe. Nur ein Schwachsinniger glaubt nicht an Gott. Wer hat das Universum erschaffen, unsere Körper, alle Wunder der Natur? Ich könnte mir denken, dass Gott eine Frau ist. Dass sie mir zuhört, wenn ich bete, glaube ich nicht. Sie ist zu beschäftigt mit dem Rest der Welt."
Ephraim Kishon
(Schriftsteller)

4. „Ich glaube, dass die Frage, ob man an Gott glaubt, vermessen ist, da man nicht definieren kann, was Gott sein soll. Ich bin nie Katholik nach den Bedingungen der Kirche gewesen. Mit 13, 14 bin ich vom Glauben abgefallen. Ich habe ihn an der Kasse abgegeben. Aus der Kirche ausgetreten bin ich aber erst, als meine Mutter gestorben war. Sie war eine sehr fromme Frau."
Rudolf Augstein
(Herausgeber des „Spiegel")

5. „Ich glaube nicht an Gott oder Jesus Christus, wie die Menschen sie sich erschaffen haben. Weil sie den Zerfall der Erde zulassen. Jeder frisst den anderen, die Menschen zerstören alles. Kann das ‚ein lieber Gott' zulassen?"
Helmut Fischer
(Schauspieler)

6. „Ich bin Atheistin, bete deshalb auch nicht. Ich bin auch nicht getauft. Ich glaube an einen Geist, eine gemeinsame Seele, die uns alle miteinander verbindet. Sehe ich einen Baum, habe ich das Gefühl, dass er mir Kraft gibt. Spaziergänge durch den Wald bauen mich auf. Und ich liebe Kirchen. Alle müssen dort leise sein, die Zeit bleibt ein bisschen stehen ... Ich weiß nicht, ob mit dem Tod alles vorbei ist. Früher wünschte ich mir wiedergeboren zu werden, doch in letzter Zeit bin ich mir da nicht mehr so sicher."
Nadja Auermann

b) Würden Sie über religiöse Inhalte diskutieren, z. B. mit Ihren Eltern, Geschwistern, Freunden, Berufskollegen, in der Kirche, im Religionsunterricht ... ? Warum (nicht)?

Ein Haus in Heidelberg
Es ist Samstagmorgen. Felix,
Jan und Philipp lesen nach
dem Frühstück die Zeitung.

3. Stabü, Reli, LER

a) Hören Sie zuerst den Dialog, und ergänzen Sie anschließend die folgenden Partikeln:
denn, doch, eben, eigentlich, ja, schon. **Vergleichen Sie.**

Jan:	Hier steht, dass LER jetzt auch im Westen als Alternative zu Reli eingeführt werden soll. Sag mal Philipp, was heißt ... LER genau?	*eigentlich* 1.
Philipp:	Das hat's in der DDR nicht gegeben. Das ist was Neues in Brandenburg.	
Jan:	Ja und wofür stehen ... die Buchstaben L E R?	2.
Philipp:	Ich glaube Lebensphilosophie, Ethik – nee – Lebensgestaltung, Ethik, Religionskunde.	
Jan:	Wie war das ... früher bei euch in der DDR? Gab's da überhaupt keinen Religionsunterricht in der Schule? Ich meine, auch nicht freiwillig?	3.
Philipp:	Natürlich nicht. Wir hatten ... unseren Marxismus-Leninismus-Unterricht, d. h. als Fach hieß das bei uns „Stabü", offiziell „Staatsbürgerkunde".	4.
Felix:	Und wenn jemand Religionsunterricht haben wollte?	
Philipp:	Der musste ... in die „Christenlehre" gehen. Das haben die Kirchen angeboten. Aber natürlich nicht in den Schulen. Das war nicht erlaubt.	5.
Jan:	Wieviel Prozent sind ... da etwa hingegangen?	6.
Phillipp:	Ich weiß nicht, aber nur ganz wenige.	
Jan:	Hier steht, dass in der DDR über 80 % konfessionslos aufgewachsen sind.	
Philipp:	Ja, das kann ... stimmen. Pro Klasse waren das immer nur zwei oder drei.	7.
Jan:	Und warum?	
Philipp:	Na ja. Da kam so einiges zusammen. Religion galt als Opium fürs Volk, und wer sich für Christenlehre entschieden hatte, der hatte dann später meist Schwierigkeiten.	
Felix:	Wieso ... ?	8.
Philipp:	Na ja, die kriegten meist nicht den Ausbildungs- oder Studienplatz, den sie ... gerne wollten. Und beim Studium mussten sie dann sowieso zwei Jahre lang Marxismus-Leninismus machen, egal welches Fach sie sonst studiert haben. Das war Pflicht für alle.	9.
Felix:	Ich find' das gut, dass auf so einem Hintergrund im Osten jetzt was Neues ausprobiert wird. Aber ehrlich gesagt, kann ich mir nicht genau vorstellen, worum es da eigentlich geht.	
Jan:	Dann lies ... mal den Artikel hier!	10.

b) Fragen zum Text:
Was verstehen Sie unter *Ethik*? Kreuzen Sie an.

Höflichkeitsregeln ◯, Moralphilosophie ◯, Völkerkunde ◯?
Wofür stehen die Buchstaben DDR? Von wann bis wann hat sie bestanden?

c) Sollte Religion in der Schule ein Pflichtfach oder ein Wahlfach ohne Noten sein oder gar nicht an Schulen unterrichtet werden? Nennen Sie Gründe.

4. Was will LER?

a) Lesen Sie den Text.

LER will die Fragen und Probleme der Schülerinnen und Schüler aufnehmen und wichtige Themen unserer Kultur, des Menschen als Individuum und in der Gesellschaft behandeln.

LER will dabei die Lebenswelt und die alltäglichen Erfahrungen der Heranwachsenden in den Mittelpunkt stellen.

LER will unterschiedliche Werte und Normen, Lebensvorstellungen und ethische Positionen aus Vergangenheit und Gegenwart im Unterricht bedenken, diskutieren und auf diesem Hintergrund zu eigenen Überzeugungen und verantwortlichen Entscheidungen befähigen, und

LER will auch Religionen und Weltanschauungen zum Thema von Unterricht und Lernen machen, ohne eine bestimmte Sicht und Überzeugung, eine Religion oder Weltanschauung als richtig, gültig und verbindlich hinzustellen oder zu vermitteln.

> Ministerium für Bildung, Jugend und Sport
> des Landes Brandenburg

Einen Teil von mir zeige ich offen,
doch wer erkennt das verborgene *Ich*?
(Eigen- und Fremdwahrnehmung im
LER-Unterricht in der Gesamtschule Brück)

b) Gibt es in Ihrem Heimatland ein Unterrichtsfach, in dem Themen wie in LER angesprochen werden? Finden Sie das gut? Warum (nicht)?

c) Warum ist das Fach LER gerade in einem der neuen Bundesländer eingeführt worden? Welche Gründe könnte es dafür geben?

5. Ethik-Unterricht statt Religionsunterricht?

a) Hören Sie einen Ausschnitt aus einer Diskussion mit Schülerinnen und Schülern eines Gymnasiums in Stuttgart. Machen Sie zwei Spalten: „Pro Religion" und „Pro Ethik", und tragen Sie bei jedem gehörten Redebeitrag ein Plus oder Minuszeichen in die entsprechende Spalte ein. Vergleichen Sie. Wie stehen Sie zu diesen Meinungen?

b) Hätten Sie in Ihrer Schulzeit lieber Ethik oder Religionsunterricht gehabt? Warum?

6. Quiz: Wissen oder raten

a) Tragen Sie jeweils die entsprechenden Zahlen rechts ein.

1. Wie hoch ist die Einwohnerzahl von Ⓓ Ⓐ ⒸⒽ: 7,2 Mill., 81,5 Mill., 8,2 Mill.?

2. Welche Relation besteht in der Bevölkerung zwischen katholischen und protestantischen Christen[1]: 46% Katholiken – 40% Protestanten, 34% Katholiken – 35% Protestanten, 81% Katholiken –   5% Protestanten?

3. Wie hoch ist die Zahl der Kirchenaustritte in Ⓓ und Ⓐ für beide Konfessionen im Jahr 1995: 446 000, 46 000?

4. Wie viele Moslems gibt es etwa: 160 000, 152 000, 2,5 Millionen?

5. Wie viele traditionelle Moscheen gibt es: 1, 2, 29?

6. Nur in einem der drei Länder darf die Kirchensteuer automatisch vom Gehalt abgezogen werden. In welchem?

	Ⓓ	Ⓐ	ⒸⒽ
1.			7,2 Mill.
2.	34-35%		
3.			keine Angaben
4.			152 000
5.		1	
6.			

[1] Die Angaben beziehen sich auf das Jahr 1995.

Gr. 1.

b) Kontrollieren Sie Ihre Einträge anhand des Lösungsschlüssels.

c) Vergleichen Sie die Situation in Ihrem Heimatland mit den Angaben in a).

7. Sekten in Deutschland – Beten auf Teufel komm raus

a) Was wissen Sie über Sekten? Welche Ziele verfolgen sie?

b) Lesen Sie den Text.

Während seines Zivildienstes in einem Krankenhaus lernte Clemens Rückert einen Marathonläufer kennen, der ihn faszinierte. Er war Anhänger des indischen Gurus Sri Chinmoy und nahm Clemens mit zu seiner Meditationsgruppe. Die „Chinmoys" betonen ihre Sportlichkeit, nehmen nur „heilige Nahrung" zu sich: Obst, Nüsse, Gemüse, Ge-
5 treide. Als Clemens seiner Mutter von der neuen Religion erzählte, dachte sie: „So ein bisschen Beten kann ja nicht schaden."

Clemens wandte sich von seinen alten Freunden ab und vernachlässigte sein Medizinstudium. Er wurde aggressiv,
10 wenn jemand seinen Guru in Frage stellte. Denn der befiehlt absoluten Gehorsam: „Ich will, dass ihr jede Bitte von mir als einen göttlichen Befehl auf-fasst."
15 Für Clemens wurde der Hindu-Guru zu einem allmächtigen Gott. Zehn Jahre war er bei der Sekte. Die Tage verliefen immer gleich: zwei Stunden schlafen, vier Stunden meditieren, vier Stunden
20 joggen, zwei Stunden meditieren. Dann wieder schlafen. Kein Sex. Dazu fastete er fast ständig. Eines Tages sagte er zu seiner Mutter: „Der Guru ist für mich alles. Er wird mich in den Tod begleiten." Am nächsten Tag meditierte er noch einmal in einem nahen Wald und beging dann Selbstmord.

Pfarrer Thomas Gandow, der seit 20 Jahren als Sektenbeauftragter der Evangelischen
25 Kirche in Berlin arbeitet, meint dazu: „Das Sektentypische an diesem Selbstmord ist die totale Hingabe an den Guru. Durch exzessive Meditation, Schlafentzug und körperliche Erschöpfung wird der Wille des Gläubigen zerstört. Er nimmt während der Meditation an, dass der Meister tatsächlich zu ihm spricht. So wird er zum Roboter des Gurus." Genau darin liegt die Gefahr vieler Sekten. Schätzungsweise 700 sind in Deutschland
30 aktiv. Die Mitglieder treffen sich in geheimen Gebetskreisen, Zentren, Tempeln und Kir-chen. Über zwei Millionen Anhänger sind in der ganzen Bundesrepublik aktiv, vor allem in den Großstädten.

„Sekten sind ein Riesengeschäft", sagt Pfarrer Gandow. 18 Milliarden Mark werden jähr-lich für okkulte Waren und Dienstleistungen umgesetzt. „Dazu kommt eine Milliarden-
35 summe an Spenden, die in den Gemeinden eingetrieben wird." Das Geld, beobachtet Gandow, geht in internationale Projekte, die seiner Meinung nach eines Tages größer sein werden als die Kirchen.

c) Welche Informationen über Sekten sind für Sie neu?

d) Unterstreichen Sie zu den folgenden Satzteilen bedeutungsähnliche Ausdrücke in b), und schreiben Sie die Zeilenzahl in die Klammern wie im Beispiel:
1. ... glaubte an ... (2) 2. ... aß nur ... ( ) 3. ... interessierte sich nicht mehr für ... ( ) 4. ... tat nicht mehr genug für ... ( ) 5. ... aß selten etwas. ( ) 6. ... nahm sich das Leben. ( ) 7. ... Ver-hinderung von Schlaf und extreme Übermüdung ... ( ) 8. ... glaubt, dass ... ( ). 9. ... freiwillige Geldzahlungen ... ( ) 10. ... gefordert wird. ( )

e) Welche beiden Bedeutungen haben *Anhänger, Laster, Steuer*? Kennen Sie weitere Wörter mit verschiedener Bedeutung? Sammeln und erklären Sie sie.

f) Kennen Sie positive Beispiele für das Leben in einer Sekte? Berichten Sie.

g) Welche Gründe sehen Sie für das gestiegene Interesse der Menschen an Sekten?

Gr. 2.

8. Auf der Suche nach den Quellen des Glaubens

a) Lesen Sie den Text.

Über Nacht wurde Stuttgart international: Rund 800 Busse und ein paar Züge brachten 70 000 junge Leute aus fast allen europäischen Ländern bis hin nach Moldawien, Georgien und dem Baltikum in die Baden-Württembergische Landeshauptstadt. Bis zu drei Tagen waren zum Bei-
5 spiel die Ukrainer bei Temperaturen von minus 20 Grad und mehr unterwegs, um an dem ökumenischen Treffen von Taizé vom 28. Dezember bis zum 1. Januar teilzunehmen. Untergebracht waren die internationalen Gäste zu 90 % in Familien. Alle Stuttgarter Kirchenge-meinden hatten dazu aufgerufen „zwei Quadratmeter im Warmen" für
10 einen Jugendlichen und seinen ausgerollten Schlafsack zur Verfügung zu stellen.
Taizé ist der Name eines kleinen Dorfes im französischen Burgund in der Nähe der Schweizer Grenze. Hier gründete der Schweizer Theologe Roger Schutz 1940 eine Bruderschaft aus Mitgliedern verschiedener
15 Konfessionen, die sich zunächst für Kriegsopfer und danach für Arme und Opfer von Gewalt in aller Welt einsetzte. Zu den Grundprinzipien gehört, dass keine Spenden angenommen werden, sondern dass alle Unkosten aus eigener Arbeit bezahlt werden.
Seit 1957 kommen immer mehr junge Leute aus Europa und anderen Erdteilen für jeweils eine Woche nach
20 Taizé. Sie sind auf der Suche nach dem Glauben und dem Sinn des Lebens. Seit etwa 20 Jahren veranstaltet die Bruderschaft zur Jahreswende außerdem Jugendtreffen in verschiedenen Metropolen Europas, die der Ver-söhnung zwischen Völkern und Religionen dienen sollen. Der Glaube soll dabei nicht als ein ideologisches System erscheinen, sondern als ein menschliches Gesicht. Es gibt keine Predigten, keine Vorträge, stattdessen werden Lieder in den verschiedensten Sprachen gesungen, und es wird dreimal am Tag gebetet und geschwiegen.
25 Obwohl es inzwischen Hunderttausende sind, die an diesen Treffen teilgenommen haben, sagt Frère Roger: „Wir sind keine organisierte Bewegung, wir können keinen Weg vorschlagen, wir wollen nur die Gemein-schaft in der Menschheitsfamilie sichtbar machen, über konfessionelle und nationale Grenzen hinweg. Was genau die jungen Leute bei uns suchen oder auch finden, wissen wir selbst nicht."

b) Worüber informiert der Text? Was kann mit „Versöhnung zwischen Völkern und Religionen" gemeint sein? Sammeln Sie Beispiele, und vergleichen Sie.
c) Fassen Sie die ersten drei Absätze in je 1–2 Sätzen zusammen, und vergleichen Sie.
d) Was wollen die Brüder von Taizé, und was lehnen sie ab?
e) Was können die Gründe für die wachsende Popularität der Bewegung sein?

9. Stimmen aus Taizé

a) Hören Sie einige Stimmen von jungen Leuten, die am Taizé-Treffen teilgenom-men haben. Warum sind sie zu diesem Treffen gefahren? Notieren Sie Gründe, und vergleichen Sie sie mit Ihren Ver-mutungen zu 8.e).
b) Können Sie Unterschiede zu Sekten erkennen? Welche?
c) Würden Sie zu so einem Treffen fahren? Warum (nicht)?

d) Berichten Sie von anderen Aktivitäten oder Bewegungen mit religiösem Hinter-grund, für die sich junge Leute in Ⓓ Ⓐ ⒸⒽ oder in Ihrem Heimatland engagieren.

Gr. 3.

10. Sitten und Bräuche bei kirchlichen Festen

a) Unterstreichen Sie Textteile, die weihnachtliche Sitten und Bräuche beschreiben.

Der letzte Weihnachtsmann

Die Weihnachtszeit begann für uns Kinder jedes Jahr damit, dass unsere Mutter am 1. Dezember einen bunten Adventskalender aufhängte. Jeden Tag durften wir eins der 24 Fensterchen und Türchen öffnen und hatten auf diese Weise immer einen guten Überblick, wie viel mal wir noch bis zur Besche-
5 rung am Heiligen Abend schlafen mussten.
In dieser Zeit war unsere Mutter nervöser und reizbarer als gewöhnlich, weil sie mehr Arbeit zu haben schien und auch häufig ganze Nachmittage in die Stadt musste, um Besorgungen zu erledigen. Dann kam unsere Großmutter zu uns, und wir nutzten die Zeit, um mit ihrer Hilfe Geschenke
10 zu basteln und vor allem um Plätzchen zu backen. Mindestens zehn verschiedene Sorten waren es meist, die an den Adventssonntagen zum Nachmittagskaffee angeboten wurden. Dann durften wir die Kerzen auf dem Adventskranz anzünden, und wir sangen gemeinsam Weihnachtslieder.
Wir versuchten, in diesen Wochen besonders brav zu sein, stritten uns weniger laut und heftig und machten unsere häuslichen Arbeiten wie Tischdecken und -abräumen, Schuheputzen usw., ohne dass uns unsere Mut-
15 ter mehrmals daran erinnern musste. Ganz uneigennützig war unser Eifer allerdings nicht, denn wir wussten, dass jede Art von Versäumnissen, Missetaten oder Ungehorsam auf geheimnisvolle Weise dem Weihnachts-mann zu Ohren kam und auf seiner Liste genau festgehalten wurde. Aufgrund dieser Liste wurden wir dann am Heiligen Abend vom Weihnachtsmann entweder gelobt oder getadelt und hätten im schlimmsten Fall mit Rutenschlägen auf einen bestimmten Körperteil rechnen müssen.
20 So schlugen unsere kleinen Herzen auch höher, als es am Heiligen Abend wieder hieß: „Der Weihnachtsmann kommt." Unsere Großmutter hatte die Kerzen am bunt geschmückten Weihnachtsbaum angezündet, und wir mussten uns der Größe nach nebeneinander aufstellen. Nach lautem Poltern und kräftigen Schlägen an die Tür kam der Weihnachtsmann in seinem langen roten Mantel, der langen Mütze und dem weißen Bart, der fast das ganze Gesicht bis auf Augen und Nasenspitze verdeckte, mit schweren Schritten herein. Er stellte seinen
25 Sack ab und fragte mit einer ungewöhnlich tiefen Stimme, ob wir auch alle brav gewesen waren. Darauf antworteten wir alle vier mit einem kräftigen „Ja". Worauf er dann die gefürchtete Liste herauszog und bei meinem siebenjährigen Bruder anfing, dessen größere und kleinere Sünden aufzuzählen. Abschließend lobte er seine Hilfsbereitschaft bei den häuslichen Arbeiten und insbesondere seinen Einsatz beim Schuhputzdienst. Danach wandte er sich an uns Kleinere und ermahnte uns, in Zukunft weder am Daumen zu lutschen noch an

30 den Fingernägeln zu kauen und das abendliche Zähneputzen sowie das Weg-räumen der Spielsachen nicht zu vergessen. Alles in allem war er nicht unzu-frieden mit uns. Währenddessen hatte mein älterer Bruder Zeit, sich den Weihnachtsmann genauer anzusehen. Plötzlich flüsterte er mir zu: „Guck mal, das sind ja Papas Schuhe!" Und wahrhaftig waren unter dem roten Man-
35 tel die schön geputzten Schuhe unseres Vaters zu sehen, die besonders mein Bruder nur zu gut kannte.
Und so folgerte er unüberhörbar daraus: „Das ist ja gar nicht der Weihnachts-mann. Das ist ja der Papa!" Mit einem lauten „Schschsch!" versuchten unse-re Mutter und unsere Großmutter gemeinsam diese Erkenntnis zu übertönen,
40 aber der Weihnachtsmann hatte es plötzlich sehr eilig, die Geschenke aus dem Sack zu verteilen und wieder in seinen Wald zurückzukehren. Von da an ist er leider nie wieder zu uns gekommen.

b) Was vermuten Sie: Wie viele Sätze in a) beginnen mit dem Subjekt?

Ein Drittel ○,   die Hälfte ○,   mehr ○?

Überprüfen Sie Ihre Prognose, und unterstreichen Sie dabei die Vorfelder ohne Subjekt. Was bewirken diese Vorfeldvariationen?

  c) Berichten Sie von dem größten Fest in Ihrem Heimatland (Sitten, Bräuche, Erlebnisse).

▲ Phonetik

1. Sprechmelodie im Satz

In Lektion 3 war die Sprechmelodie durch Intonationslinien markiert:

Bist du aus Frank reich?   Ich bin aus Bel gien.   Sprechen Sie bitte lang sam!

Danach haben wir uns auf die Sprechmelodie **am Ende** von Sätzen und Teilsätzen konzentriert, weil dies entscheidend für die Bedeutung der Sätze ist. Aber wenn man gut Deutsch sprechen will, muss man auch die Sprechmelodie **im Satz** kennen und können. Für die einzelnen Satztypen gibt es häufig folgende **Tonmuster**:

a) Hören Sie, und sprechen Sie nach. Markieren Sie die Sprechmelodie im dritten Satz.

(**/** = steigend, **** = fallend, **⊔** = fallend – gleichbleibend – steigend)

---

1. Aussagesatz   / \

/Felix ist Prakti\kant.   Er hat einen/Freund in Ber\lin.   Der Guru ist für mich alles.

2. Ergänzungsfrage (W-Frage)

a) sachlich-neutral   / \

/Wie ist Ihr \Name?   /Was heißt LE\R ?   Wo liegt Helgoland?

b) persönlich-kontaktbetont   / ⊔

Wie/heißt du\eigent/lich?   /Warum hast du das ge\macht/?   Wie war das in der DDR?

3. Entscheidungsfrage   ⊔ ⊔

Bist du aus \Frank/reich?   Kommt/ihr?   Hat man den Religionsunterricht abgeschafft?

4. Aussagesatz als Frage (Bestätigungsfrage)   ⊔

Ihr Name ist\Caro/ly?   LER gibt es nur in \Branden/burg?   Du bist Katholik?

---

b) Hören Sie jeden Satz zweimal, markieren Sie wie in b), und sprechen Sie nach.

- ● Glaubst du an ein Leben nach dem Tod?
- ● Ich will's halt wissen.
- ● Du glaubst also nicht an ein Leben nach dem Tod?
- ○ Warum fragst du das?
- ○ Mit dem Tod ist man tot.
- ○ Was für einen Sinn sollte das haben?

2. Wortakzent (VII): Mehrsilbige Wörter

a) Hören Sie die Wörter, und markieren Sie den Wortakzent (_ = lang, . = kurz).
   Sprechen Sie beim zweiten Hören nach.
   Ehepaar, Urlaubsreise, unglücklich, eingeschlossen, Mitternacht, Prozession, Gewänder, Seiteneingang, Mittelschiff, mitgeführt, Kreuzzeichen, Hauptportal, Touristenpaar, einiger nachsehen, offenen, Leichentuch, erzählten, Konsulat, Erlebnis

b) Markieren Sie im folgenden Text die Satzakzente. Denken Sie daran:
   Die Satzakzente liegen immer auf einem Wortakzent! Lesen Sie nach Kontrolle laut.

Ein Ehepaar besuchte auf einer Urlaubsreise im Ausland eine Kirche. Durch einen unglücklichen Zufall wurden sie am Abend eingeschlossen. Um Mitternacht kam plötzlich eine Prozession von Männern in langen Gewändern aus dem Seiteneingang. Sie gingen durch das Mittelschiff zum Altar. Auch eine Frau wurde mitgeführt. Man brachte sie hinter den Altar. Einer der Männer machte ein Kreuzzeichen, und die Frau verschwand. Dann gingen sie durch das Hauptportal hinaus. Als das Touristenpaar nach einiger Zeit hinter dem Altar nachsehen wollte, fanden sie dort einen offenen Sarg. Und auf einem weißen Leichentuch lag – die Frau.
Erst einige Zeit später erzählten sie auf dem deutschen Konsulat von ihrem Erlebnis.

Grammatik

Satzförmige Ergänzungen und *dass*-Sätze

1. LER erleben

Eine Gruppe von Ethik- und Religionslehrerinnen und -lehrern aus Bayern ist nach Brandenburg gereist, um den LER-Unterricht in einer Gesamtschule zu erleben. Erster Kontakt:

a) Lesen Sie.

1. Ich hoffe, dass Sie eine gute Fahrt gehabt haben.

2. Ich nehme an, dass Sie zuerst einmal einen Kaffee brauchen.

3. Ich fürchte, dass wir uns noch nicht einmal richtig vorgestellt haben.

4. Ich schlage vor, dass jeder noch mal seinen Namen sagt.

5. Ich finde, dass wir uns erst mal hinsetzen sollten.

b) Formulieren Sie die *dass*-Sätze in a) in hauptsatzförmige Ergänzungen um wie im Beispiel.

			Hauptsatzförmige Ergänzung	
	Vorfeld	**V1**	**Mittelfeld**	**V2**
1. *Ich hoffe,*	*Sie*	*haben*	*eine gute Fahrt*	*gehabt.*
2.				
3.				
4.				
5.				

c) Welcher Unterschied besteht zwischen den Sätzen in a) und b)?

Nach Verben/Ausdrücken des Sagens, Denkens und Fühlens benutzt man besonders in der gesprochenen Sprache häufig Konstruktionen mit satzförmigen Ergänzungen, zum Beispiel nach *denken, wissen, vermuten, der Meinung sein, den Eindruck haben, sagen...*

d) Die Lehrerinnen und Lehrer diskutieren über Religionsunterricht und LER. Formulieren Sie ihre Äußerungen wie in b) um.

1. Ich meine, dass die Themen, die im LER-Unterricht angesprochen werden, für die Schüler gerade in einer multikulturellen Gesellschaft sehr wichtig sind.

2. Ich würde sagen, dass die Schüler zuerst einmal über ihre eigene christliche Tradition informiert werden sollten.

3. Ich denke, dass diese christlichen Traditionen für viele unserer Schüler wegen der DDR-Geschichte etwas Fremdes sind, für das sie sich auch nicht interessieren.

4. Ich bin dennoch der Meinung, dass wir in einem christlichen Staat leben und dass man deshalb Interesse an christlichen Werten und Normen wecken sollte.

5. Ich finde, dass man von der Realität ausgehen muss und den Jugendlichen das anbieten sollte, was sie aufnehmen können und wollen.

6. Ich muss sagen, dass auch bei uns Religion kritisch von den Jugendlichen gesehen wird, aber für die gibt es dann Ethik als Alternative.

Positionen im Satz (Wiederholung): Satzbau

2. Vom Urlaubsschiff ins Kloster

a) Bauen Sie aus den Satzteilen unten komplexe Sätze.
Schreiben Sie zuerst Verben bzw. Verbteile in eine Grafik wie im Beispiel. Fügen Sie dann Subjekt und Ergänzungen mit ihren Attributen hinzu und zuletzt die Angaben. Bilden Sie danach durch Veränderungen im Vorfeld sinnvolle Alternativen wie in der Grafik.
Beispiel: gibt/heute/in Deutschland/es/rund 35 000 Nonnen//die/in Klöstern/leben/mit strengen Regeln/zum Teil (//bedeutet: Hier beginnt ein neuer Haupt- oder Nebensatz.)

Vorfeld	Rahmen-wort / V1	Mittelfeld def. Erg. (N/A/D)	Angaben tekam(e)l	indef. Erg. (N/A/D)	nicht	Erg. Sit./ Dir./Qual.	V2	V1
Es	gibt		heute in Deutschland	rund 35 000 Nonnen,				
	die		zum Teil			in Klöstern mit strengen Regeln		leben.
Heute	gibt	es	in Deutsch-land	rund 35 000 Nonnen …				
In Deutsch-land	gibt	es	heute	rund 35 000 Nonnen …				

1. stehen/zum Beispiel/im Kloster Oberschönenfeld bei Augsburg/um vier Uhr/täglich/auf/die Nonnen//und/dann/(sie)/drei Stunden lang/beten 2. meist schweigend/sie/müssen/während des Tages/arbeiten/in verschiedenen Bereichen//und/um 9 Uhr/Bettruhe/jeden Abend/ist 3. lebt/die 29-jährige Schwester Elisabeth/in diesem Kloster/seit fünf Jahren 4. hieß/früher/sie/Elvira Hillen-brand 5. ein katholisches Gymnasium/hatte/sie/in Bonn/besucht//und/das Abitur/dort/(sie hatte)/gemacht 6. eine dreijährige Ausbildung zur Hotelfachfrau/anschließend/hatte/sie/gemacht 7. Stewardess/sie/wurde/auf einem Urlauberschiff//nachdem/die Prüfung/bestanden/sie/hatte 8. die Zweiundzwanzigjährige/damals/über ein Jahr lang/fuhr/durch die Weltmeere 9. an Bord/das exklusive Leben/gefiel/zunächst/sehr/ihr//aber/immer öfter/sie/bemerkte//dass/nicht/sie/war/ganz zufrieden//obwohl/alles/sie/hatte//was/sich/sie/konnte/wünschen 10. sehr viel Armut/sie/sah//als/in Venezuela/einmal/sie/ging/an Land 11. nach ihrer Rückkehr auf das Schiff/ihr/fiel/der Reichtum und der Luxus an Bord/auf/ganz besonders 12. an die armen Menschen/musste/ständig/sie/denken//und/überlegte/sie//wie/ihnen/könnte helfen/sie 13. Urlaub/kurze Zeit später/hatte/sie//und/weil/von einem Kloster/sie/hatte/gehört//das/aufnahm/für einige Zeit/Gäste//sie/dort/verbrachte/einige Urlaubstage//um/nachzu-denken/über ihr weiteres Leben/in Ruhe 14. ihr/nach relativ kurzer Zeit/durch Gespräche und Meditationen/war/geworden/immer klarer//dass/wollte/sie/Nonne/werden 15. trat/sie/ein/in das Kloster/kurz darauf//obwohl/über ihre Entscheidung/ihre Eltern/nicht sehr glücklich/waren 16. verzichtete/sie/auf Beruf und Besitz//um/für Gott/zu können/ganz/leben 17. meint/sie//dass/etwas verändern/im Leben/können/auch Gebete//obwohl/den Nonnen/man/oft vorwirft/Lebens-flucht und Egoismus

b) Wie stehen Sie zu dem Vorwurf, dass Nonnen bzw. Mönche egoistisch sind und vor dem Leben fliehen?

noch – schon – erst – nur …

3. Junge Leute auf dem Treffen von Taizé

a) Ergänzen Sie die Antworten mit den Adverbien im Kasten.
(Erste Kontaktfragen nach der Ankunft)

schon ⟷ *noch* nicht, **noch** kein__, **noch** niemand, **noch** nichts, **noch** nie

○ 1. Kennst du Stuttgart	schon?	
△ Nein, bis jetzt	*noch* *nicht.*	
○ 2. Warst du	schon einmal	in Deutschland?
△ Nein		
○ 3. Hast du hier	schon ein	Zimmer?
△ Nein, bis jetzt habe ich		
○ 4. War	schon jemand	vom Sekretariat hier?
△ Nein,		
○ 5. Hast du	schon etwas	von der Stadt gesehen?
△ Nein, fast		

b) Stellen Sie sich ähnliche Fragen in der Gruppe.
c) Ergänzen Sie die Antworten mit den Adverbien im Kasten.
(Bei einer Gastfamilie nach dem Frühstück)

noch ⟷ nicht **mehr**, kein__ **mehr**, niemand **mehr**, nichts **mehr**, nie **mehr**

○ 1. Wie lange haben Sie jetzt	noch Zeit?	
△	Nicht mehr	lange, etwa 20 Minuten.
○ 2. Möchten Sie	noch etwas	essen?
△ Danke, jetzt möchte ich wirklich		
○ 3. Möchten Sie vielleicht	noch einen	Kaffee?
△ Also ich möchte		Vielen Dank!
○ 4. Ist sonst	noch jemand	aus Tiflis hier?
△ Soviel ich weiß, außer mir		
○ 5. Möchten Sie gern	noch einmal	nach Deutschland kommen?
△ Ja, nur so schön wie hier wird es		wieder. Da bin ich ganz sicher.

d) Rollenspiel zu c). Stellen Sie sich ähnliche Fragen.
e) Ergänzen Sie die passenden Adverbien.

2. Nein, Moment, es hat _____ _____ geblitzt.

3. Hast du _____ _____ mit so einem Apparat geknipst?

1. Hast du _____ ein Foto von uns gemacht?

4. Nein, bis jetzt _____ _____.

5. Kann es sein, dass _____ Film _____ drin ist?

6. Hat _____ _____ einen Film übrig?

7. Wir haben leider auch _____ _____.

f) Ergänzen Sie die Übersicht.

schon ⟷ erst		später/länger/mehr als erwartet	früher/kürzer/weniger als erwartet
1. Zeitpunkt	**Wann** wollt ihr heute essen?	Erst (!) um zwei Uhr.	Schon (!) um zwölf Uhr.
2. Uhrzeit	**Wie spät/Wie viel Uhr** ist es?	*Schon* zwei Uhr.	*Erst* zwölf Uhr.
3. Dauer	**Wie lange/Seit wann** seid ihr schon hier?	_____ drei Tage.	_____ zwei Stunden.
4. Häufigkeit	**Wie oft** warst du schon in Deutschland?	_____ dreimal.	_____ einmal.
5. Anzahl	**Wie viele** Jahre lernst du schon Deutsch?	_____ vier Jahre.	_____ zwei Jahre.

g) Ergänzen Sie die Übersicht.

erst ⟷ nur		Es folgen noch weitere	Es folgen keine weiteren mehr
1. Dauer	**Wie lange** sind Sie schon in Stuttgart?	*Erst* einen Tag.	
	Wie lange bleiben Sie noch?		*Nur* (noch) fünf Tage.
2. Häufigkeit	**Wie oft** waren Sie im Ausland?	_____ zweimal.	_____ zweimal.
3. Anzahl	**Wie viele** Kinder haben Sie?	_____ eins.	_____ eins.

h) Ergänzen Sie die Adverbien in den Fragen der jungen Leute beim Taizé-Treffen.
(Manchmal gibt es zwei Möglichkeiten.)

1. ○ Wie oft warst du _____ auf solchen internationalen Treffen?
   △ _____ einmal.
2. ○ Hast du _____ jemand aus Russland kennen gelernt?
   △ Nein, _____ _____ .
3. ○ Warst du _____ einmal in Georgien?
   △ Nein, _____ _____ .
4. ○ Wie viele Fremdsprachen sprichst du eigentlich?
   △ Leider _____ zwei.
5. ○ Wann gehst du heute zum Mittagessen?
   △ _____ um zwei Uhr.
   (Später als erwartet.)

6. ○ Wie spät ist es denn jetzt?
   △ _____ halb zwölf.
   (Früher als erwartet.)

7. ○ Hast du _____ einmal mittags bei deiner Gastfamilie gegessen?
   △ Ja, aber _____ einmal zu Neujahr.
8. ○ Wann fahrt ihr denn zurück?
   △ Leider _____ heute Abend um acht.
9. ○ Und wie lange bleibt ihr noch hier?
   △ _____ zwei Stunden.
10. ○ Wie viel Uhr ist es denn jetzt?
    △ Oh, _____ zehn vor sechs. Um sechs fährt unser Bus. Also tschüs!
    ○ Tschüs! Und alles Gute!

Kommunikationszentrum

1. Diskussionsformeln

Sammeln Sie Redemittel zu den Redeabsichten unten. Vergleichen Sie sie dann mit den Vorgaben, und ergänzen Sie sie.

Vorsichtige Meinungsäußerung

- Soviel ich weiß/Soweit ich weiß, ...
- Soweit ich informiert bin, ...
- Wenn ich mich nicht irre/täusche, ...

Eigene Meinung bekräftigen

- Es ist ganz sicher so, dass ...
- Also für mich gibt es keinen Zweifel, dass ...
- Ich bin ganz/hundertprozentig/sicher, dass ...

Meinungen/Argumente bezweifeln

- Also, ich kann mir nicht vorstellen, dass ...
- Da habe ich aber (starke) Zweifel, ob ...
- Ich bezweifle, dass ...

Nachfragen nach Inhalt/Bedeutung

- Kannst du das etwas genauer/konkreter sagen?
- Was verstehst du (eigentlich) unter ...?
- Was meinst du (denn) mit ...?

2. Der Ruf des Muezzin stört die Christen

a) Lesen Sie den folgenden Zeitungsauschnitt.

„Gott ist groß! Ich bezeuge, dass keine Gottheit ist außer Gott. ... Herbei zum Gebet! ... ", so ertönte der Gebetsruf über Lautsprecher in arabischer Sprache vom Minarett einer Moschee im Duisburger Stadtteil Laar. Während des Fastenmonats Ramadan war die Stimme des Muezzin jeden Abend nicht nur für die moslemischen Gläubigen zu hören – von denen es in Duisburg rund 55 000 gibt – sondern auch für die christliche Bevölkerung. Und hier entstanden Spannungen. Die Frage, inwieweit das Praktizieren dieser Traditionen noch in den Bereich der religiösen Toleranz fällt, wird in Duisburg heftig diskutiert, auch wenn der Gebetsruf nach Beendigung des Ramadan nur noch jeden Freitagabend zu hören ist.

b) Sammeln Sie Pro- und Kontra-Argumente, und vergleichen Sie sie mit den Vorgaben. Bestimmen Sie dann zwei Diskussionsleiter, und geben Sie die Diskussionszeit vor.

PRO

- Im deutschen Grundgesetz steht, dass die freie Religionsausübung garantiert ist.
- Der Gebetsruf schränkt niemanden in seiner Religionsfreiheit ein.
- Das Glockenläuten zwingt die moslemischen Gläubigen, auch an christlichen Traditionen teilzunehmen.
- Die Gebetsrufe sollen nur die Gläubigen zum Gebet rufen und niemanden missionieren.
- Die türkischen Mitbürger fühlen sich immer mehr heimisch und wollen ihre religiösen Traditionen offen ausüben. In einer multikulturellen Gesellschaft muss es auch Toleranz gegenüber anderen Religionen geben.

KONTRA

- Im Grundgesetz steht, dass niemand in seiner religiösen Freiheit eingeschränkt werden darf.
- Der Gebetsruf zwingt die Christen, an den religiösen Traditionen der moslemischen Mitbürger teilzunehmen.
- Das Glockenläuten ist ohne Worte. Die Christen fühlen sich durch die Gebetsrufe in arabischer Sprache missioniert.
- Über 30 Jahre wurde innerhalb der Moschee zum Gebet gerufen. Warum nicht auch weiterhin?
- Zur Toleranz gehört auch, dass man nicht die unterschiedlichen Wege betont, sondern das Verbindende, nämlich den Glauben an einen Gott.

c) Sollte jedes Land allen Religionsgemeinschaften die Möglichkeit bieten, Moscheen, Kirchen usw. zu bauen und ihre Religion öffentlich auszuüben? Begründen Sie Ihre Meinung. Zur weiteren Diskussionsorganisation s. Lektion 21, S. 22, 2. d)-e).

3. Feiern in Kirche und Familie

a) Beschreiben und kommentieren Sie die Fotos,
und lesen Sie dann die Texte.

1. Die Taufe

Mit der Taufe wird ein Kind – meist innerhalb der ersten sechs Monate nach der Geburt – in die christliche Gemeinschaft aufgenommen. Bei der kirchlichen Feier wird das Baby mit geweihtem Wasser bespritzt und auf seinen Vornamen getauft.

Eltern und Paten müssen versprechen, für eine christliche Erziehung des Kindes zu sorgen. Anschließend findet meist ein großes Familienfest statt.

2. Die Kommunion

„Kommunion" bedeutet Gemeinschaft. Im Alter von 8-9 Jahren dürfen katholische Kinder zum ersten Mal an der Kommunion (dem heiligen Abendmahl) teilnehmen und werden damit offiziell in die Gemeinde aufgenommen. Um die Kinder auf dieses Ereignis vorzubereiten, haben sie an 12 Nachmittagen jeweils eine Stunde Kommunionsunterricht. Hier lernen sie spielerisch ihre Religion kennen. Am Tag der Kommunion gehen die Mädchen meist in langen weißen Kleidern und die Jungen in blauen Anzügen in den Festgottesdienst. Danach feiert man in der Familie. Es gibt ein Festessen, und das Kind bekommt viele Geschenke.

3. Die Konfirmation

„Konfirmation" bedeutet Bestätigung des Taufversprechens. Im Alter von ca. 14 Jahren besuchen evangelische Kinder etwa acht Monate lang jeweils zwei Stunden wöchentlich den Konfirmandenunterricht in ihrer Gemeinde. Sie lesen die Bibel, lernen Kirchenlieder und besprechen Glaubensfragen. Um die Osterzeit herum geben sie dann in einem feierlichen Gottesdienst das Versprechen ab, ein christliches Leben zu führen. Damit werden sie offiziell in die Gemeinde aufgenommen und dürfen am heiligen Abendmahl teilnehmen. Anschließend wird die Konfirmation in der Familie groß gefeiert, und es gibt viele Geschenke.

b) Gibt es in Ihrer Religion Taufe, Kommunion, Konfirmation oder ähnliche Feste? Berichten Sie.

4. Religiöse oder ethische Erziehung

a) Schreiben Sie einen Informationstext:
Wie werden Kindern und Jugendlichen in Ihrem Heimatland religiöse oder ethische Inhalte vermittelt?
Tragen Sie Ihren Text möglichst frei vor.

b) Schreiben Sie einen Kommentar:
Sollte man Kinder z. B. durch Taufe, Kommunion oder Konfirmation schon früh an eine Religion binden oder erst später, wenn sie junge Erwachsene sind und selbst entscheiden können. Wie sollte religiöse oder ethische Erziehung Ihrer Meinung nach aussehen?
Lesen Sie Ihren Text vor.

Aktivitäten

1. Projekte

a) Interviews: Fragen Sie gleichaltrige Personen, ob und in welcher Form sie am Leben in ihrer Kirchengemeinde aktiv teilnehmen bzw. früher teilgenommen haben. Fragen Sie eventuell auch nach den Gründen für eine ablehnende Haltung gegenüber der Kirche.

b) In Ⓓ Ⓐ ⒸⒽ: Was tun die Kirchen? Informieren Sie sich über Aktivitäten der Kirchen vor allem im sozialen Bereich, und berichten Sie darüber.

2. Spiele und Aufgaben

a) Bilden Sie aus folgenden Silben Wörter, die zu den Umschreibungen unten passen.

athe – eu – fach -gi – gie – ide – ist – le – li – me – olo – on – pa – po – re – ro – tro – wahl

1. Jemand, der nicht an Gott glaubt ist ein _____ .

2. Im Land Brandenburg können die Jugendlichen in der Schule wählen zwischen Ethik/LER und _____ .

3. Eine Haupt- oder Großstadt mit weltstädtischem Charakter nennt man _____ .

4. In deutschen Schulen ist Religion bzw. Ethik/LER ein Pflichtfach und kein _____ .

5. Der Marxismus ist keine Religion, sondern eine _____ .

6. In Stuttgart waren nicht nur junge Leute aus Deutschland, sondern aus ganz _____ .

b) Ergänzen Sie aus den Anfangsbuchstaben der Lösungswörter in a) den Anfang des folgenden idiomatischen Vergleichs:

_____ _____ eine Kirchenmaus

3. Ausrufe und Wendungen

a) Ordnen Sie die folgenden Alternativen den Ausdrücken unten zu.

Hoffentlich ist es nichts Schlimmes! – Wie ärgerlich!/Wie schrecklich! – Zum Glück!/Glücklicherweise!

1. Gott sei Dank! _____

2. Um Gottes Willen! _____

3. Ach Gott! _____

b) Ergänzen Sie die passenden Ausdrücke aus a) in dem Gespräch zwischen der Mutter von Markus (M) und ihrer Freundin (F).

○ 1. F: Sag mal, wann kommt eigentlich Markus von seinem indischen Guru zurück?

△ 2. M: Wart' mal, das stand in seinem letzten Brief.

3. (Sucht den Brief) _____! Ich glaube, den hab' ich weggeworfen!

○ 4. F: Hast du denn wenigstens seine Adresse?

△ 5. M: Ja, _____ habe ich sie schon in mein Adressbüchlein geschrieben.

○ 6. F: (Ein komischer Geruch kommt aus der Küche) _____! Was ist denn da passiert?

4. Ausge Ⓓ Ⓐ ⒸⒽ te Geschichten

Ihre ausge Ⓓ Ⓐ ⒸⒽ te Person ist Mitglied einer Sekte geworden. Was hat sie da erlebt?

5. Zum Hören: Traditionelle Weihnachtslieder

Eine Fremdsprache lernen (XI)

Notizentechnik und Textrekonstruktion

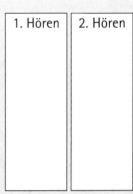

1. Hören	2. Hören

I. Allgemeine Vorschläge zur Notizentechnik

a) **Aufteilen der Seite:** Teilen Sie sich das Blatt für Ihre Notizen nach dem ersten und zweiten Hören eines Textes auf (siehe Skizze).

b) **Inhaltliches:** Notieren Sie nur Hauptinformationen, also wichtige Wörter oder Wortgruppen. Wichtig sind meist: Nomen, Verben, Namen, Zahlen, Negationselemente (auch Wörter wie *knapp, kaum, weder … noch usw.*), satz- bzw. textverbindende Elemente (*trotzdem, aber, weil, damit …*), Hervorhebungen (*besonders, vor allem …*)

c) **Abkürzungen:** Benutzen Sie eindeutige Abkürzungen bei
- **Schlüsselwörtern:** Oft genügt der Anfangsbuchstabe, z. B. *Der Rabe und der Fuchs* → *R + F*
- **Komposita:** Bei häufigen zusammengesetzten Wörtern genügen die Anfangsbuchstaben, z. B. *Wortschatz* → *Ws*
- **Nachsilben:** *-ung* → *g (Zeitg), -heit* → *h (Krankh), -keit* → *k (Heiterk), -lich* → *l (freundl), -lichkeit* → *lk (Herzlk), -schaft* → *sch (Freundsch) usw.*
- **Präpositionen:** *von* → *v, für* → *f, mit* → *m* usw.
- **Infinitiven:** *zu sagen* → *z sag*

Entwickeln Sie möglichst Ihr individuelles Abkürzungssystem, und trainieren Sie es bei jeder Gelegenheit (vgl. auch Übung zu standardisierten Abkürzungen L.26, Aktivitäten).

d) **Auslassungen:** Kennzeichnen Sie ausgelassene oder nicht verstandene Stellen durch (...).

II. Übungen zur Notizentechnik anhand eines Lesetextes

a) **Unterstreichen:** Unterstreichen Sie in einem Kurztext aus dem Kursbuch wichtige Wörter und Wortgruppen mit Bleistift. Vergleichen Sie, und einigen Sie sich auf das Notwendigste.

b) **Abkürzen:** Überlegen Sie, wie man die unterstrichenen Satzteile sinnvoll und ökonomisch abkürzen kann. KT1 schreibt seine Vorschläge an die Tafel bzw. auf eine Folie. Vergleichen und diskutieren Sie sie.

c) **Rekonstruieren:** Schließen Sie die Bücher, rekonstruieren Sie den Text anhand Ihrer abgekürzten Notizen, und vergleichen Sie das Resultat im Plenum.

III. Übungen zur Notizentechnik anhand eines Hörtextes

a) Machen Sie sich beim ersten Hören Notizen (mit Abkürzungen) auf der linken Seite eines Blattes wie in I.a).

b) Vergleichen und diskutieren Sie die Notizen in der Gruppe, und schreiben Sie sie in die linke Spalte an die Tafel oder auf eine Folie.

c) Hören Sie den Text noch einmal, ergänzen Sie Ihre Notizen in der rechten Spalte, und geben Sie den Text anschließend schriftlich wieder. Vergleichen Sie anhand des fotokopierten Hörverständnistextes, und korrigieren Sie Ihren Text so weit wie möglich selbst, bevor Sie ihn abgeben (vgl. „Eine Fremdsprache lernen XII").

IV.Übungen zur Notizentechnik anhand eines Videofilms

Aufgabenstellung analog zu III. (Filmsequenz maximal 5 Minuten)

Vorurteil

1. Vor dem Urteil kommt das Vorurteil

Sind die Deutschen **fleißig?**

Sind die Deutschen **humorlos?**

Sind die Deutschen **umweltbewusst?**

> *Hunde bellen diejenigen an, die sie nicht kennen.*
> Heraklit

Vorurteile nicht entstehen lassen

oder überwinden

Was verstehen Sie unter „Vorurteil"? Benutzen Sie die folgenden Redemittel, und versuchen Sie, den Begriff durch Beispiele zu definieren.
Unter Vorurteil versteht man .../Vorurteil bedeutet, dass .../Man spricht von Vorurteil, wenn ...

2. Ein Blick ins Lexikon

Lesen Sie den folgenden Textausschnitt, und formen Sie ihn anschließend mit den synonymen Ausdrücken am Rand um.

Vorurteile im allgemeinen Sinn
sind <u>vorschnelle Urteile</u>. Es sind völlig oder teilweise falsche Urteile, <u>denen mangelhafte Informationen zugrunde liegen</u> ...
Vorurteile im engeren Sinn
<u>werden</u> als soziale Vorurteile <u>bezeichnet</u>. Zwei <u>Merkmale</u> werden dabei besonders <u>hervorgehoben</u>:
a) <u>Von Interesse</u> sind vor allem negative Vorurteile. Den <u>Angehörigen</u> einer Fremdgruppe werden negative Eigenschaften <u>zugesprochen</u>. Für die Eigengruppe gilt dann meist das positive Merkmal.
b) Da das Andere, das Fremde <u>oft</u> als gefährlich und als bedrohlich <u>empfunden</u> wird, vor allem in Krisensituationen, sind <u>derartige</u> Vorurteile stark <u>gefühlsmäßig verankert</u> ...

vorgefasste Meinungen
die auf unzureichenden
Informationen basieren
nennt man, typische Kenn-
zeichen, betont
Interessant, Mitgliedern
nachgesagt

häufig
angesehen, solche
emotional begründet

3. Die Einheimischen und die Fremden

a) Sehen Sie sich Foto A genau an, verdecken Sie es dann, und beschreiben Sie es. Klären Sie zuvor die Bedeutung von „Lederhose" und „Turban".
b) Ergänzen Sie die folgende Bildbeschreibung.

1.Die Deut*schen* haben ei___ für ih__ Region typi_____ Kleidung a__, die i__ Bayern beso_____ auf d *em* Land a__ Sonn- u___ Feiertagen getr_____ wird. 2. Diese Klei_____ besteht a___ einer dun_____ Strickjacke, ein___ weißen He____ und ein___ dreiviertellangen, (dunkel)grü____ oder schw_____ Lederhose m__ Hosenträgern. 3. Dazu tra____ sie Kniest_____ aus Wo___. 4. Auf d___ Kopf tra____ sie gr____ oder schw_____ Hüte m__ Federn. 5. Sie ste____ auf d___ Gehweg v__ einem Schauf_____. 6. Der ei__ sieht ziem____ unfreundlich a__ zwei Ausl_____ hinunter, d__ auf d__ Bürgersteig sit____. 7. Der lin__ hat ei____ Turban a___ dem Ko___. Er h__ einen dun____ Vollbart. 8. Er tr____ eine he___ Jacke, ein kari_____ Hemd u___ einfarbige Ho____. 9. Zwischen sei_____ Beinen st____ eine he____ Umhängetasche. 10. Der and____ hat dun____ Haare. 11. Er h__ eine ku____ Jacke a__ und tr_____ Jeans u___ Turnschuhe. 12. Links ne____ ihm st____ ein kle_____ Koffer.

c) Szene: Spielen Sie anhand der folgenden Vorgaben eine kurze Szene zu Foto A.

1. Einer der beiden Deutschen sagt zu den Ausländern: „Ihr aufstehen!", und zeigt ihnen durch Gesten, dass sie aufstehen und weggehen sollen.

2. Die Ausländer bleiben sitzen. Der eine fragt höflich, ob es ihn stört, wenn sie da sitzen. Er duzt den Deutschen dabei.

3. Der Deutsche ist über das gute Deutsch erstaunt und fragt etwas verwirrt, warum er ihn duzt.

4. Der Ausländer sagt, dass er sie auch nicht gesiezt hat.

Wie kann es weitergehen? Spielen Sie zuerst in Vierergruppen, dann im Plenum, wie Sie sich die Szene in Ⓓ Ⓐ ⒸⒽ vorstellen und anschließend, wie sie sich in Ihrem Heimatland abspielen könnte.

Ein Haus in Heidelberg
Tobias, Asiye, Felix, Nworah und Verana sitzen nach dem Abendessen in Phillips Zimmer zusammen und erzählen sich Witze.

4. Gemütlicher Abend in der Gaisbergstraße

a) Hören Sie den Dialog, und ergänzen Sie die Partikeln:
also, denn, doch, eigentlich, ja, mal

Nworah: Ich kann zwar keine Witze erzählen, aber heute haben wir
in der Film-AG* einen Kurzfilm gesehen, der hatte wirklich eine tolle Pointe.

Tobias: Erzähl ... ...!   *doch* 1. _____ 2.

Nworah: Ja, ... hatte der Film gar nicht so viel Handlung, und es war   _____ 3.
auch viel ohne Worte.

Philipp: Und das hast du am besten verstanden!

Nworah: (Lacht) Genau! – Ja, ... da ging's um einen jungen Afrikaner, der   _____ 4.
sich in der Straßenbahn neben eine alte Frau gesetzt hat. Und die hat dann praktisch
die ganze Fahrt laut über Ausländer geschimpft mit all den Klischees und Vorurteilen,
die's so gibt. Der Afrikaner hat nur dagesessen und so getan, als ob er nichts verstehen würde. Schließlich ist ein Kontrolleur eingestiegen. Die Frau hat ihre Fahrkarte
vor sich hingehalten, und da hat sie ihr der Afrikaner ganz plötzlich aus der Hand gerissen und einfach aufgegessen. Das Gesicht von der Frau war super, sage ich euch, die
konnt's nicht glauben. Und als der Kontrolleur dann vor den beiden stand, hat der Afrikaner ganz lässig seine Monatskarte vorgezeigt, und sie hat gesagt: „Der Neger hier hat
meine Fahrkarte aufgefressen." Der Kontrolleur hat nur gesagt: „So'ne blöde Ausrede
habe ich noch nie gehört." Sie musste mit ihm aussteigen und Strafe zahlen. Und
obwohl ein paar Fahrgäste das alles genau gesehen hatten, hat ihr keiner geholfen.

Alle: Wahnsinn! Ist ... irre!   _____ 5.

Asiye: Sag ... Nworah, hast du ... auch schon mal Probleme mit   _____ 6. _____ 7.
Vorurteilen gehabt?

Nworah: Hier in Heidelberg ... nicht. Die Leute sind immer nett und   _____ 8.
hilfsbereit und ganz besonders, wenn sie merken, dass ich Deutsch spreche. Dann
wollen sie oft wissen, woher ich komme und was ich hier mache und so.

Philipp: Wie ist das ... mit den Vorurteilen bei dir, Asiye?   _____ 9.

Asiye: ... ich hab' da keine Probleme. Die Leute zählen mich ...   _____ 10. _____ 11.
inzwischen praktisch schon zu den Deutschen. Aber in den Laden von meinem Onkel
kommen immer viele Frauen mit Kopftüchern, und die meinen, dass die Deutschen
Vorurteile gegen sie haben, weil sie sie immer so komisch angucken. Die meisten von
ihnen haben natürlich auch nicht so viel Kontakt zu Deutschen und sprechen auch
kaum Deutsch.

* Arbeitsgemeinschaft

b) Geben Sie den Inhalt des Films auf der Basis von Nworahs Bericht kurz wieder.
c) Schreiben Sie eine Inhaltsangabe des Films für eine Zeitung, und vergleichen Sie.
Beispiel: In dem Film geht es um einen jungen Afrikaner, der sich in der Straßenbahn neben eine
alte Frau setzt ...
d) Haben alte Leute Ihrer Meinung nach mehr Vorurteile als junge? Warum (nicht)?

5. Ein Essen für zwei

a) Worum kann es in dieser Geschichte gehen? Vergleichen Sie Ihre Vermutungen.
b) Hören Sie, machen Sie sich Notizen, und geben Sie die Geschichte schriftlich wieder.
c) Spielen Sie die Szene.

> Gr. 1.

> Gr. 2.–3.

Situationen

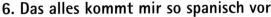

6. Das alles kommt mir so spanisch vor

a) Notieren Sie jeweils fünf Begriffe (auch Namen), die
   Ihnen zu Ⓓ, Ⓐ oder ⒸⒽ einfallen. Vergleichen Sie.

b) Zu welchen Nationalitäten passen die Zeichnungen von
   Kursteilnehmern am Rand? Wie hieß wohl die Aufgabenstellung?

c) Lesen Sie den Text.

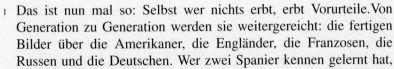

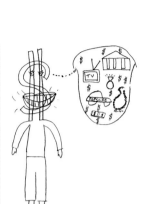

1   Das ist nun mal so: Selbst wer nichts erbt, erbt Vorurteile. Von
    Generation zu Generation werden sie weitergereicht: die fertigen
    Bilder über die Amerikaner, die Engländer, die Franzosen, die
    Russen und die Deutschen. Wer zwei Spanier kennen gelernt hat,
5   weiß schon alles über die Spanier. Wer keinen kennen gelernt hat,
    ebenfalls. Denn der Spanier ist nun mal so: romantisch, arm und
    stolz. Spanien, das ist die Mischung aus Sonne, Stierkampf, Paella
    und Kastagnetten. Der Spanier liebt blonde Frauen und D-Mark.
    Der Engländer lebt vorwiegend in Clubs, raucht Pfeife, trägt
10 unmöglich karierte Anzüge. Überdies trinkt er Whisky, langweilt
    sich und andere, spielt Golf oder ähnlich Unnötiges und ist über-
    haupt der Erfinder des Spleens. Der Franzose lebt und liebt gern,
    trinkt zu viel Wein, hat den Nationalstolz erfunden und Napoleon,
    die Tour de France und „Vive la France"! Der Russe trinkt Wodka
15 und singt Volkslieder zur Balalaika …
    Die Welt ist kleiner geworden. Durch Flugzeuge, Fernsehen und
    den Tourismus. Unsere Vorurteile aber haben ein zähes Leben. Sie
    werden eher noch größer: Die Slawen sind verschlagen, aber oft
    erstaunlich blond. Viele Tschechen haben deutsche Namen. Die
20 Italiener sind sympathisch, bequem und feige, lieben ihre Mama,
    aber stellen jeder Blondine nach. Wenn sie nicht gerade singen …
    Fünf Milliarden Menschen leben in ihrem nationalen Zwinger,
    eingesperrt in Gewohnheiten, umgeben von Klischees, die jeder
    über jeden hat. Das wird noch lange so bleiben. Es sei denn, wir
25 brechen aus – und lernen uns endlich besser kennen.

d) Was wird im Text über Vorurteile gesagt?
   Welche Möglichkeiten werden genannt, Vorurteile zu
   überwinden?

e) Unterstreichen Sie die Adjektive im Text, und bilden Sie,
   wenn möglich, Gegenteile und Wortfamilien dazu.

f) Mit welchen Nationalitäten werden die folgenden
   Adjektive häufig verbunden: sparsam, humorlos, tempera-
   mentvoll, geschäftstüchtig, pünktlich, lebenslustig?
   Vergleichen Sie, und nennen Sie eventuell weitere.

g) Sammeln Sie „klischeefreie" Formulierungen über andere
   Nationalitäten, und vergleichen Sie mit dem Lösungsschlüssel, zum Beispiel: Ich kenne Spanier, die …/Unter den
   englischen Fußballfans gibt es viele, die …
   Formulieren Sie mit diesen Wendungen die Verallge-
   meinerungen in Text c) um.

h) Gegen welche Personen(gruppen)/Nationalitäten bestehen
   in Ihrem Heimatland positive bzw. negative Vorurteile?
   Notieren Sie einige, vergleichen Sie, und versuchen Sie,
   Gründe dafür zu nennen, zum Beispiel:
   Professoren sind vergesslich. Frauen können nicht gut Auto
   fahren. Türken sind gastfreundlich …

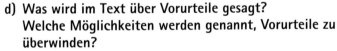

**Welche Nationalität hat wohl
diese Frau?**

7. Wortbildung: Vom Adjektiv zum Verb

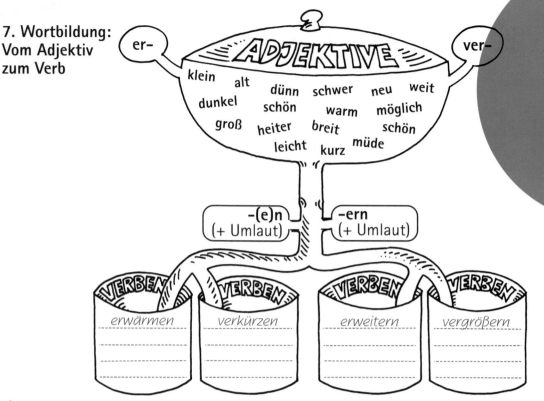

a) Bilden Sie aus den Adjektiven Verben.

b) Verben aus Adjektiven wie in a) kann man auch durch Adjektiv und *machen* oder *werden* ausdrücken. *Beispiele:* erwärmen = warm/wärmer machen; verarmen = arm/ärmer werden.

c) Mit welcher Nachsilbe kann man aus den (meisten) Verben in a) Nomen bilden?

d) Bilden Sie Wortfamilien (auch Komposita) zu Adjektiven wie *lang, leicht, alt, neu, groß, klein,* und vergleichen Sie.

8. Die blaue Amsel

a) Lesen Sie den Text des Schweizer Schriftstellers Franz Hohler.

Amseln sind schwarz. Normalerweise.

Eines Tages aber saß auf einer Fernsehantenne eine blaue Amsel. Sie kam von weither, aus einer Gegend, in der Amseln blau waren. Ein schwarzer Amselmann verliebte sich in sie und bat sie, seine Frau zu werden. Zusammen bauten sie ein Nest, und die blaue Amsel begann, ihre Eier auszubrüten, während ihr der Amselmann abwechselnd zu fressen brachte oder ihr die schönsten Lieder sang.

Einmal, als der Mann auf Würmersuche war, …

b) Schreiben Sie einen Schluss zu der Geschichte, und lesen Sie ihn vor.

c) Hören Sie den Schluss der Geschichte.

9. Frauen sind schlauer

a) Schreiben Sie auf, was in Ihrem Heimatland als typisch männlich und typisch weiblich gilt bzw. was Frauen oder Männer jeweils besser können. Vergleichen Sie.

b) Was halten Sie vom Titel des folgenden Hörtextes: „Frauen sind schlauer"?

c) Klären Sie zunächst die Bedeutung von: Windungen im Groß-hirn, das Hirnvolumen, das Nashorn, die Gravitationstheorie von Newton, die Überlegenheit, das Manko.

d) Hören Sie den Text, machen Sie sich Notizen zu den wichtigsten Inhaltspunkten, und stellen Sie den anderen KT anschließend Verständnisfragen.

e) Gibt es in Ihrem Heimatland Bereiche, die von Frauen bzw. von Männern dominiert werden? Nennen Sie Gründe dafür.

Gr. 4.

10. „Aktion Sorgenkind"
Informieren Sie sich.

Die „Aktion Sorgenkind" wurde 1964 vom Zweiten Deutschen Fernsehen und den Wohlfahrtsverbänden gegründet. Sie setzt sich für behinderte Menschen ein. Durch die gezielte Förderung integrativer Einrichtungen räumte sie von Anfang an mit unsinnigen Vorurteilen auf. Kinder lernen spielerisch, dass es ganz normal ist, verschieden zu sein.

11. Vorurteile überwinden helfen

a) Was kann jemand als Rollstuhlfahrer zur Überwindung von Vorurteilen beitragen?
b) Was kann der Mann wohl von Beruf gewesen sein?
c) Lesen Sie den Text.

Unterwegs für die „Aktion Sorgenkind"
Georg Rentrup war früher Fernfahrer. Das Fernweh verließ ihn auch nicht, als ihn eine fortschreitende Nervenlähmung in den Rollstuhl zwang. Seine Idee, mit dem Elektrorollstuhl für die „Aktion Sorgenkind" eine Tour durch Deutschland zu machen, war gleich beim ersten Mal so erfolgreich, dass seine Touren zur Tradition wurden. So legte Georg Rentrup auf seinen insgesamt acht Touren mehr als 40.000 km zurück und sammelte für die „Aktion Sorgenkind" mehr als 1,3 Millionen Mark. Dabei ließ er sich weder von Wind und Wetter noch von Baustellen, rücksichtslosen Autofahrern oder verschlossenen Türen in seinem Optimismus bremsen.
Das Motto seiner Touren ist „Unterwegs – um Mut zu machen". Er will zeigen, dass man etwas tun kann, und er will die Leute darauf aufmerksam machen, dass es auch behinderte Menschen gibt. Jede Stadt und jede Gemeinde, die er durchquerte, informierte er vorher, um dann den zahlreichen Empfangskomitees von Schulklassen, Bürgermeistern und Stadträten zu demonstrieren, wie viele Probleme Rollstuhlfahrer im Alltag überwinden müssen, zum Beispiel wenn sie das Rathaus nur über Stufen erreichen können. Die besten Kontakte hat er immer zu Kindern. Gesunde Kinder wachsen heute oft gemeinsam mit behinderten Kindern auf

und haben deshalb kaum Vorurteile. Früher war das anders. Da wurden Behinderte oft versteckt. Etwas zum Abbau von Vorurteilen, Diskriminierung und Benachteiligung beizutragen, ist das Lebensziel von Georg Rentrup.

d) Wie ist die Situation von behinderten Menschen in Ihrem Heimatland? Was wird für sie getan? Gibt es Vorurteile gegen sie?
Berichten Sie über persönliche Erfahrungen.

Gr. 5.

12. Die Kaninchen, die an allem schuld waren

a) Was für einen Text vermuten Sie unter diesem Titel?
b) Lesen Sie den Text.

Es war einmal – selbst die jüngsten Kinder erinnern sich noch daran – eine Kaninchenfamilie, die unweit von einem Rudel Wölfe lebte. Die Wölfe erklärten immer wieder, dass ihnen die Lebensweise der Kaninchen ganz und gar nicht gefalle. (Von ihrer eigenen Lebensweise waren die Wölfe begeistert,
5 denn das war die einzig richtige.) Eines Nachts fanden mehrere Wölfe bei einem Erdbeben den Tod, und die Schuld daran wurde den Kaninchen zugeschoben, die ja, wie jedermann weiß, mit ihren Hinterbeinen auf den Erdboden hämmern und dadurch Erdbeben verursachen. In einer anderen Nacht wurde einer der Wölfe vom Blitz erschlagen, und schuld daran waren wieder die Kaninchen, die ja, wie jedermann weiß, Salatfresser sind und dadurch Blitze verursachen. Die Wölfe drohten, die Kaninchen zu zivilisieren, wenn sie sich nicht besser
10 benähmen, und die Kaninchen beschlossen, auf eine einsame Insel zu flüchten.
Die anderen Tiere aber, die weit entfernt wohnten, redeten den Kaninchen ins Gewissen. Sie sagten: „Ihr müsst eure Tapferkeit beweisen, indem ihr bleibt, wo ihr seid. Dies ist keine Welt für Ausreißer. Wenn die Wölfe euch angreifen, werden wir euch zu Hilfe eilen – höchstwahrscheinlich jedenfalls." So lebten denn die Kaninchen weiterhin in der Nachbarschaft der Wölfe. Eines Tages kam eine schreckliche Überschwemmung,
15 und viele Wölfe ertranken. Daran waren die Kaninchen schuld, die ja, wie jedermann weiß, Mohrrübenknabberer mit langen Ohren sind und dadurch Überschwemmungen verursachen. Die Wölfe fielen über die Kaninchen her – natürlich um ihnen zu helfen – und sperrten sie in eine finstere Höhle – natürlich um sie zu schützen.
Wochenlang hörte man nichts von den Kaninchen, und schließlich fragten die anderen Tiere bei den Wölfen
20 an, was mit ihren Nachbarn geschehen sei. Die Wölfe erwiderten, die Kaninchen seien gefressen worden, und da sie gefressen worden seien, handle es sich um eine rein innere Angelegenheit. Die anderen Tiere drohten jedoch, sich unter Umständen gegen die Wölfe zusammenzuschließen, wenn die Vernichtung der Kaninchen nicht irgendwie begründet würde. Also gaben die Wölfe einen Grund an. „Sie versuchten auszureißen", sagten die Wölfe, „und wie ihr wisst, ist dies keine Welt für Ausreißer."
25 Moral: Laufe – nein, galoppiere schnurstracks zur nächsten einsamen Insel.   *James Thurber*

c) Aufgaben zum Text:
1. Wodurch kommen einige Wölfe ums Leben, und was haben die Kaninchen damit zu tun?
2. Wie verhalten sich die Wölfe den Kaninchen gegenüber? Welche vier Phasen erkennen Sie?
3. Durch welches Argument werden die anderen Tiere zur Passivität aufgefordert?
4. Markieren Sie die Stellen im Text, die den unterstrichenen Satzteilen entsprechen.

a) Die Lebensweise ... gefiel ihnen <u>absolut nicht</u>, denn ...	b) Mehrere Wölfe <u>starben</u> bei einem Erdbeben, und ...	c) Sie fassten <u>den Beschluss</u> zu flüchten, um ...	d) die anderen <u>redeten ernsthaft mit den Kaninchen</u>, weil ...
e) Wir <u>helfen</u> euch – <u>sehr</u> wahrscheinlich jedenfalls, wenn ...	f) Die Wölfe <u>überfielen</u> die Kaninchen, natürlich um ...	g) die anderen Tiere <u>erkundigten sich</u> bei den Wölfen, was ...	h) Sie wollten sich <u>möglicherweise</u> gegen die Wölfe zusammenschließen, wenn ...

5. Formen Sie die Vorgaben in 4.a) – h) mit den markierten Textstellen um wie im Beispiel.
   Den Wölfen gefiel die Lebensweise der Kaninchen ganz und gar nicht, denn sie waren von ihrer eigenen begeistert und hielten sie für die einzig richtige.
6. Erzählen Sie die Fabel aus der Sicht der Wölfe, der Kaninchen oder der anderen Tiere.

d) Welche Unterschiede bestehen zwischen dieser und den traditionellen Fabeln?
e) Welche Parallele zur neueren Geschichte sehen Sie in dieser Fabel?
   Wann könnte sie geschrieben worden sein?

Grammatik

Konjunktiv II (V):
Irreale Vergleichssätze mit *als ob*

1. In der Straßenbahn

a) Ergänzen Sie die angefangenen Sätze sinngemäß mit *als ob* und Verben im Konjunktiv II. Vergleichen Sie Ihre Varianten.

> *Beispiel:* Der junge Afrikaner verstand, was die Frau sagte, aber er tat so, ...
> - als ob er nichts verstehen würde.
> - als ob er kein Deutsch könnte.
> - als ob er taub wäre.
> Sie schimpfte so,
> - als ob die Ausländer alle Probleme verursacht hätten.
> - als ob durch die Ausländer die Arbeitslosigkeit entstanden wäre.

	Konjunktiv II zum Ausdruck von:	Gegenwart/Zukunft	Vergangenheit
Präsens Präteritum Perfekt	Er tut so*, Er tat so, Er hat so getan, } als ob er nichts	verstehen würde./	verstanden hätte.
	Relation Hauptsatz: *als ob*-Satz →	**gleichzeitig**	**vorzeitig**

* Im Hauptsatz steht meist *so*

1. Obwohl der junge Mann die Fahrkarte der Frau aufgegessen hatte, sah er so aus, als ob ...
2. Die Frau sah den jungen Afrikaner an, als ob ...
3. Der Kontrolleur behandelte die alte Frau so, als ob ...
4. Er dachte: Sie macht den Eindruck, als ob ...
5. Die anderen Fahrgäste taten so, als ob ...
6. Es gibt immer Leute, die ohne Fahrkarte fahren, aber wenn ein Kontrolleur kommt, tun sie so, als ob ...
7. Wenn sie dann Strafe zahlen müssen, tun sie so, als ob ...
8. Leider gibt es oft Leute, die sich Ausländern gegenüber so verhalten, als ob ...
9. Ausländer haben deshalb oft den Eindruck, als ob ...

> Irreale Vergleichssätze können auch mit *als wenn* oder *wie wenn* eingeleitet werden.
> In der gesprochenen Sprache wird nach *als ob* auch der Indikativ verwendet.

b) Formen Sie die Nebensätze mit *als ob* in a) durch das komparative *als* um,

> *Beispiel:* Der Afrikaner tat so, als ob er nichts verstehen würde.
> Der Afrikaner tat so, als würde er nichts verstehen.

Welcher Unterschied besteht zwischen den beiden Nebensätzen im Beispiel?
als wird in der geschriebenen Sprache häufiger verwendet.

> Weitere Verben und verbale Ausdrücke, nach denen irreale Vergleichssätze stehen können:
> *ich habe das Gefühl, es kommt mir (so) vor, es hört sich (so) an, es scheint (so), sich (so) benehmen ...*

Nebensätze (VIII)

2. Ein Essen für zwei

a) Ergänzen Sie in der folgenden Transkription von Hörtext 5. „Ein Essen für zwei" die Rahmenwörter *als, anstatt … zu, dass, nachdem, obwohl, ohne … zu, um … zu, was, weil, wenn,* und vergleichen Sie.

> Ein siebzehnjähriger Schüler ging zum Mittagessen in ein Selbstbedienungsrestaurant. _____ er sich eine Suppe geholt hatte, setzte er sich an einen freien Tisch und wollte anfangen zu essen. Da stellte er fest, _____ er den Löffel vergessen hatte. Er stand also wieder auf, _____ sich einen ____ holen. _____ er wieder an seinen Tisch
> 5 zurückkam, saß da ein junger Afrikaner und – aß seine Suppe. _____ er im ersten Moment sehr wütend war, setzte er sich schließlich, _____ ein Wort ____ sagen, hin, _____ ihn die Leute von den Nachbartischen interessiert beobachteten. Da saß er mit dem Löffel in der Hand, aber ohne Suppe, und überlegte, _____ er machen sollte. Er wollte nicht als ausländerfeindlich gelten, aber _____ da irgendeiner kam und
> 10 _____ ihn ____ fragen seine Suppe aß, ging das doch zu weit. _____ sich ____ entschuldigen, lächelte ihn der Afrikaner freundlich an und aß mit großem Appetit die Suppe weiter. Vielleicht spricht er kein Deutsch und hat kein Geld und schon tagelang nichts gegessen, dachte der Junge. Und _____ er großen Hunger hatte, beschloss er, auch von seiner Suppe zu essen. Der Afrikaner war zunächst erstaunt, aber dann sah
> 15 er ihn belustigt an, und so aßen sie schließlich beide wortlos von der Suppe.

b) Formen Sie die unterstrichenen Sätze mit den Rahmenwörtern *als, bevor, dass, nachdem, während, weil um,* und vergleichen Sie.
(• bedeutet, dass hier ein Rahmenwort eingefügt werden soll.)
Beispiel: Als der Teller leer war, stand der Afrikaner auf und ging weg.

1. • Der Teller war leer. Der Afrikaner stand auf und ging weg.
2. Der Junge fand das sehr unhöflich. • Er hatte sich nicht einmal für die Suppe bedankt. Kurz darauf sah er ihn mit einem großen Teller Gulasch wieder an den Tisch zurückkommen, aber dieses Mal mit zwei Bestecks. Er stellte den Teller in die Mitte des Tisches.
3. • Er fing selbst an zu essen. Er schob ein Besteck zu dem Jungen hin, lächelte ihn an und machte eine einladende Geste. Der Junge wusste überhaupt nicht mehr, wie er sich verhalten sollte.
4. Aber • er hatte noch Hunger. Und • der Afrikaner hatte ja auch von seiner Suppe gegessen. Er nahm die Einladung an.
5. Vielleicht ist es in seinem Heimatland üblich. • Man isst gemeinsam von einem Teller, dachte er.
6. • Sie hatten beide wortlos den Teller geleert. Der Afrikaner sah ihn wieder lächelnd an. Der Junge erwiderte das Lächeln.
7. Und • er versuchte, etwas auf Englisch zu ihm zu sagen. Er sah plötzlich auf dem leeren Nachbartisch einen Teller Suppe stehen – ohne Löffel. Entsetzt starrte er zu dem Tisch hinüber. Jetzt verstand er mit einem Mal alles. Er wurde abwechselnd rot und blass, und das Ganze war ihm furchtbar peinlich. Der Afrikaner folgte seinem Blick.
8. Und • er sah den Teller mit der Suppe auf dem Tisch stehen. Er musste (so) lachen. • Er konnte kaum aufhören.
9. • Der Junge hatte sich von seinem ersten Schreck erholt. Er fing auch an zu lachen. Schließlich stand der Afrikaner auf und schlug ihm auf die Schulter, streckte ihm seine Hand hin und sagte in akzentfreiem Deutsch: „Ich heiße Tom. Ich komme oft hierher. Essen wir morgen wieder zusammen?"

c) Vergleichen Sie Ihre Textrekonstruktion von Hörtext 5. „Ein Essen für zwei" mit dem ergänzten Transkript in a) und dem umgeformten in b), korrigieren Sie eventuelle Fehler in Ihrem Text, und geben Sie ihn dann L zur Kontrolle.

Nominalstil – Verbalstil

3. Übersicht

a) Tragen Sie zunächst die Rahmenwörter aus 2.a) und b)
in die Grafik ein wie im Beispiel.

Präposition Rahmenwort Adverb	<u>Trotz</u> seiner Wut setzte er sich. *Obwohl* er wütend war, setzte er sich. Er war wütend, *trotzdem* setzte er sich.	<u>Wegen</u> seines Hungers beschloss er … _____ er Hunger hatte, beschloss er … Er hatte Hunger, _____ beschloss er …
Präposition Rahmenwort Adverb	<u>Statt</u> einer Entschuldigung lächelte er. _____ sich zu entschuldigen, lächelte er. Er entschuldigte sich nicht, _____ lächelte er.	<u>Während</u> des Essens schwiegen sie. _____ sie aßen, schwiegen sie. Sie aßen, _____ schwiegen sie.
Präposition Rahmenwort	<u>Zur</u> Vermeidung von Ärger sagte er nichts. _____ Ärger _____ vermeiden, sagte er nichts. *Damit* es keinen Ärger geben würde, sagte er nichts.	<u>Ohne</u> Dank ging er weg. _____ sich _____ bedanken, ging er weg. (*Ohne dass** sie es erwartet hatte, kam er zurück.)
Präposition Rahmenwort Adverb	<u>Vor</u> Beginn des Essens gab er ihm ein Besteck. _____ er begann zu essen, gab er ihm ein Besteck. Er aß, _____ hatte er ihm ein Besteck gegeben.	<u>Nach</u> dem Essen unterhielten sie sich. _____ sie gegessen hatten, unterhielten sie sich. Sie hatten gegessen, _____ unterhielten sie sich.
Präposition Rahmenwort Adverb	<u>Seit</u> ihrer Bekanntschaft treffen sie sich regelmäßig. *Seitdem* sie sich kennen gelernt haben, treffen sie sich regelmäßig. Sie haben sich kennen gelernt, *seitdem* treffen sie sich regelmäßig.	<u>Beim</u> Abschied gaben sie sich die Hand. _____ sie sich verabschiedeten, gaben sie sich die Hand. (Immer) *Wenn* sie sich verab- schiedeten, gaben sie sich die Hand.

* Bei nicht identischem Subjekt in HS und NS heißt es *ohne dass.*

b) **Ergänzen Sie nun in der Grafik oben die folgenden satzverbindenden Adverbien:** *danach/dann*
   – davor/vorher/zuvor – deshalb/deswegen/daher – stattdessen – währenddessen

c) **Variieren Sie die Sätze wie in a).**
   1. Tom reiste nach Deutschland. <u>Vorher</u> hatte er einen Deutschkurs besucht.
   2. <u>Bei seiner Ankunft</u> hatte er zunächst Schwierigkeiten, die Leute zu verstehen.
   3. <u>Um seine Sprachkenntnisse zu verbessern</u>, besuchte er einen Intensivkurs.
   4. <u>Wegen einer Erkrankung</u> musste er ins Krankenhaus eingeliefert werden.
   5. <u>Während er krank war</u>, konnte er sein Deutsch täglich üben.
   6. <u>Nach überstandener Krankheit</u> setzte er den Kurs fort.
   7. Er hatte viel Zeit verloren. <u>Trotzdem</u> bestand er die Prüfung am Ende.
   8. <u>Seitdem er aus dem Krankenhaus entlassen worden ist</u>, raucht er nicht mehr.

> Nominalstil wird vor allem in den Medien, in der Fach- und Wissenschaftssprache verwendet,
> Verbalstil häufiger in erzählenden Texten und in der gesprochenen Sprache.

4. Nicht nur Vorurteile

a) **Bilden Sie aus den Satzteilen Sätze.**

1. Bernhard Breuer/auf der Straße/lebt//<u>seitdem</u>/ist/von seiner Frau/geschieden/er 2. <u>obwohl</u>
Vorurteile/haben/viele Leute/gegen Nicht-Sesshafte//Ehrlichkeit und Höflichkeit/wichtige
Werte sind/für ihn 3. überall/<u>wegen</u> seines offenen Wesens/schnell/Kontakt/findet/er 4. Bei-
spielsweise/einen Mann/er/lernte/<u>beim</u> Biertrinken/kennen/in einem Bistro//der/einlud/
ihn/in seine Wohnung/zum Übernachten 5. allein/<u>während</u> der Abwesenheit seines Gastge-
bers/am nächsten Tag/durfte/auch/er/bleiben/in der Wohnung 6. <u>zum</u> Baden, Waschen und
Kochen/er/die Zeit/nutzte 7. <u>Ohne</u>/sein/zu/gezwungen//nicht mehr/für längere Zeit/will/er/
wohnen/innerhalb von vier Wänden//<u>weil</u>/über sich/er/braucht/den freien Himmel

b) **Variieren Sie die Sätze wie in 3., und vergleichen Sie.**

dreiundachtzig   83

Grammatik

Verben mit Infinitiv

5. Georg Rentrup

a) Lesen Sie, was Georg Rentrup erzählt.

„Auf meinen langen Touren habe ich viel erlebt. Einmal habe ich in meinem Rückspiegel drei kleine Jungen auf ihren Fahrrädern hinter mir herfahren sehen. Ich habe sie etwas rufen hören, aber ich konnte sie nicht verstehen. Sie haben wild gestikuliert, dass ich stehen bleiben sollte. Natürlich bin ich dann sofort stehen geblieben und habe sie zu mir herankommen lassen. Ich brauchte nicht lange warten, bis sie bei mir waren ..."

Zeile 3 und 5: Weniger häufig: ... ich habe sie nicht verstehen können,... ich habe nicht lange warten brauchen, ...
Zeile 5: *brauchen* besonders in der Schriftsprache auch mit *zu*: ... ich brauchte nicht lange zu warten/... ich habe nicht lange zu warten brauchen (Das Modalverb *müssen* wird meist durch *nicht brauchen* negiert.)

b) Warum haben die Kinder gewollt, dass er stehen bleibt? Schreiben Sie Ihre Vermutungen auf, vergleichen Sie untereinander und mit dem Lösungsschlüssel.

c) Unterstreichen Sie in a) alle Infinitive. Ergänzen Sie dann unten die fehlenden Formen.

I	II	III
Er will etwas tun.	Er sieht sie kommen.	Er bleibt stehen.
Er wollte etwas tun.	Er sah sie kommen.	Er blieb stehen.
Er hat etwas tun _____.	Er hat sie kommen _____.	Er ist stehen _____.
weil er etwas hat tun _____.	weil er sie hat kommen _____.	weil er stehen _____ *ist*.
weil er etwas hatte tun _____.	weil er sie hatte kommen _____.	weil er stehen _____ *war*.

d) Welche Unterschiede bzw. Gemeinsamkeiten gibt es bei den Verben mit Infinitiv in c)? Ergänzen Sie unten weitere Verben.

I: *wollen* _____ _____ _____ _____ _____

II. *sehen helfen** _____ _____

III. *bleiben fahren gehen kommen schicken lernen**

* Mit diesen Verben kann man auch Infinitivsätze mit *zu* bilden: *Er hat gelernt, Reden zu halten.*

e) Formulieren Sie die Sätze mit den Satzteilen in Klammern um.
    Beispiel: Er überwindet Vorurteile. (überwinden/helfen) → Er hilft Vorurteile überwinden.

1. Er hat seine Behinderung akzeptiert. (akzeptieren/lernen)
2. Er hat auf behinderte Menschen und ihre Probleme aufmerksam gemacht. (machen/wollen)
3. Viele klagen z. B. über zu enge Aufzug- und Straßenbahntüren. (er/hören/klagen)
4. Andere suchen jemanden, der sie zu einem Spaziergang abholt. (abholen/kommen)
5. Wieder andere brauchen jemanden, der für sie einkauft. (einkaufen/gehen)
6. Kinder gehen oft am natürlichsten mit Behinderten um. (umgehen/können)
7. Sie sind ihm auf seinen Touren oft entgegen gelaufen, wenn er gekommen ist. (sie/ihn/haben/kommen/sehen)
8. Im Sommer haben sie manchmal Eis geholt. (er/sie/holen/schicken)
9. Einmal hatte er auch Pech, weil sein Rollstuhl auf der Landstraße stehen geblieben ist und man ihn erst in der nächsten Stadt reparieren konnte. (er/ihn/reparieren/lassen/können)

Kommunikationszentrum

25

1. Diskussionsformeln

Sammeln Sie Redemittel zu den Redeabsichten unten. Vergleichen Sie sie dann mit den Vorgaben, und ergänzen Sie sie.

Anknüpfen an vorher Gesagtes

- Was X (vorhin) gesagt hat, finde ich ...
- Zu dem, was X eben gesagt hat, meine ich ...
- Du hast vorhin davon gesprochen, ...
- Ich meine genau wie X, dass ...

Etwas klarstellen

- Vielleicht habe ich mich nicht klar ausgedrückt, aber ...
- Also, was ich gemeint habe, ist Folgendes: ...
- Vielleicht ist das nicht ganz deutlich geworden, ...

Zurückweisen von falschen Interpretationen

- Das habe ich so nicht gesagt.
- So etwas würde ich nie behaupten.
- Ich glaube, du hast mich nicht verstanden.
- Das muss ein Missverständnis sein.

Klarstellung/Erklärung verlangen

- Was meinst du (genau) mit ...
- Was meinst du denn, wenn du sagst, dass ...
- Was verstehst du eigentlich unter ...?
- Was soll denn ... bedeuten?

2. Mischehen

Halten Sie es für problematisch, wenn Angehörige verschiedener Kulturen heiraten und Kinder bekommen?
Sammeln Sie Pro- und Kontra-Argumente, und vergleichen Sie mit den Vorgaben.
Bestimmen Sie dann zwei Diskussionsleiter, und geben Sie die Diskussionszeit vor.

PRO	KONTRA
• Wenn Partner Schritt genau überlegt haben	• Nicht pauschal beantwortbar, je nach Kultur unterschiedlich
• Kinder anpassungsfähig, lernen mit Situation zu leben	• Kinder aus Mischehen ohne Heimat
• Wenn Gesellschaft tolerant ist, kaum Probleme	• Bei starken Vorurteilen Scheitern, auch bei guten Voraussetzungen
• Auch Probleme, wenn Ehepartner aus verschiedenen sozialen Schichten	• Fast immer Schwierigkeiten bei Kindern aus Mischehen
• Auch Vorteile für Kinder aus Mischehen viel Aufmerksamkeit, besonderer Status	• „Etwas Besonderes sein" – für Kinder oft negativ
• Veränderung der Welt nicht durch Vermeidung von Schwierigkeiten	• Unfair gegenüber Kindern, sie leiden lebenslang unter Entscheidung der Eltern

3. Freunde finden

Erzählen Sie anhand der Wörter eine Geschichte.

dicker Junge -
einziges Kind - reich -
verwöhnt - hen zuge=
zogen - keine Freunde -
Ereignis - Bewunderung -
viele Freunde

Ausländer in Deutschland

1910: 1,3 Millionen

Niederländer — darunter Österreicher — 11 — 50 % — andere
Russen — 11
Italiener — 8

1925: 1,0 Millionen

darunter Polen — Tschechoslowaken — 23 — 27 % — 14 — 9 — Österreicher — Niederländer — andere

1967: 1,8 Millionen

darunter Italiener — Griechen — Spanier — 11 — 10 — 23 % — 10 — Türken — andere

1994: 7,0 Millionen

darunter Türken — Jugoslawen — Italiener — 12 — 8 — 5 — 28 % — Griechen — andere

Quelle: Statistisches Bundesamt

3036 © Globus

4. Ausländer in Deutschland

a) Was wissen Sie über Ausländer in Deutschland?
b) Versprachlichen Sie das Schaubild in einem fortlaufenden Text, und vergleichen Sie. Benutzen Sie Redemittel wie *verglichen mit, im Vergleich zu, dagegen, hauptsächlich, die meisten, die größte Gruppe, zu Beginn des Jahrhunderts, in den zwanziger/siebziger/neunziger Jahren …*

Beispiel: Deutschland war schon immer ein Land für Zu- und Einwanderer. Zu Beginn des Jahrhunderts …

5. Wie es auch gehen kann

Eine „Weltenlaube", ein Containerdorf für Asylbewerber und ein Münchner Stadtteilfest
a) Lesen Sie den Text.

Direkt neben einem Wohngebiet wurde in einem kleinen Park in München ein Containerdorf errichtet, in das rund 300 Asylbewerber aus Afrika, Asien und dem ehemaligen Jugoslawien einzogen. Natürlich gab es viele Probleme mit den Behörden, den Wohnverhältnissen, der unbekannten Sprache und mit den Deutschen, die die neuen Nachbarn nicht akzeptierten.

5 Da boten ihnen einige Familien ihre Hilfe an, um ihnen das Leben unter den schwierigen Bedingungen zu erleichtern. Sie begleiteten die Asylanten bei Behördengängen und bei Arztbesuchen, halfen beim Deutschlernen und kümmerten sich um die Kinder.

Auch die Bürgerinitiative „Miteinander-Leben" und der Verein „Info-Spiel" wurden aktiv, und so entstand
10 das Projekt „Weltenlaube". Es war eine einwöchige Aktion, die zum Ziel hatte, die Menschen der verschiedenen Nationalitäten und Kulturen mit den Deutschen zusammenzubringen. Im Mittelpunkt stand die „Weltenlaube", ein fünf Meter hohes Kunstwerk, das
15 der Schweizer Architekt Marcel Kalberer mit Hilfe von Asylbewerbern in der Mitte des Parks errichtet hatte. Eine Woche lang kamen hier die verschiedensten Nationalitäten aus dem nahen Containerdorf zusammen, Afrikaner, Vietnamesen, Bosnier sowie
20 Münchner Bürger und Kinder aller Altersgruppen.

Durch gemeinsame Mahlzeiten, Arbeiten und Gespräche entstanden Kontakte und zum Teil sogar Freundschaften. Selbst Leute, die vorher große Vorurteile gegen die Asylbewerber gehabt hatten, kamen auf ein Glas Bier vorbei, setzten sich dazu oder machten bei einem der Spiele mit. Insgesamt war das Projekt ein voller Erfolg und ein Beweis dafür, dass ein friedliches Zusammenleben von Menschen verschiedener Kulturen möglich ist.

b) Wie bewerten Sie die unterschiedlichen Reaktionen der deutschen Nachbarn?
c) Was hätten Ihre Nachbarn im Heimatland getan, wenn in Ihrer Nähe eine größere Gruppe von Ausländern untergebracht worden wäre?

6. Vorurteile überwinden

a) Schreiben Sie einen Informationstext über Inhalte und Auswirkungen von Vorurteilen in Ihrem Heimatland (Religionen, Nationalitäten, Volksgruppen, Minderheiten, Randgruppen …) und was man dagegen dagegen tut. Tragen Sie Ihren Text möglichst frei vor.
b) Schreiben Sie einen Kommentar: Liegen Vorurteile gegen Ausländer in der Natur des Menschen, oder kann man sie Ihrer Meinung nach dauerhaft überwinden? Lesen Sie Ihren Text vor.

Aktivitäten

1. Projekte

a) **Collage mit nationalen oder kulturellen Vorurteilen über ⒹⒶ🅲🅷:** Zeichnen oder beschreiben Sie nationale oder kulturelle Vorurteile, die Sie in Ihrem Heimatland über (die Bewohner von) ⒹⒶ🅲🅷 gehört haben. Sammeln Sie sie auf einer Collage (z.B. auf einer Tapetenrückseite), und kommentieren Sie sie.

b) **Vorurteile in Witzen:** Erkundigen Sie sich, welche positiven oder negativen Vorurteile bzw. Klischees es über verschiedene Nationalitäten oder über die Menschen in bestimmten Regionen in Deutschland, Österreich oder der Schweiz gibt. Erzählen Sie Witze, die diese Vorurteile illustrieren.

c) **In ⒹⒶ🅲🅷: Dialekte.** Fragen Sie Freunde oder Bekannte, ob es Vorurteile gegenüber Leuten gibt, die nur Dialekt sprechen. Welche Dialekte gelten als angenehm und welche als unangenehm? Berichten Sie.

2. Spiele und Aufgaben

Sammeln Sie Redemittel zu dem Cartoon von Marie Marcks. Erzählen Sie eine Geschichte dazu, und ergänzen Sie die letzte Sprechblase.

3. Sprichwörter und Redensarten

Wo sehen Sie Verbindungen zwischen den folgenden Sprichwörtern und Redensarten und den Bildern rechts?
- Unter einer Decke stecken
- Reden ist Silber, Schweigen ist Gold.
- Alles kurz und klein schlagen

4. Ausge ⒹⒶ🅲🅷 te Geschichten

Ihre ausge ⒹⒶ🅲🅷 te Person erlebt ein konkretes Beispiel von Vorurteilen in ihrer Umgebung. Was tut sie dagegen?

5. Hörtexte: Witze über Klischees und Vorurteile

STUFEN-Galerie – Malerei des 20. Jahrhunderts

Stilrichtungen und Künstlervereinigungen

in Ⓓ Ⓐ ⒸⒽ

Gustav Klimt
„Adele Bloch-Bauer I"

Jugendstil

Der Jugenstil ist eine Stilrichtung von etwa 1890–1914, die in Frankreich „Art Nouveau", in England „Modern Style" und in Österreich „Sezessionsstil" genannt wurde. Formale Besonderheiten sind Flächenhaftigkeit, Betonung der Linie und der Ornamentik. Bedeutende Maler des Jugendstils sind außer den hier vorgestellten Vertretern Edvard Munch (→ Lektion 28) und der Schweizer Ferdinand Hodler.

B Gustav Klimt (1862–1918) ist der bedeutendste Vertreter des Wiener Jugendstils und Mitbegründer der Wiener Sezession, die er von 1897–1905 leitete. Bezeichnend für ihn sind die Suche nach neuen Formen, die reiche Ornamentik und die erotische Thematik. (→ Lektion 28)

Die Brücke

Die Künstlergemeinschaft „Die Brücke" wurde 1905 in Dresden von Ernst Ludwig Kirchner, Erich Heckel und Karl Schmidt-Rottluff gegründet. Sie wurde zum Zentrum des deutschen Expressionismus. Stilmittel sind: Vereinfachende Zeichnung, Flächigkeit, starke Farbkontraste, ungewöhnliche Farbgebung. Max Pechstein, Emil Nolde u. a. traten der „Brücke" bei. Sie übersiedelte 1910 nach Berlin und bestand bis 1913.

C Max Pechstein (1881–1955), expressionistischer Maler und Grafiker, wurde 1906 Mitglied der „Brücke", malte Figurenbilder, Stillleben und Landschaftsbilder, z. T. mit exotischen Motiven.

Max Pechstein
„Die Brücke von Leba"

Der Blaue Reiter

Der „Blaue Reiter" wurde von Wassilij Kandinski und Franz Marc im Jahr 1911 in München gegründet. August Macke, Gabriele Münter, Alfred Kubin und Paul Klee wurden Mitglieder. Wichtig waren ihnen vor allem Farben und Formen, unwichtig die Nähe zur Wirklichkeit.

Paul Klee
„Garten am Bach"

D Paul Klee (1879–1940), Schweizer Maler und Grafiker; Mitglied des „Blauen Reiters"; Lehrer am Bauhaus in Dresden, 1931–33 Professor an der Düsseldorfer Akademie. Typisch, besonders für sein Spätwerk, ist eine elementare Symbol- und Zeichensprache.
(→ Zwischenkapitel nach Lektion 11)

Oskar Kokoschka
„Brandenburger Tor"

E Oskar Kokoschka (1886–1980), österreichischer Maler, Grafiker, Dichter, lebt in der Schweiz. Berühmt sind seine Stadtlandschaften im expressionistischen Stil. In späteren Jahren malte er vor allem Porträts und Landschaften. (→Lektion 2)

Max Beckmann
„Abfahrt" Triptychon
Rechter Flügel

G Gabriele Münter (1877-1962) Mitglied des

„Blauen Reiters" malte vor allem Stillleben und Landschaften.

Gabriele Münter
„Schneelast"

F Max Beck-mann (1884 -1950) war Mitglied der „Brücke". Er

malte mit expressionistischen Stilmitteln die Degeneration der Gesellschaft des 20. Jahrhunderts sowie Themen aus Mythologie und Zirkuswelt, Stillleben und Landschaften. (→Lektion 30)

H Käthe Kollwitz (1867-1945), Grafikerin und Bildhauerin des deutschen Expressionismus mit großem sozialem Engagement. Konzentrierte sich in ihrem Spätwerk auf das Thema Mutter – Kind. (→Lektion 26)

August Macke
„Leute am blauen See"

I August Macke (1887-1914), Mitglied des „Blauen Reiters"); unternahm mit Paul Klee eine Reise nach Tunis. In den dort entstandenen Bildern spielt die Farbe eine wichtige Rolle. (→Lektion 14)

Käthe Kollwitz
„Sitzende Frau
mit Kind im Schoß"

Aufgaben:
a) Wer von den oben vorgestellten Künstlern gehörte zur „Brücke", wer zum „Blauen Reiter"?
   Schreiben Sie die Namen auf, und vergleichen Sie.
b) Würden Sie sich eins der Bilder oben kaufen? Warum (nicht)?

Situationen – Texte – Redemittel

1. Arbeit – das halbe Leben?

a) Woran denken Sie bei dem Wort „Arbeit"? Schreiben Sie drei Begriffe auf, vergleichen und kommentieren Sie sie.

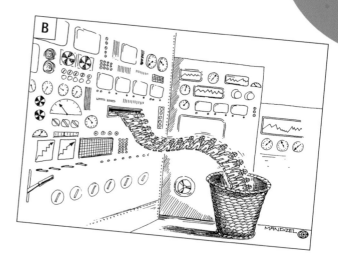

b) Wozu arbeiten Sie, bzw. wozu möchten Sie später in Ihrem Beruf arbeiten?

2. Einstieg in das Arbeitsleben: Das Duale System

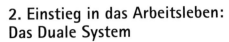

a) Was könnte das „Duale System" in Bezug auf die Berufsausbildung bedeuten?

b) Lesen Sie, und beantworten Sie die Frage in a).

Wer nach der Schulausbildung eine Lehre beginnt, muss trotzdem weiter in die Schule gehen. „Azubis" (Auszubildende) werden in Deutschland nach dem Dualen System ausgebildet. Das bedeutet, sie lernen praxisbezogen in der Regel drei Jahre lang in einem Betrieb in Industrie, Handel oder Handwerk und besuchen parallel dazu ein- bis zweimal in der Woche eine Berufsschule, wo sie sowohl in allgemeinbildenden als auch in berufsbezogenen Fächern unterrichtet werden.

c) Wozu äußern sich die drei Azubis Sonja, Silke und Lars? Lesen Sie.

STUNDENPLÄNE

Std.	Montag
1.	Technologie
2.	Sozialkunde
3.	Wirtschaftslehre
4.	Religion
5.	Technische Mathematik
6.	Schaltungstechnik
7.	Schaltungstechnik

Std.	Montag
1.	Warenverkaufskunde
2.	Warenverkaufskunde
3.	Religion
4.	Buchführung
5.	Deutsch
6.	Betriebswirtschaftslehre
7.	Sozialkunde

Sonja: Tja, ein echt seltener Beruf. Für uns, das heißt alle Azubis aus dem Bereich Musikinstrumentenbau in Deutschland, gibt es eine eigene Berufsschule. Zweimal pro Jahr heißt es Kofferpacken, kilometerweit mit dem Zug fahren und sechs Wochen lang in einem Jugendgästehaus wohnen. So hintereinander lernt man eigentlich ganz gut. Aber eine Umstellung ist es schon. Ich bin mit einer Mitschülerin zusammen in einem Zimmer, daran musste ich mich erst gewöhnen. Mein Freund ist auch nicht gerade begeistert, wenn wir uns so lange nicht sehen.

Silke: Bei uns gibt es Blockunterricht in der Berufsschule, die ist auch nicht weit weg von hier. Einmal im Monat treffen sich dann alle Arzthelferinnen aus demselben Ausbildungsjahr für eine Woche. Da kann man prima vergleichen, was die Kolleginnen schon machen dürfen und was man vielleicht mal selbst bei der Chefin ansprechen kann.

Lars: Die Berufsschule mit links machen? Illusion. Manchmal fällt es mir schwer, nach der Arbeit oder nach dem Berufsschultag noch zu lernen. Die Klasse ist okay, ein paar sind aus demselben Betrieb wie ich. Da fühlt man sich dann nicht so unsicher in der neuen Klasse. Schade, dass keine Mädchen dabei sind. Aber Kraftfahrzeugmechaniker lernen halt immer noch eher Jungs.

d) Was ist in jedem Text in Bezug auf die Berufsschule anders?

e) Welches sind wohl die beliebtesten Lehrberufe? Markieren Sie die Rangfolge mit 1, 2, 3 ...

Elektroinstallateur ( ), Maurer ( ), Kfz-Mechaniker ( )
Einzelhandelskauffrau ( ), Bürokauffrau ( ), Arzthelferin ( )

f) Zu welchen Lehrberufen aus e) passen die Stundenpläne in b)? Was fällt Ihnen daran auf?

g) Welche Lehrberufe sind in Ihrem Heimatland bei jungen Männern und Frauen besonders beliebt? Berichten Sie.

Gr. 1.

3. Duales Ausbildungssystem in der Krise

a) Informieren Sie sich.

Auf dem Lehrstellenmarkt wird die Situation immer problematischer, denn immer weniger Betriebe bieten Ausbildungsplätze an. Insbesondere in Ostdeutschland gab es für das Jahr 1995/96 im Durchschnitt nur 57 Lehrstellen, in Berlin (Ost) sogar nur 37 für 100 Bewerber. Als Begründung geben die Betriebe den niedrigeren Bedarf an Fachkräften an sowie die hohen Ausbildungskosten, die schlechte wirtschaftliche Lage und nicht geeignete Bewerber.
Quelle: Bundesanstalt für Arbeit

170 mal hat sich die 17-jährige Sabrina aus Berlin innerhalb eines Jahres um eine Lehrstelle beworben und immer nur Absagen bekommen. Die Mutter hat sie ständig ermutigt, nicht aufzugeben.

b) Wie ist die Situation auf dem Ausbildungs- und Stellenmarkt für Jugendliche in Ihrem Heimatland? Welche Gründe werden dafür genannt? Was sind die Folgen?

> Gr. 2.

4. Worauf Ausbildungsbetriebe Wert legen

a) Welche Eigenschaften würden Sie als Chef/Chefin für wichtig halten, wenn Sie junge Mitarbeiter und Mitarbeiterinnen einstellen wollten?

b) Bilden Sie, wenn möglich, Adjektive aus den Begriffen im Schaubild, ordnen Sie einige davon den Bedeutungserklärungen zu, und vergleichen Sie.

Worauf Ausbildungsbetriebe Wert legen
(wenn sie Lehrlinge nach der Lehre übernehmen)

Leistungsbereitschaft **93**
Zuverlässigkeit **95 %**
Ehrlichkeit **92**
Fleiß **87**
86
Initiative **81**
Pflichtbewusstsein **84**
Zielstrebigkeit **61**
Pünktlichkeit **70**
Disziplin **59**
Selbstsicherheit **46**
Ordnungssinn
© Globus   Quelle: iw   8268

1. Wem man absolut vertrauen kann und wer immer tut, was er gesagt oder versprochen hat, ist _____
2. Wer die Wahrheit sagt, nicht lügt und betrügt, ist _____
3. Wer gewissenhaft macht, was er sollte und seine Pflicht erfüllt, ist _____
4. Wer bereit ist, viel zu arbeiten und manchmal auch mehr zu leisten, als gefordert wird, ist _____
5. Wer den festen Willen hat, ein Ziel zu erreichen, ist _____

c) Nennen Sie drei Eigenschaften aus dem Schaubild, die Sie im Beruf wichtig finden. Wie würde wohl das Schaubild bei einer Umfrage in Ihrem Heimatland aussehen? Was würde an erster und zweiter Stelle stehen?

5. Nach der Lehre auf die Walz (Wanderschaft)

a) Sammeln Sie einige Fragen, die Sie der jungen Frau stellen würden, wenn Sie sie interviewen wollten.
b) Hören Sie das Interview, das Felix für seine Zeitung gemacht hat, und vergleichen Sie die Fragen.
c) Was haben Sie über die traditionelle Walz gehört?
d) Was haben Sie über Sandra Peters erfahren? Schreiben Sie zunächst in Stichworten alles auf, woran Sie sich erinnern.
Sagen Sie anschließend jeweils einen Satz über Sandra.
e) Welche Möglichkeiten gibt es in Ihrem Heimatland, während und nach der Ausbildung berufliche Erfahrungen außerhalb des Wohnorts zu sammeln?
f) Würden Sie auf die Walz gehen? Warum (nicht)?

> Gr. 3.–4.

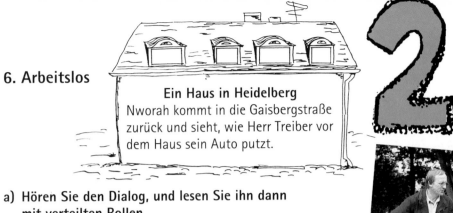

6. Arbeitslos

Ein Haus in Heidelberg
Nworah kommt in die Gaisbergstraße zurück und sieht, wie Herr Treiber vor dem Haus sein Auto putzt.

a) Hören Sie den Dialog, und lesen Sie ihn dann mit verteilten Rollen.

Nworah: Guten Tag, Herr Treiber.

Herr T. : Tag, Herr Okafor.

Nworah: *(Erstaunt)* Haben Sie heute frei?

Herr T. : Frei? Ich bin arbeitslos geworden!

Nworah: Oh, das wusste ich nicht. Das tut mir Leid.

Herr T.: Tja, da kann man nichts machen. So wie mir geht's ja im Moment Millionen von anderen auch.

Nworah: Ist Ihre Firma bankrupt?

Herr T. : Sie meinen bankrott. Nein, aber sie ist geschlossen worden, weil die Produktion ins Ausland verlegt wird. Globalisierung nennt man das heutzutage.

Nworah: Und warum?

Herr T.: Weil die Produktion da halt viel billiger ist als hier und die Firmen dann mehr Gewinn machen können.

Nworah: Können die Gewerkschaften da nichts machen?

Herr T.: Die kämpfen natürlich schon dafür, dass die Arbeitsplätze hier erhalten bleiben, aber viel können die auch nicht machen.

Nworah: Und was machen Sie jetzt?

Herr T: Na ja, ich bin zuerst mal zum Arbeitsamt gegangen und hab' mich arbeitslos gemeldet, damit ich wenigstens mein Arbeitslosengeld kriege.

Nworah: Ist das denn so viel wie Ihr Lohn?

Herr T.: Nein, das ist natürlich weniger. Man kriegt es auch nur ein Jahr lang. Und wenn man in der Zeit keine Arbeit gefunden hat, dann gibt's nur noch Arbeitslosenhilfe, und da wird's dann hart.

Nworah: Aber in einem Jahr haben Sie doch sicher einen neuen Job gefunden.

Herr T.: Hoffentlich! Aber da bin ich mir, ehrlich gesagt, noch nicht so sicher.

b) Welche Gründe für Arbeitslosigkeit gibt es in Ihrem Heimatland? Sind Arbeitslose finanziell abgesichert? Wie? Berichten Sie.

7. Lohnnebenkosten

a) Was bezahlen Arbeitgeber in Ihrem Heimatland zusätzlich zum Lohn oder Gehalt? Vergleichen Sie mit den Informationen in Text und Schaubild unten.

Auf jeden Hundertmarkschein als Entgelt für geleistete Arbeit kommen bei den Banken noch einmal 98 Mark obendrauf. Denn Arbeitgeberbeiträge zur Sozialversicherung, Gehalt für bezahlten Urlaub, Feiertage, Lohnfortzahlung im Krankheitsfall, Urlaubsgeld, Gratifikationen, betriebliche Altersversorgung und weitere Personalkosten ergaben 1995 eine Durchschnittssumme je Arbeitnehmer in Höhe von 49 240 Mark, und das waren 98 % des Entgelts für geleistete Arbeit (50 450 Mark).

b) Welche Bezeichnungen für Geld, das man verdient, finden Sie in a)? Kennen Sie weitere? Klären Sie Bedeutungsunterschiede.

Lohn und zweiter Lohn

Personalkosten je Arbeitnehmer in Westdeutschland 1995 in DM

	Versicherungen	Banken	Industrie	Großhandel	Einzelhandel
Direktentgelt für geleistete Arbeit	55 430	50 450	46 510	45 790	35 670
insgesamt	107 370	99 690	83 770	76 420	59 390
Personal-zusatzkosten	51 940	49 240	37 260	30 630	23 720
Zusatzkosten in % des Direktentgelts	94 %	98	80	67	66

© Globus
3385
Quelle: iw

8. Auf Arbeitssuche

a) Herr Treiber bemüht sich um einen neuen Arbeitsplatz. In einer Zeitung hat er ein Stellenangebot gefunden, das für ihn in Frage kommen könnte, und bewirbt sich. Lesen Sie sein Bewerbungschreiben und seinen Lebenslauf.

Josef Treiber   Heidelberg, 15.2.1997
Gaisbergstraße 34
D-69115 Heidelberg
Tel.: 06221/161373

Firma B & S Industrietechnik Personalabteilung
Daimlerstraße 58
69190 Walldorf

Bewerbung als Industriemechaniker
Ihre Anzeige vom 15. 2. 1997
in der Rhein-Neckar-Zeitung

Sehr geehrte Damen und Herren,

ich bewerbe mich hiermit um die Stelle als Industriemechaniker in Ihrer Firma. Bisher habe ich in der
Firma Heidelberger Textil AG gearbeitet und war für
die Überwachung und Steuerung der Fertigungsvor-
gänge verantwortlich. Durch Verlegung der Produktion
ins Ausland habe ich meinen Arbeitsplatz verloren
und suche deshalb eine neue Stelle.
Über ein persönliches Gespräch würde ich mich sehr
freuen.
Mit freundlichen Grüßen

Josef Treiber

Anlage: Bewerbungsunterlagen

Lebenslauf

Name	Treiber
Vorname	Josef
geboren am	17. 8.1943
in	Mannheim*
1949–1953	Konrad Dudenschule in Mannheim
1953–1959	Humboldt-Realschule in Mannheim, Abschluss**
1959–1962	Industriemechaniker-Lehre bei der Firma Wolter KG, Mannheim mit Gesellenprüfung abgeschlossen
1962–1963	18 Monate Wehrdienst als Pipeline-Pionier
1964–1976	Tätigkeit als Facharbeiter bei Baulinger Industriemaschinen, Mannheim
1972	Heirat mit Olga Posnyk
1974	Geburt der Tochter Erika
1976	Umzug nach Heidelberg
1976–1997	Tätigkeit als Facharbeiter bei der Firma Heidelberger Textil AG
1985	Geburt des Sohnes Thomas

* Bei jungen Leuten außerdem: Name (meist auch Beruf) der Eltern, Geschwister
** besondere Kenntnisse/Fähigkeiten, z. B. Computer, Jobs, Fremd-sprachen, Auslandsaufenthalte, Hobbys

b) Schreiben Sie den eigenen oder einen fiktiven Lebenslauf wie oben.

Wir suchen für die Sommer-
saison für den Biergarten Be-
dienungspersonal sowie f. unser
Buffet. Tel.: 06323/7059

DM 400.– für 4 Tage im Monat.
Suche für montags Verkäuferin
für Hähnchengrill in Mannheim
Tel.0 62 06/56 58

**Wer schreibt Inhaltsangaben von
Vortragskassetten und macht Baby-
sitting? Chiffre: 990 508**

Gartenhilfe gesucht, wöchentlich
2 Stunden 06061/225

Junges fleißiges Mädchen (Schülerin
o. Studentin) zur stundenweisen Hilfe im
Privathaushalt gesucht. 06 21/7 35 48

9. Bewerbung um einen Job

a) Bewerben Sie sich schriftlich um einen in der Zeitung inserierten Job. Verwenden Sie dabei die folgenden inhalt-lichen Vorgaben, und lesen Sie Ihren Brief vor.

- Nennen Sie Namen, Alter und Ihre augenblickliche Tätigkeit.
- Schreiben Sie, dass Sie den inserierten Job gerne übernehmen würden.
- Begründen Sie Ihr Interesse, und nennen Sie Erfahrungen aus vorangegangenen Tätigkeiten.
- Schreiben Sie, dass Sie gerne bereit sind, sich vorzustellen, um nähere Einzelheiten zu besprechen.
- Schließen Sie in Erwartung einer positiven Antwort.

b) **Rollenspiel:** Eine junge Frau hat inseriert, dass sie Privatunterricht in Französisch sucht. Zwei Personen bewerben sich um den Job, preisen ihre Fähigkeiten an und sprechen über Termine und Stundenhonorar. Die Gruppe entscheidet, wer genommen wird.

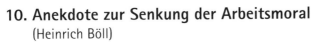

10. Anekdote zur Senkung der Arbeitsmoral
(Heinrich Böll)

a) Welche Eigenschaften muss eine Person mit Arbeitsmoral Ihrer Meinung nach haben? Würde eine solche Person in Ihrem Heimatland als Vorbild gelten, bzw. wäre sie bei den Kollegen beliebt? Warum (nicht)?

b) Klären Sie die Bedeutung von: *dösen, angeln, der Landessprache mächtig sein, Kutter, von dannen ziehen, keine Spur von Mitleid haben, Neid.* **Hören** Sie dann den Text.

c) Wozu arbeitet der Fischer? Was will der Tourist? Um welche zentrale Frage geht es?

d) Was hätte sich verändert, wenn der Fischer die Vorschläge des Touristen befolgt hätte?

e) Wie wäre die Welt, wenn alle Menschen so wären wie der Fischer bzw. der Tourist?

f) Erzählen Sie die Geschichte aus der Perspektive des Fischers oder des Touristen.

g) Rollenspiel: Spielen Sie die Szene.

11. Ein Leben ohne Arbeit

a) Können Sie sich ein Leben ohne Berufstätigkeit vorstellen, wenn Sie reich wären? Warum (nicht)?

b) Lesen Sie die Antworten, die Felix bei einem Interview auf diese Frage bekommen hat.

Bibliothekarin

Ich könnte mir ein Leben ohne Berufstätigkeit sehr gut vorstellen. Dann könnte ich alles machen, was mich interessiert. Ich könnte 5 z. B. Sprachen lernen, dann überall hinreisen und neue Lebensformen und Kulturen kennen lernen. Ich könnte mich für alles engagieren, was mich interessiert. Ich 10 würde keine Zeit verschwenden müssen für unwichtige Dinge, die es in jedem Beruf gibt. Ich meine, man kann auch ohne Berufstätigkeit ein erfülltes Leben haben.

Architekt

15 Ein Leben ohne Beruf und ohne Arbeit – das wär' nichts für mich gewesen. Wir haben doch nur dieses eine Leben, und das müssen wir nutzen in allen Berei-20 chen, um etwas in dieser Welt zu bewegen, etwas zum Positiven, Konstruktiven hin zu verändern. Schon in der Bibel steht: Macht euch die Erde untertan. Und das 25 geht nun mal nicht ohne Arbeit. Ich bin schon lange Rentner, aber ich habe immer noch viel Arbeit, und die mache ich gern.

Fabrikarbeiter

Also, ich träume von dem Tag, 30 an dem ich weder um 5 Uhr morgens aufstehen muss noch Nachtschicht habe. Wenn meine Frau und ich nicht mehr arbeiten müssten, dann könnten wir mit 35 unseren Kindern endlich ein richtiges Familienleben führen. Ich würde uns ein Haus bauen in einer schönen Gegend, und ab und zu würden wir auch ver-40 reisen. Die Fabrikarbeit stiehlt mir doch nur meine Lebenszeit.

c) Mit welchen Äußerungen in b) sind Sie einverstanden, mit welchen nicht? Warum (nicht)?

d) Beantworten Sie die Frage in a) schriftlich, und begründen Sie sie.

Gr. 5.-6.

12. Wenn Arbeit zur Sucht wird

a) Kennen Sie Personen, die arbeitssüchtig sind? Beschreiben Sie sie.

b) Lesen Sie zunächst die Fragen zu dem folgenden Hörtext:
1. Als was wird Arbeit traditionell gesehen? 2. Wogegen wird protestiert? 3. Was ist typisch für Arbeitssüchtige? 4. Warum findet man Arbeitssüchtige häufig in „besseren" Berufen? 5. Warum sieht man Arbeitssüchtige in der Wirtschaft sowohl positiv als auch negativ?

c) Hören Sie einen Ausschnitt aus einer Radiosendung, machen Sie sich Notizen, und beantworten Sie die Fragen in b).

d) Rekonstruieren Sie den Inhalt des Gehörten anhand der Fragen.

13. Am Fließband

a) Warum ist Arbeit am Fließband
in der Regel anstrengend?
Notieren Sie einige Gründe,
und vergleichen Sie.

b) Lesen Sie den folgenden Textausschnitt aus Günter Wallraffs
Buch „Aus der Welt der Arbeit".

… Eine Frau arbeitet mich ein. Sie ist schon vier Jahre am Band und verrichtet ihre Arbeit „wie im Schlaf",
wie sie selbst sagt. Ihre Gesichtszüge sind verhärtet wie bei einem Mann.
Nach zwei Tagen Einarbeitung wird die Frau versetzt zum Wagenwaschen. Damit ist sie nicht einverstanden.
Sie fürchtet um ihre Hände, die vom Benzin ausgelaugt werden. Aber danach fragt keiner.

5 Punkt 15.10 Uhr ruckt das Band an. Nach drei Stunden bin ich selbst nur noch Band. Ich spüre die fließende
Bewegung des Bandes wie einen Sog in mir.
J., vom Band nebenan, 49 Jahre alt, erinnert sich an frühere Zeiten: „Da ging es noch gemütlicher am Band
her. Wo früher an einem Band drei Fertigmacher waren, sind heute an zwei Bändern vier. Hin und wieder
kommt der Refa-Mann mit der Stoppuhr und beobachtet uns heimlich. Aber den kenne ich schon. Dann weiß
10 ich, bald wird wieder jemand eingespart oder es kommt Arbeit dazu." Aber J. beklagt sich nicht. „Man
gewöhnt sich daran. Hauptsache, ich bin noch gesund. Und jede Woche ein paar Flaschen Bier." Jeden Tag,
nach Schichtende, 23.40 Uhr, setzt er noch ein paar Überstunden dran und kehrt mit zwei andern unseren
Hallenabschnitt aus.
Einer von meinem Bandabschnitt erzählt, wie der dauernde Schichtwechsel am Band „langsam aber sicher"
15 seine Ehe kaputt mache. Er ist jungverheiratet – ein Kind – seit zwei Monaten neu am Band. „Wenn ich nach
Hause komme, bin ich so durchgedreht und fertig, daß mich jeder Muckser vom Kind aufregt. Für meine
Frau bin ich einfach nicht ansprechbar. Ich sehe es kommen, daß sie sich noch scheiden läßt. Bei der Spätschicht ist es am allerschlimmsten. Meine Frau ist jetzt für eine Zeitlang mit dem Kind zu ihrer Mutter
gezogen. Aber das ist mir fast lieber so."
20 Wer am Band mein Meister ist, weiß ich nicht. Es kam einmal jemand vorbei – an seinem hellbraunen Kittel
ein Schildchen „Meister Soundso" – und fragte nach meinem Namen. Er sagte: „Ich weiß, Sie sind neu. Ich
komme jeden Tag hier mal vorbei …"
Die vor mir am Band arbeiten und die hinter mir, kenne ich nicht. Ich weiß nicht, was die anderen arbeiten.
Manchmal begegnen wir uns am Band im gleichen Wagen. Sie sind mit der Montage an ihrem Abschnitt
25 nicht fertig geworden und in mein Revier abgetrieben worden, oder umgekehrt. Dann sind wir uns gegenseitig im Weg. Da schlägt mir einer eine Wagentür ins Kreuz, oder ich beschütte einen mit Lack, der mich ange-
stoßen hat. Entschuldigt wird sich nicht. Jeder ist so von seinen Handgriffen in Anspruch genommen, daß er
den andern einfach übersieht. Das Zermürbende am Band ist die ewige Eintönigkeit, das nicht Haltmachen
können, das Ausgeliefertsein. Die Zeit vergeht quälend langsam, weil sie nicht ausgefüllt ist. Sie erscheint
30 leer, weil nichts geschieht, was mit dem wirklichen Leben zu tun hat …   *Günter Wallraff*

c) **Fragen zum Text:**
1. Was wird in dieser Fabrik produziert? 2. Von wann bis wann dauert diese Schicht? 3. Wie
wirkt sich die Fließbandarbeit auf die im Text erwähnten Personen aus? 4. Beschreiben Sie die
Arbeitsatmosphäre.

d) **Der Text ist aus den sechziger, das Foto oben aus den neunziger Jahren. Welchen
Unterschied in den Arbeitsbedingungen können Sie erkennen? Welche Folgen hatten
die Veränderungen?**

e) **Warum hat Günter Wallraff wohl diese Arbeit am Fließband übernommen?**

f) **Haben Sie schon einmal in einer Fabrik gearbeitet oder anstrengende und monotone
Arbeiten verrichten müssen? Berichten Sie.**

▲ Phonetik

26

Interjektionen (I)

1. Tonmuster

a) Hören Sie die Interjektionen, und sprechen Sie beim zweiten Hören nach.

☐ steht für kurze Dauer   ☐ steht für längere Dauer

Die Striche in den Kästchen geben die Tonbewegung wieder:
(/ = steigend, \ = fallend, /\ = steigend-fallend, \/ = fallend-steigend, — = gleichbleibend)

1. ach	\	Ablehnung, Einschränkung	6. oh	\	_____
2. ach	\	_____	7. oh	\	_____
3. hm	—	_____	8. oh	∧	_____
4. hm	∨	Zustimmung	9. oj<u>e</u>	\	_____
5. hm	∧	_____	10. tja	\	Resignation

b) Hören Sie zu jeder Interjektion einen Beispielsatz, und ergänzen Sie oben die folgenden Bedeutungen:
Nachdenklichkeit, Bedauern, Überraschung, Überraschung/Bestürzung, angenehmes Gefühl, Enttäuschung, Bewunderung

c) Setzen Sie im folgenden Dialog die passenden Interjektionen ein.
(Hans trifft Karl, einen alten Bekannten, auf der Straße.)
1. H.: _____, Karl, dich hab' ich ja lange nicht gesehen. Wie geht's denn?
2. K.: Nicht so toll. Ich bin seit drei Monaten arbeitslos.
3. H.: _____, das hab' ich nicht gewusst.
4. K.: Und dann hat sich meine Frau letzte Woche auch noch den Arm gebrochen.
5. H.: _____, dich hat's aber hart getroffen. Und was machst du jetzt, ich meine mit der Arbeit?
6. K.: _____, über das Arbeitsamt finde ich nichts. Hast du vielleicht eine Idee?
7. H.: _____, ich überlege gerade. Würdest du auch was weiter weg annehmen?
8. K.: _____.
9. H.: Auch in Stuttgart?
10. K.: Stuttgart? Nein, das ist mir ehrlich gesagt zu weit weg.
11. H.: _____, dann weiß ich leider auch nichts.

d) Hören Sie den Dialog in c) und korrigieren Sie eventuell Ihre Einträge.

e) Lesen Sie den Dialog mit verteilten Rollen vor. Achten Sie auf die Tonmuster der Interjektionen.

2. Empfindungswörter

a) Lesen Sie das Gedicht leise.

b) Überlegen Sie sich für jede Zeile einen Kontext (z. B. einen Kurzdialog). Wie muss das Tonmuster der Interjektion bei dieser Bedeutung sein?

c) Hören Sie jetzt das Gedicht vom Band, und diskutieren Sie die Bedeutung der Interjektionen.

d) Wiederholen Sie a) mit dem Namen von Bewohnern anderer Länder.

> **empfindungswörter**
>
> aha die deutschen
> ei die deutschen
> hurra die deutschen
> pfui die deutschen
> ach die deutschen
> nanu die deutschen
> oho die deutschen
> hm die deutschen
> nein die deutschen
> ja ja die deutschen
>
> R. O. Wiemer

Grammatik

Maskuline Nomen auf -(e)n im Plural und Sonderformen im Singular

1. Berufswünsche

a) Unterstreichen Sie die Nomen, die auf -(e)n enden, und ergänzen Sie die Tabelle unten wie im Beispiel.

Der Wunsch fast jedes kleinen Jungen ist es, später einmal Lokomotivführer oder Rennfahrer zu werden. Felix aber sah sich am liebsten als Astronauten zum Mond fliegen oder als Meeresbiologen die Tiefen der See erforschen. Als er etwas größer wurde, träumte er vom Beruf des Pressefotografen. Er sah sich auf dem ganzen Planeten herumreisen und Fotos bei Festessen in der Residenz eines Präsidenten oder eines hohen Diplomaten
5 machen. Seine Eltern ließen ihm seine Träume. Als dann die Zeit der Berufswahl näher kam, deuteten sie an, dass sie ihn sich als Höheren Angestellten, Beamten oder auch als Juristen vorstellen könnten. Felix aber begann, nach und nach seine Liebe zum Beruf des Journalisten zu entdecken. Obwohl er erst 16 Jahre alt war, erschienen im Sportteil der Lokalzeitung schon Artikel des engagierten Gymnasiasten. Als er sich dann nach dem Abschluss des Gymnasiums um die Stelle eines Praktikanten in Heidelberg bewarb, hatte er Glück und wurde genommen.

-ist: *Jurist*	-ent: _____	-et: _____	-af: _____
-ast: _____	-ant: _____	-at: _____	-oge: _____
			-aut: _____

b) Sammeln Sie weitere Nomen mit diesen Endungen, und vergleichen Sie.
c) Ergänzen Sie die Endungen.

Wie heißt	der Junge?	**Nominativ**	Die meisten maskulinen Nomen auf -(e)n im Pural
Fragen Sie doch	den Junge___!	**Akkusativ**	haben außer im Nominativ auch -(e)n im Singular,
Sprechen Sie mit	dem Junge___!	**Dativ**	z. B. den/dem/des Herrn, Bauern, Nachbarn, Kollegen,
Wer sind die Eltern	des Junge___?	**Genitiv**	Neffen, Kunden, Polen …, Löwen …, Juristen …
			Aber: den/dem Namen – des Namens

d) Was wollten Sie als Kind werden? Was ist heute Ihr Traumberuf? Nennen Sie Gründe.

Nomen aus Adjektiven und Partizipien

2. Arbeitslosigkeit

a) Sammeln Sie Nomen aus Adjektiven und Partizipien, die Endungen wie Adjektive haben, und vergleichen Sie.
Beispiel: der/die Angestellte – ein Angestellter – eine Angestellte
Ebenso: der/die Kranke, Angehörige, Arbeitslose, Bekannte, Deutsche, Erwachsene, Fremde, Jugendliche, Selbständige, Tote, Verlobte, Verwandte … *Aber:* der Beamte – die Beamtin

b) Ergänzen Sie die Endungen der Nomen
1. Die gegenwärtige Arbeitslosigkeit ist besonders für Jungendlich__ sehr schlimm, denn sie bekommen im Gegensatz zu den älteren Arbeitslos__ nur wenig oder kein Arbeitslosengeld, weil sie noch nicht lange berufstätig waren. 2. Für die Jung__ ist es allerdings in der Regel leichter, wieder eine Beschäftigung zu finden, dagegen sind die meisten älteren Arbeitslos___ Langzeitarbeitslos__. 3. Sie bekommen nach einem Jahr meist nur noch Arbeitslosenhilfe. Wenn ein Langzeitarbeitslos__ als Selbständig__ oder Angestellt__ etwas verdient oder von Fremd__ freiwillig Geld bekommt, wird das von der Arbeitslosenhilfe abgezogen. 4. Nworah hat von Herr__ Treiber erfahren, dass seine Firma alle Beschäftigt__ entlassen musste. 5. Herr Treiber wünscht sich jetzt, dass er Beamt__ geworden wäre, weil der Staat seine Beamt__ nicht entlassen kann.

Trennbare und untrennbare Verben
(Wiederholung und Erweiterung)

3. Übersicht: Wortakzent bei Verben

a) Unterstreichen Sie den Wortakzent wie im Beispiel.

hier
trennbar

immer
untrennbar

hier
untrennbar

Sie be<u>su</u>cht ihn.
Sie emp<u>fiehlt</u> es ihm.
Sie ent<u>schul</u>digt sich.
Sie er<u>klärt</u> es ihm.
Sie ge<u>fällt</u> ihm.
Sie hinter<u>geht</u> ihn.
Sie miss<u>ach</u>tet* ihn.
Sie ver<u>gisst</u> ihn.
Die Beziehung zer<u>bricht</u>.

_____
*miss- kann auch betont sein,
z. B. missverstehen

Er **durch**qu<u>e</u>rt die Sahara.
Er **über**setzt den Brief.
Er **unter**schreibt den Scheck.
Er **um**fährt die Stadt.
Er **wieder**holt seine Bitte.
Er **wider**spricht seinem Vater.

Sie **fällt**   **durch.**
Er **tritt**   zum Islam **über.**
Sie **bringt**   die Gäste **unter.**
Es **fällt**   immer   **um.**
Sie **holt**   den Ball   **wieder.**
Der See **spiegelt** die Lichter **wider.**

Trennbare Verbteile haben immer den Wortakzent.
Aber: **Un**betont – das ist ganz klar –
     sind Verbzusätze **un**trennbar. (Lernhilfe: **un → un**)

durch, über, unter, um und wi(e)der –
das trennen wir nur hin und wieder.

Adjektiv
Adverb

immer
trennbar

immer
trennbar

Präposition
her/hin

immer
trennbar

Sie steigt   <u>ein</u>.
Sie hält   sich **fest.**
Sie fährt   **fort.**
Sie nimmt   **teil.**
Sie bleibt   **übrig.**
Sie läuft   **weg.**
Sie geht   **weiter.**
Sie fährt   **vorbei.**
Sie kehrt   **zurück.**
Sie fasst   **zusammen.**

Er fährt   <u>ab</u>.
Er kommt   **an.**
Er springt   **auf.**
Er bessert   **aus.**
Er tritt   **bei.**
Er redet   **mit.**
Er sieht   **nach.**
Es geht   **vor.**
Er hört   **zu.**

Sie gibt   es **h<u>e</u>r.**
Sie holt   es **heraus.**
Sie kommt   **herein.**
Sie kommt   **herüber.**
Sie nimmt   es   **herunter.**
Sie holt   es   **hervor.**
Sie sieht   nicht   **hin.**
Sie trägt   es   **hinein.**
Sie bringt   es   **hinauf.**
Sie geht   **hinaus.**
Sie fährt   **hinunter.**

Trennbar sind die meisten Präpositionen, *her-* und *hin-* sowie Adjektive und Adverbien.

b) Kurze Formengymnastik: Markieren Sie den Wortakzent, und ergänzen Sie die Verben im Präsens und im Perfekt in den richtigen Spalten wie im Beispiel.

verschwinden, umsteigen, wiedererkennen, zusammenstoßen, hinfahren, durchqueren, anbieten, unterschreiben, überlegen, teilnehmen

trennbar		untrennbar	
Präsens	**Perfekt**	**Präsens**	**Perfekt**
Sie steigen um.	*Sie sind umgestiegen.*	*Sie verschwinden.*	*Sie sind verschwunden.*
Sie	*Sie*	*Sie*	*Sie*
Sie	*Sie*	*Sie*	*Sie*
Sie	*Sie*	*Sie*	*Sie*
Sie	*Sie*	*Sie*	*Sie*

> Das Partizip Perfekt der untrennbaren Verben bildet man **ohne ge–**: Sie hat ihn besucht.
> Das Partizip Perfekt der trennbaren Verben bildet man **mit ge–**: Er ist <u>an</u>gekommen.
> Das Partizip Perfekt einiger trennbarer Verben bildet man **ohne ge–**: Sie hat ihn <u>wiedererkannt</u>.

4. Studiermöglichkeiten

Bilden Sie aus den Infinitiven passende Verbformen, und ergänzen Sie sie.

1. Das Praktikum von Felix bei der Rhein-Neckar-Zeitung geht bald zu Ende.

2. Er hat sich inzwischen ..., seine journalistische Ausbildung (entschließen) *entschlossen*
mit einem Studium ... (fortsetzen) *fortzusetzen*

3. Er hat sich nach dem Studium im Fach Journalistik ... (erkundigen) _____
und ..., dass der Diplom-Studiengang Journalistik nur an vier (feststellen) _____
Universitäten in Deutschland ... wird. (anbieten) _____

4. Nachdem er die Termine für die Aufnahmeprüfungen ... hatte, (herausfinden) _____
hat er seine Bewerbungsunterlagen ... (zusammenstellen) _____

5. Zufällig ist er dann einem Freund ..., der in Leipzig an der (begegnen) _____
Aufnahmeprüfung ... hatte. (teilnehmen) _____

6. Er hat ihn natürlich genau über alle Einzelheiten ... (ausfragen) _____

7. Im schriftlichen Test mussten Antworten ... oder (ankreuzen) _____
Fragen ... werden. (zuordnen) _____

8. Außerdem musste ein Text ins Englische ... werden, und ein (übersetzen) _____
deutscher Text musste ... werden. (überarbeiten) _____

9. Nachdem die Ergebnisse schließlich ... worden waren, wurde (auswerten) _____
etwa der Hälfte der über 300 Bewerber ..., dass sie die (mitteilen) _____
schriftliche Prüfung nicht ... hatte. (bestehen) _____

10. Mit den Übrigen hatten sich dann je drei Prüfer ca. 20 Minuten ... (unterhalten) _____

11. Insgesamt waren nur etwa 60 ... worden. (aufnehmen) _____

12. Obwohl sich der Freund von Felix gut auf diese Prüfung ... hatte, (vorbereiten) _____
war er auch ... (durchfallen) _____

13. Sein Bericht hatte Felix zunächst ziemlich ..., aber dann hat er (entmutigen) _____
doch seine Unterlagen an alle drei Universitäten ... und hofft, (abschicken) _____
etwas mehr Glück zu haben.

Grammatik

Mehrteilige Verbindungselemente

5. Neue Arbeitsformen: Jobsharing

a) Unterstreichen Sie die folgenden mehrteiligen Elemente, die Satzteile verbinden.

sowohl ... als auch *nicht nur ... sondern auch*	*entweder ... oder* *teils ... teils*	*zwar ... aber* *weder ... noch*

1. Herr und Frau Kirner teilen sich in ihrer Firma eine Stelle. 2. Das ist für beide günstig, weil weder sie noch er den Beruf ganz aufgeben muss. 3. Aber nicht nur für die Eltern ist das günstig, sondern auch für die Kinder, weil entweder der Vater oder die Mutter zu Hause ist. 4. Die Kirners teilen sich sowohl die Berufsarbeit als auch die Arbeit im Haushalt. 5. So werden z. B. die Putzarbeiten teils von ihm, teils von ihr gemacht. 6. Sie haben zwar jetzt weniger Geld, aber mehr Zeit.

b) Übersicht: Ergänzen Sie die in a) unterstrichenen mehrteiligen Elemente, die Satzteile verbinden.

1. Sowohl Herr Kirner _____ _____ seine Frau ... 2. Nicht nur Herr Kirner, _____ _____ seine Frau ... 3. Entweder er _____ sie ... 4. Weder er _____ sie ... 5. Teils er, _____ sie ... 6. Zwar haben sie mehr Zeit, _____ auch weniger Geld.	Er **und** sie Er und **sie** **Einer** von beiden **Keiner** von beiden Manchmal er, manchmal sie = Einschränkung

6. Telearbeit – die Arbeitsform der Zukunft?

a) Ergänzen Sie die zweiteiligen Elemente, die Hauptsätze verbinden.

entweder ... oder, teils ... teils, weder ... noch, zwar ... aber

1. Man arbeitet ... nur zu Hause, ... (man) geht an bestimmten Tagen in die Firma.   _____ _____

2. Man braucht ... lange Anfahrtszeiten ... benötigt man teuren Büroraum.   _____ _____

3. Die Firma hat ... zunächst höhere Kosten, ... Telearbeit hat auch viele Vorteile.   _____ _____

4. ... loben die Telearbeiter die flexiblen Arbeitszeiten, ... kritisieren sie die schlechtere Bezahlung.   _____ _____

b) Schreiben Sie die Sätze aus a) in eine Tabelle wie unten, und variieren Sie jeweils den ersten Satz wie im Beispiel.

Position 0	Vorfeld	V1	Mittelfeld	V2
	Man	arbeitet	entweder nur zu Hause, /	
	Entweder	arbeitet	man nur zu Hause,	
oder	(man)	geht	an bestimmten Tagen in die Firma.	

c) Unterstreichen Sie in Ihrer Tabelle die zweiteiligen Verbindungselemente. Wo können sie stehen? In welcher Position stehen *oder* und *aber*?

d) Verbinden Sie die folgenden Hauptsätze durch Verbindungselemente wie in a).

1. Viele Männer würden gern eine Telearbeit übernehmen. Ihre Firma ist dagegen. 2. Mütter von kleinen Kindern können nicht Vollzeit arbeiten. Sie können keine festen Arbeitszeiten akzeptieren. 3. Als Telearbeiterinnen können sie einen Teil der Arbeit morgens erledigen. Sie können auch abends arbeiten, wenn die Kinder schlafen. 4. Sie arbeiten für ein höheres Familieneinkommen. Sie wollen auch mit Kindern im Berufsleben bleiben.

Kommunikationszentrum

Arbeitswoche einer Telearbeiterin

Frau Mol ist verheiratet und hat zwei kleine Kinder im Alter von zwei und drei Jahren.

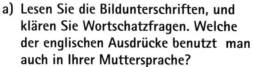

a) Lesen Sie die Bildunterschriften, und klären Sie Wortschatzfragen. Welche der englischen Ausdrücke benutzt man auch in Ihrer Muttersprache?

b) Beschreiben Sie den Tagesablauf von Frau Mol in einem fortlaufenden Text. Verwenden Sie statt der Uhrzeiten möglichst andere textverbindende Elemente, z. B.
anschließend, am frühen Vormittag, etwas später, nach dem Essen ...

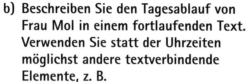

c) Welche Arbeiten können bzw. müssen vormittags und abends am Computer erledigt werden?
Beispiel: Montags morgens nach dem Kaffeetrinken muss als Erstes nachgesehen werden, ob Briefe von Kunden oder Kollegen eingegangen sind. Sie müssen dann sofort beantwortet werden.

d) Rollenspiel (zu Bild „Montag, 9.30h"): Erfinden Sie einen Dialog auf dem Spielplatz zwischen dem Vater eines zweijährigen Kindes und Frau Mol, in dem es unter anderem um die beruflichen Tätigkeiten geht.

e) Streitgespräch:
Übernehmen Sie die Rollen von Herrn und Frau Mol. Er ist nicht einverstanden mit ihrer neuen Arbeit. Sie verteidigt sie.

f) Interview:
Fragen Sie Frau Mol nach ihren Erfahrungen als Telearbeiterin.

g) Diskussion:
Diskutieren Sie Vor- und Nachteile der Telearbeit für Mütter mit kleinen Kindern sowie andere Möglichkeiten, Kinder und Beruf zu vereinbaren.
(KT1 leitet die Diskussion im Plenum, KT2 macht sich Notizen zu den wichtigsten Punkten und fasst das Diskussionsergebnis am Ende kurz zusammen.)

h) Kommentar:
Würden Sie gerne Telearbeit machen? Warum (nicht)?

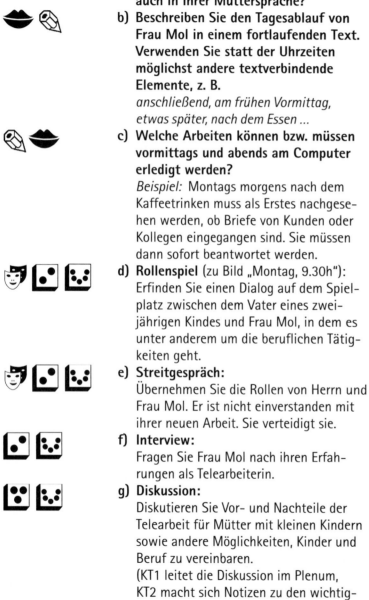

MONTAG

7.30 h — Nach dem Kaffee: checken, ob E-Mails von Kunden oder Kollegen da sind, gleich antworten

9.30 h — Zeit für die Familie: mit den K[...] spielen, spazierengehen, sich anderen Müttern treffen. Na[...] kann's mit der Arbeit weiterg[...]

DIENSTAG

7.30 h — Termin in der Firma: Vorher kommen die Kinder zur Tagesmutter

8.30 h — Abteilungs-Meeting: einmal wöchen[...] mit Kollegen Probleme besprechen, Vorschläge für neue Firmenkonzepte diskutieren und Aufgaben verteilen

MITTWOCH

8.00 h — Datenabruf am Zentralrechner der Firma

9.00 h — Abstimmung mit Firmenkollegen: Lieferfristen, Termine und aktuelle Preise vereinbaren, neue Vertragsformulare erarbeiten

DONNERSTAG

7.30 h — Routinearbeit: speichern auf Disks

8.30 h — Vor dem Meeting: Kinder abliefern

9.30 h — Kundengespräch: z. B. am tra[...] Computer Kalkulationen und Angebote präsentieren, Kon[...] vereinbaren, Zahlungstermin[...]

FREITAG

8.00 h — Vor dem Wochenende: wichtige Kundentelefonate führen, mit den Kollegen Aufträge und Termine abstimmen, die Ablage erledigen

| 13h | 14h | 15h | 16h | 17h | 18h | 19h | 20h | 21h | 22h | 23h |

12.00 h
Statt abends nach der Arbeit: Hausputz & Co. können zwischendurch erledigt werden

14.30 h
Wieder am PC: einloggen in den Zentralrechner der Firma, Datenübertragung, eilige Aufträge bearbeiten

16.30 h
Fitnesspause: zwischendurch Energie tanken, z. B. bei Aerobic, Jazzdance oder Gymnastik

19.30 h
Ohne Hektik im Home-Office: Faxe von Kunden lesen, Unterlagen für das Meeting vorbereiten, Folien für die Präsentation entwerfen und drucken

12.30 h
Einkaufen ohne Zeitdruck: in Ruhe nach günstigen Angeboten suchen, Preise vergleichen, sich von Verkäufern beraten lassen

16.00 h
Check-up der E-Mails: Anfragen werden online beantwortet. Zwischendurch eine kleine Yogapause

18.30 h **19.00 h**
Kunden-Service: Angebote erarbeiten, Konditionen und aktuelle Daten zusammenstellen, Unterlagen sichten, Dokumente ausdrucken

12.00 h
Kinderbesuch! Kein Problem. Zum Kochen ist Zeit genug

14.00 h
Datenaustausch: Firmenkollegen übertragen neue Software

15.30 h
Spiel & Spaß, Internet-Surfen inklusive

16.30 h **17.30 h**
Kinobesuch am Nachmittag: warum nicht? Das lässt sich ohne weiteres mit dem Timing vereinbaren

20.00 h
Nachtschicht: z. B. wenn am nächsten Tag ein wichtiger Kundenbesuch ansteht. Angebote, Statistiken lesen

13.00 h **14.00 h**
Nach dem Meeting: Kinder abholen

Shopping-Time: in aller Ruhe nach Schnäppchen suchen, wichtige Einkäufe und Besorgungen erledigen

17.00 h
Mal raus an die frische Luft: Vor der „Spätschicht" im Home-Office kommt ein Familienspaziergang

20.00 h
Konzentriertes Arbeiten: z. B. Gesprächsprotokolle vom Kundenbesuch in den PC übertragen

13.00 h
Zeit für ein Tennisspiel mit Freunden: nachmittags, wenn andere noch arbeiten, ist die Platzmiete um einiges günstiger

18.30 h
Zeitverschiebung: Anrufe in die USA werden erledigt, Faxe geschickt

SO KANN EINE ARBEITSWOCHE IM HOME-OFFICE AUSSEHEN

Aktivitäten

1. Projekte

a) In Ⓓ Ⓐ ⒸⒽ: **Gewerkschaften.** Laden Sie jemanden von einer Gewerkschaft in den Unterricht ein, und befragen Sie ihn über gewerkschaftliche Ziele und Aufgaben.

b) **Informationsgespräch:** Laden Sie Studierende aus Ⓓ Ⓐ ⒸⒽ in den Unterricht ein, und befragen Sie sie über die akademische Ausbildung (Studienbedingungen in Ⓓ Ⓐ ⒸⒽ, Probleme, Wünsche, persönliche Studienziele sowie die beruflichen Pläne nach Abschluss des Studiums). Vergleichen Sie jeweils mit der Situation in Ihrem Heimatland.

c) In Ⓓ Ⓐ ⒸⒽ: **Arbeitslosenversicherung.** Besorgen Sie sich (z. B. auf Arbeitsämtern) Informationen über die finanzielle Absicherung von Arbeitslosen. Berichten Sie darüber, und vergleichen Sie mit der Situation im Heimatland.

2. Spiele und Aufgaben

a) **Beruferaten:** Alle bekommen von L eine Karte mit einer Berufsbezeichnung. Jeweils zwei KT versuchen, durch möglichst wenige Fragen herauszubekommen, welchen Beruf der Partner/die Partnerin hat, z. B.: *Ist das ein Beruf, der handwerkliche Fähigkeiten verlangt?* Alle Fragen dürfen nur mit *ja* oder *nein* beantwortet werden. Wer die wenigsten Fragen benötigt hat, um den Beruf zu erraten, hat gewonnen.

Pantomimisches Beruferaten: Freiwillige stellen pantomimisch eine berufliche Tätigkeit vor. Die Gruppe muss den Beruf und die dargestellte Tätigkeit der Person raten, z. B.: *Ich glaube, dass das ein Arbeiter ist, der am Fließband arbeitet.*

c) **Abkürzungen:**
Wer als erster die meisten der Abkürzungen identifiziert hat, hat gewonnen und liest vor.

> Prof. • Dipl.-Ing. • Dr. • Kto. Nr. • BLZ • d. h. • vgl. • s. o. • bzw. • usw. • z. T. • m. E. • z. H. • i. A.

3. Sprichwörter

Bringen Sie die Teile der folgenden Sprichwörter in die richtige Reihenfolge, schreiben Sie sie zu den Erklärungen unten, und vergleichen Sie.

ist aller Laster Anfang • Morgenstund • Wer rastet • Müßiggang • Erst die Arbeit • Morgen, morgen, nur nicht heute • Ohne Fleiß • kein Preis • der rostet • dann das Vergnügen • hat Gold im Mund • sagen alle faulen Leute

1. Wer nicht arbeitet, wird unbeweglich. _____
2. Frühmorgens ist die beste Arbeitszeit. _____
3. Ohne Arbeit bekommt man keinen Lohn. _____
4. Zuerst muss man etwas leisten, dann kann man sich vergnügen. _____
5. Mit dem Nichtstun fangen alle Probleme an. _____
6. Faule verschieben die Arbeit immer auf später. _____

4. Ausge Ⓓ Ⓐ ⒸⒽ te Geschichten

Ihre ausge Ⓓ Ⓐ ⒸⒽ te Person hat eine neue Arbeitsstelle angenommen und verdient jetzt besser. Sie stellt immer mehr fest, dass der Wechsel ein Fehler war. Warum?

5. Hörspiel: Ein Mörder wird reingelegt (Kurzkrimi)
Hören Sie den Kurzkrimi, und erfinden Sie den fehlenden Schluss. Einige KT tragen ihre Lösungen vor. Hören Sie den Text mit dem Originalschluss.

Eine Fremdsprache lernen (XII)

Selbstkorrekturen bei schriftlichen Textwiedergaben

I. Vor dem Schreiben

a) Was sind Ihre größten Probleme bei der Textproduktion? Berichten Sie.

b) Wie teilen Sie sich das Blatt auf (Rand, freie Zeilen)? Machen Sie Vorschläge, und begründen Sie sie.

c) Achten Sie beim Schreiben nach Möglichkeit auf

• das richtige <u>Tempo</u>s	(Keine beliebige Mischung von Präsens, Präteritum und Perfekt! Bei Vorzeitigkeit: Plusquamperfekt!)
• die richtigen <u>Po</u>sitionen im Satz	(Position der Satzteile und Verben)
• die Verwendung <u>kom</u>plexer Sätze	(Nicht nur Hauptsätze aneinander reihen!)
• Variationen im <u>Vor</u>feld	(Nicht immer mit dem Subjekt beginnen!)
• <u>Ana</u>phorik	(Möglichst keine wörtlichen Wiederholungen in aufeinander folgenden Sätzen; stattdessen Pronominalisierung oder alternative Formulierungen!)

Fügen Sie die unterstrichenen Wortteile oben in den folgenden Merkspruch ein:

> **T e m p o, _ _ _ (m) _ _ _, _ _ (n) _!**

Kinder könnten sich diesen Satz beim Versteckspielen zurufen.

Überprüfen Sie Ihre Texte anhand dieses Merkspruchs, bevor Sie sie abgeben.

II. Korrektur von Fremdtexten

L zeigt über OHP/ an der Tafel fehlerhafte Teile aus verschiedenen KT-Texten. Die KT schreiben sich korrekte Alternativen auf, vergleichen und besprechen sie im Plenum.

III. Korrektur von Eigentexten

a) Versuchen Sie, anhand des (fotokopierten) Originaltextes Ihre Fehler zu finden. Streichen Sie Falsches sauber mit farbigem Stift durch, und schreiben Sie jeweils das ganze Wort bzw. den ganzen Satz korrigiert an den Rand oder auf die freien Zeilen.

b) Tragen Sie Zahl und Art der gefundenen Fehler in eine Fehlerstatistik ein wie unten. Geben Sie Ihren Text dann L zur Kontrolle, der die Statistik ergänzt.

	I	Ws	Sb	V	T	Präp	Adj	Art	Ana	O	Gr	Note
Eigenkorrektur												
L–Korrektur												

I = Inhalt, Ws = Wortschatz, Sb = Satzbau, V = Verb, T = Tempus, Präp = Präposition, Adj = Adjektiv, Art = Artikel, Ana = Anaphorik, O = Orthografie, Gr = alle weiteren Grammatikfehler

An der Zahl der Fehler erkennen Sie Ihre Schwächen und an den Fehlerstatistiken Ihren Lernfortschritt.

IV. Diskussion

a) Diskutieren Sie Vor- und Nachteile von Selbstkorrekturen vor der Abgabe eines Textes.

b) Halten Sie das Neuschreiben des korrigierten Textes für wichtig? Warum (nicht)?

Engagement

Situationen – Texte – Redemittel

1. Mitmachen statt zusehen

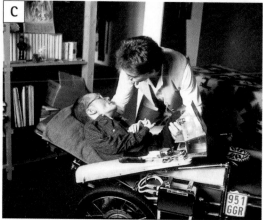

a) Lesen Sie, und klären Sie den Wortschatz.

ZUM BEISPIEL

EHRENAMT

- Auslandseinsatz für einen Friedensdienst
- Chor leiten
- Dorffest vorbereiten
- Freiwillige Feuerwehr
- Ferienbetreuung
- Gemeinderatsmitglied
- Hausaufgabenbetreuung
- Jugendvertretung im Betrieb
- Übungsleiterin/Übungsleiter im Sportverein
- Mitteilungen des Vereins drucken
- Naturschutzprojekte
- Pfarrbücherei leiten
- Schöffe bei Gericht
- Telefonseelsorge
- Vereinsposten übernehmen
- Wachdienst bei der DLRG
- Zeltlagerbetreuung

Rund zwölf Millionen Deutsche sind freiwillig aktiv. Ihre unentgeltliche Arbeit hat einen Wert von 48 Milliarden Mark.

Rund 23 Prozent der unter 25-Jährigen engagieren sich für andere.

In den 85 000 Sportvereinen arbeiten fast 2,6 Millionen Menschen als Trainer, Schriftführer oder in einer anderen Helferfunktion.

b) Sammeln Sie Verben und Ausdrücke, die zu *Engagement* passen.

Engagement

sich einsetzen für jemanden/etwas

etwas tun für jemanden/etwas

ein Projekt/eine Aktion durchführen

c) Nennen Sie Bereiche, für die sich Menschen in Ihrem Land engagieren. Benutzen Sie dabei den Wortschatz aus a) und b).

Ein Haus in Heidelberg
Jan war mit einer Freundin auf einer
Umweltveranstaltung und erzählt
den anderen am Abend davon.

2. Pro und kontra Umweltengagement

a) Hören Sie den Dialog, und ergänzen Sie anschließend die Partikeln *also, denn, doch, eigentlich, etwa, ja, und.* **Lesen Sie ihn dann mit verteilten Rollen.**

Jan: ... heute war ich mit Lisa bei einer Kontaktgruppe von „Rettet eure Umwelt!", und da habe _____ 1.
ich mich spontan entschlossen, bei denen Mitglied zu werden.

Philipp: Wer ist ... Lisa? _____ 2.

Tobias: Lass ihn ... mal von seinem Umweltverein erzählen! _____ 3.

Philipp: Ehrlich gesagt, kann ich das Wort Umweltschutz bald nicht mehr hören. Alle reden darüber,
aber ich fänd's besser, wenn mehr konkret getan würde.

Jan: ... wer soll mehr tun? _____ 4.

Philipp: Na, der Staat natürlich. Dafür zahlen wir ... schließlich Steuern. _____ 5.

Jan: Der tut ... auch was, aber für die Umwelt sind ... nicht immer nur die anderen verantwortlich, _____ 6./7.
sondern jeder Einzelne.

Philipp: Das sind alles solche Sprüche. Sag ... mal ehrlich, wie kann man als Einzelner was verändern? _____ 8.

Jan: Bestimmt nicht, indem man gar nichts tut.

Philipp: Tue ich ... nichts? Ich spare Wasser und Strom, sortiere Müll, fahre mit dem Rad _____ 9.
statt mit dem Auto...

Jan: Okay, okay, aber das rettet ... die Umwelt nicht. _____ 10.

Philipp: Wer sagt ..., dass die gerettet werden muss? Das ist alles nur Panikmache von ein paar _____ 11.
grünen Spinnern. Wenn es so schlimm wäre, dann wäre ... von den Zuständigen schon _____ 12.
lange etwas unternommen worden. Anscheinend haben die Leute im Zeitalter der
Arbeitslosigkeit auch andere Sorgen.

Jan: Du willst also lieber warten, bis es vielleicht zu spät ist, als rechtzeitig was zu tun.

  b) Setzen Sie die Diskussion mit Argumenten für oder gegen Umweltengagement fort.

3. *beschließen, sich entschließen, sich entscheiden*

	beschließen + A/Inf. + zu *einen Beschluss fassen*	1. Durch Abstimmung nach einer Beratung/ 2. Überlegungen abschließen und bestimmen, was gemacht werden soll (Häufig im offiziellen Bereich: Das Parlament beschloss eine Steuersenkung.)
	sich entschließen + Inf. + zu *einen Entschluss fassen* *sich entschließen zu + D*	Nach genauer Überlegung bestimmen, was gemacht werden soll (im persönlichen Bereich oft synonym mit *beschließen*: Jan entschließt sich, in dieser Organisation Mitglied zu werden.)
	sich entscheiden *eine Entscheidung treffen* *sich entscheiden für/gegen + A* *sich entscheiden zwischen + D*	Nach genauer Überlegung eine von zwei oder mehr Möglichkeiten wählen (Lisa hat sich für Jan entschieden.) Gr. 1.

Ergänzen Sie am Rand das passende Verb aus der Übersicht.

1. A: Nach einem Vortrag über das Ozonloch habe ich ..., Mitglied
   in einer Umweltorganisation zu werden.
2. B: Das finde ich wirklich klasse!
3. A: Aber ich kann mich nicht ..., in welcher.
4. B: Ich finde es eigentlich nicht wichtig, wo man mitmacht,
   sondern dass man ... ..., irgendwo mitzumachen.
   Ich habe meinen ..., bei Greenpeace mitzumachen, nicht bereut.

_____

_____

_____

_____

4. *Greenpeace*: Taten statt Warten

a) **Was wissen Sie über *Greenpeace*? Sammeln Sie Informationen, und vergleichen Sie.**
b) **Lesen Sie, was eine Reporterin in einem Radiointerview mit einer Vertreterin von *Green-peace* sagt, und klären Sie Wortschatzfragen.**

1. Konfrontation durch Lösungen ist die Strategie, die noch recht neu ist, aber die schon eine ganz gute Erfolgsbilanz vorweisen kann. Mit dem FCKW-freien Kühlschrank fing es an, ne?

2. Die Ökosteuerinitiative* hat zumindest auch in dieser Richtung einiges schon mal bewegt.

* Ökosteuer ist eine Steuer, die Umweltbelastungen oder Umweltverschmutzungen ausgleichen soll.

3. Das heißt, dass die Steuerreform unter diesem ökologischen Aspekt möglich ist und dass auch der ökologische Umbau der Gesellschaft möglich ist.

4. Was heißt denn ein neuer Umgang mit Rohstoffen?

5. Die Aktion zur Solarenergie ist ein gutes Beispiel, wie man neue Strategien finden kann. Wie können die aussehen?

6. In der Solar-Kampagne haben Sie bewiesen, dass man auch ohne diese spektakulären Aktionen schnell Erfolg haben kann.

7. Sie haben bewiesen, dass man Solarenergie auch billig produzieren kann.

8. Ist der Bereich Klima der Schwerpunkt für die Zukunft?

c) **Was fällt Ihnen an der Interviewtechnik der Reporterin auf?**
d) **Hören Sie einen Ausschnitt aus einer Radiosendung über *Greenpeace*, und notieren Sie zu b) 1.– 8. wichtige Informationen.**
e) **Schreiben Sie auf der Basis der Informationen aus a) und d) einen Bericht über *Greenpeace*. Notieren Sie zuerst Gliederungspunkte, und vergleichen Sie.**
   Beispiel: 1. Allgemeine Ziele und Strategien 2. ...

Gr. 2.

5. Bildgeschichte

Erzählen Sie, was hier passiert ist. Wie kann die Geschichte enden?

6. Ich hatte einen Traum ...

a) Lesen Sie, und markieren Sie neue, für das Verständnis wichtige Wörter, die Sie nicht aus dem Kontext erschließen können.

Kürzlich träumte ich, dass Umweltschutz für uns alle nicht mehr eine lästige Notwendigkeit ist, sondern unverzichtbarer Teil eines harmonischen und ausgefüllten Lebens, dass Han-
5 deln gegen unsere Umwelt nicht mehr als kleine Sünde gilt, sondern gegen jedes moralische Empfinden verstößt – wie etwa Körperverletzung oder Diebstahl.
Auch Unternehmen und Behörden hatten in
10 diesem Traum keinen Umweltschutzbeauftragten mehr. Sparsamer Umgang mit Rohstoffen war so normal geworden wie Überlegungen zu Wirtschaftlichkeit oder Machbarkeit.
15 Die Preise für Benzin und Energie ganz allgemein erschreckten mich zuerst in meiner Traumwelt. Gewöhnte man sich jedoch daran, übten sie einen sanften und produktiven Zwang aus, Energie zu sparen in allen Lebens-
20 und Produktionsbereichen.
Solarkollektoren waren keine alternative Spinnerei mehr, und leise summende Windparks hatten so manches Kraftwerk ersetzt. Ruhig glitt ich mit einem Elektroauto durch eine
25 Landschaft, die sich sichtlich erholte von manchem Schaden durch das industrielle Zeitalter. Die Menschen, die ich in meinem Traum traf, wirkten gelassen und bescheiden. Sie schienen zu wissen, was sie zum Glück brauchen – hat-
30 ten manch sinnlosen Konsum hinter sich gebracht. Das Rad zu nehmen war ihnen mehr Luxus als die große Limousine. Und die Dinge, mit denen sie sich umgaben, waren von großer Natürlichkeit ...
35 Als ich aufwachte, hatte ich plötzlich keine Sorgen mehr um unsere Welt. Ich erzählte meinen Kindern von dem Traum. Sie waren nicht sonderlich verblüfft oder beeindruckt. Nur die Erwachsenen lächelten.

b) Warum waren die Kinder nicht sonderlich verblüfft oder beeindruckt von diesem Traum, und warum lächelten die Erwachsenen? Äußern Sie Vermutungen.

c) Schreiben Sie auf, wie Ihre Traumwelt aussehen müsste. Einige KT lesen ihre Texte vor.

d) Schreiben Sie *Ihr* Gedicht zur Natur, oder übertragen Sie eins aus Ihrer Muttersprache.

Sensible Wege

Sensibel
ist die erde über den quellen:
kein baum darf gefällt,
keine wurzel gerodet werden

Die quellen könnten
versiegen

Wie viele bäume
werden gefällt,
wie viele wurzeln gerodet

in uns

Reiner Kunze

Grüner Berg sagt mir,
Leb ohne Sprechen
Blauer Himmel sagt mir,
Leb ohne Stäubchen
Sie sagen mir,
Leb und stirb
ohne Ärger,
ohne Habsucht.
Wie Wasser
Wie Wind.

Chang Hwa Song

Gr. 3.

7. Das Freiwillige Soziale Jahr

a) Hören Sie einen kurzen Informationstext, und machen Sie sich Notizen. Geben Sie wieder, was Sie verstanden haben, und hören Sie dann noch einmal.

b) Kira, Stefan und Gudrun machen ein Freiwilliges Soziales Jahr. Welche Fragen würden Sie ihnen stellen? Schreiben Sie einige auf, und vergleichen Sie.

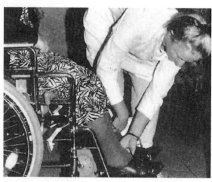

Kira

Stefan

Gudrun

c) Reduzieren Sie Ihre Fragen auf Stichwörter, und vergleichen Sie.
   Beispiel: Was haben Sie vorher gemacht? → Ausbildung, Beruf

d) Machen Sie eine Tabelle, und tragen Sie Ihre Stichwörter unter „Fragen" ein.

Fragen	Kira	Stefan	Gudrun
Ausbildung/Beruf			

e) Hören Sie die Berichte der drei jungen Leute, und tragen Sie nach jedem Text die Informationen in Kurzform in Ihre Tabelle ein. Vergleichen Sie.

f) Hören Sie jeweils noch einmal zur Kontrolle, und notieren Sie, was Sie sonst noch über die Person erfahren haben. Welche Ihrer Fragen aus b) sind unbeantwortet geblieben? Vergleichen Sie.

g) Rollenspiel: Interviewen Sie Kira, Stefan oder Gudrun anhand der Tabelle in d).

h) Würden Sie gern ein Freiwilliges Soziales Jahr machen? Warum (nicht)?

Gr. 4

8. „Einen Stein ins Wasser werfen"

a) Was könnte die junge Frau auf dem Foto (S. 111) beruflich machen? Wie könnte sie sich in ihrem Beruf für die Umwelt engagieren?

b) Was für ein Zusammenhang kann zwischen dieser Überschrift und „Engagement" bestehen?

c) Lesen Sie den Text.

Britta Steilmann ist Unternehmerin, Designerin, Marketing-Profi, Autorin, Initiatorin eines Projekts für Dakota-Indianer, Patentante von elf Indianerkindern, Sponsorin und Ex-Managerin eines Bundesliga-Fußballclubs. Sie ist im Vorstand der Deutschen Aids-Hilfe und bei den „100 Global Leaders of Tomorrow" des World Economic Forums Davos. Eine kleine Auswahl ihres professionellen und ehrenamtlichen Engage-
5 ments. Dafür erhielt Britta Steilmann viele Auszeichnungen und Preise. Im vergangenen Jahr überreichte ihr der Bundespräsident sogar das Bundesverdienstkreuz. Den Orden bekam sie wegen ihres „Einsatzes für schadstoffarme Textilien". Britta Steilmann engagiert sich seit ihrem 21. Lebensjahr für umweltverträgliche Mode. Sie versucht, ihre Kollektionen so giftfrei wie möglich zu produzieren. Bei der traditionellen Verarbeitung wird Baumwolle vor der Ernte mit Pestiziden und danach mit einer Vielzahl von Chemikalien behandelt,
10 um die Stoffe pflegeleichter und farbechter zu machen. Dabei entstehen große Mengen von giftigen Abwässern, und auch im Kleidungsstück bleiben Chemikalien zurück, die sich erst nach mehrmaligem Waschen herausspülen lassen.

Britta Steilmann will aber nicht nur giftfreie Mode in Europa, son-
15 dern sie kümmert sich auch um die Arbeitsbedingungen in den Produktionsländern und um den dortigen Umweltschutz. „It's one world" heißt das Motto ihrer umweltbewussten Modekollektion und
20 auch ihr eigenes. Sie gehört zu den privilegierten Menschen, die ihre Ideale und Ideen verwirklichen können, denn sie ist in eine der größten Textilfirmen Europas hineingeboren. Sie steht mit ihren dreißig Jahren fest auf dem Boden der Realität und weiß, dass Veränderungen nur über die Wirtschaft funktionieren. „Aber Umweltschutz schließt Profit und
25 Konsum nicht aus", sagt sie, „Unternehmer müssen Geld verdienen, Umweltschutz muss Geld bringen, sonst interessiert sich niemand dafür, und man kann nichts bewegen." Etwas bewegen und arbeiten gehört aber in ihrer Familie zum Leben. Wenn sie gefragt wird, warum sich eine Millionärstochter von früh bis spät mit Arbeit beschäftigt, dann spricht
30 sie oft von „Verantwortung" gegenüber dem Familienunternehmen, den Mitarbeitern, der Umwelt, den Schwächeren in dieser Welt und gegenü-ber der Zukunft. Das mag ein bisschen zu sehr nach großem Herzen klin-gen. „Einfach nur leben, das kann ich nicht. Ich funktioniere nur über Ideale." Die Medien bezeichnen sie oft als Revoluzzerin oder Provoka-
35 teurin. „Dabei bin ich im Grunde sehr harmoniebedürftig. Aber wenn es meine Aufgabe ist, immer wieder einen Stein ins Wasser zu werfen, damit er Wellen schlägt, die andere anstoßen – dann mache ich das eben, bis ich nicht mehr kann."

d) Unterstreichen Sie alle Internationalismen in c). Versuchen Sie, deutsche Äquivalente zu finden und Wortfamilien dazu zu bilden. Vergleichen Sie.

e) Lesen Sie die Fragen zum Text, und schreiben Sie zu den unterstrichenen Wörtern die folgenden Entsprechungen an den Rand:
Presse, Funk, Fernsehen – gegründet – Sonderstellung – herausfordernd – finanziell gefördert

1. Was hat Britta Steilmann initiiert, und wie hat sie sich da engagiert? _gegründet_

2. Was hat sie gesponsert? Wäre das bei Ihnen ungewöhnlich? Warum? _____

3. Worin besteht das Privileg von Britta Steilmann? _____

4. Als was wird sie in den Medien oft bezeichnet? Warum? _____

5. Warum wirkt sie provokativ? _____

f) Beantworten Sie die Fragen in e) mit den alternativen Formulierungen am Rand.
g) Was wäre, wenn alle Industriellen so handeln würden wie Britta Steilmann?

Wenn Du Dich nicht entscheidest, verlasse ich Dich!

Deine Demokratie

9. Politisches Engagement

Gr. 5.

a) Interesse an Politik in Ihrem Land
1. Wie hoch ist die Wahlbeteiligung bei Parlamentswahlen? Warum ist das so?
2. Haben Politikerinnen und Politiker in Ihrem Land einen guten Ruf in der Bevölkerung? Warum (nicht)?
3. Gehen Sie normalerweise zur Wahl? Warum (nicht)?
4. Würden Sie in Ihrem Land eher in die Regierungspartei oder in eine Oppositionspartei eintreten, wenn Sie sich politisch engagieren wollten? Nennen Sie Gründe.

b) Im folgenden Text geht es um Widerstand während der Hitlerzeit. Lesen Sie, wie sich die Geschwister Scholl und andere engagiert haben.

Die Weiße Rose

(Die Weiße Rose wurde zum Symbol einer Aktion, mit der einige Münchner Studenten im Jahre 1942 zum Widerstand gegen die Diktatur Hitlers aufriefen. Sie bezahlten dafür mit ihrem Leben.
Im Februar 1943 fielen sie der Gestapo in die Hände. Hans und Sophie Scholl sowie ihr Freund Christoph Probst waren unter den zum Tode Verurteilten.)

Hans Scholl   Sophie Scholl

Noch kaum sechs Wochen war Sophie in München, da ereignete sich etwas Unglaubliches an der Universität. Flugblätter wurden von Hand zu Hand gereicht, Flugblätter, von einem Vervielfältigungsapparat abgezogen.

Endlich hatte einer etwas gewagt. Sie begann zu lesen: „Nichts ist eines Kulturvolkes unwürdiger, als
5 sich ohne Widerstand von einer verantwortungslosen Herrscherclique regieren zu lassen …", Sophies Augen flogen weiter, „Wenn jeder wartet, bis der andere anfängt, dann wird auch das letzte Opfer sinnlos in den Rachen des unersättlichen Dämons geworfen sein. Daher muss jeder einzelne seiner Verantwortung als Mitglied der christlichen und abendländischen Kultur bewusst in dieser letzten Stunde sich wehren. Leistet passiven Widerstand – wo immer ihr auch seid!" …

10 Sophie kamen diese Worte seltsam vertraut vor, als seien es ihre eigensten Gedanken. Wenige Minuten später stand sie in Hans' Zimmer. Sie hatte ihren Bruder heute noch nicht gesehen und wollte hier auf ihn warten.

Endlich kam Hans.

„Weißt du, woher die Flugblätter kommen?", fragte Sophie.

15 „Man soll heute manches nicht wissen, um niemanden in Gefahr zu bringen."

„Aber Hans. Allein schafft man so etwas nicht. Allein kommst du gegen sie nicht an."

Damit hatte sich Sophie für die Mitarbeit entschieden.

Während der Semesterferien wurden die Medizinstudenten zum Lazaretteinsatz an die Ostfront abkommandiert, Hans und seine Freunde mit ihnen. Um so intensiver machten sie sich nach ihrer Rückkehr im
20 Spätherbst wieder an die Arbeit. Die Nächte verbrachten sie oft im Keller eines benachbarten Ateliers, das ihnen ein Freund zur Verfügung gestellt hatte, am Vervielfältigungsapparat.

An einem sonnigen Donnerstag, es war der 18. Februar 1943, war die Arbeit so weit gediehen, dass Hans und Sophie einen Koffer mit Flugblättern füllen konnten.

Sie waren guten Muts, als sie sich damit auf den Weg zur Universität machten, obwohl Sophie in der
25 Nacht einen Traum gehabt hatte, den sie nicht aus sich verjagen konnte: Die Gestapo war erschienen und hatte sie beide verhaftet.

Mittlerweile hatten die beiden die Universität erreicht. Rasch legten sie die Flugblätter in den Gängen der Universität aus, ehe sich die Hörsäle öffneten, und leerten den Rest ihres Koffers von der Brüstung eines oberen Stockwerks in den Lichthof hinab. In diesem Augenblick entdeckte sie der Hausmeister.
30 Damit war ihr Schicksal besiegelt. Die rasch alarmierte Gestapo nahm sie fest und brachte sie in ihr Gefängnis.

Fünf Tage später tagte der Volksgerichtshof. Die Geschwister Scholl und mit ihnen ihr Freund Christoph Probst wurden zum Tode verurteilt. Dieses Tempo hatte niemand erwartet, und erst später erfuhr man, dass es sich um ein „Schnellverfahren" gehandelt hatte, weil die Richter mit dem raschen und
35 schreckensvollen Ende dieser Menschen ein Exempel statuieren wollten.

Schon wenige Stunden nach der Verurteilung wurden Hans und Sophie zusammen mit ihrem Freund Christoph Probst durch das Fallbeil hingerichtet. Der Scharfrichter sagte, so habe er noch niemand sterben sehen. Und Hans, ehe er sein Haupt auf den Block legte, rief laut: „Es lebe die Freiheit!"

Später folgten ihnen drei weitere Freunde der Weißen Rose in den Tod: Willi Graf, Alexander Schmorell und Professor Kurt Huber.

Die Weiße Rose © 1952, 1991 by Inge Aicher-Scholl

Grammatik

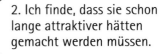

Konjunktiv II (VI) Passiv

1. Öffentliche Verkehrsmittel statt Privatauto

a) Unterstreichen Sie die Konjunktiv-II-Formen Passiv.

1. Ich fände es sinnvoll, wenn öffentliche Verkehrsmittel attraktiver <u>gemacht werden würden</u>.

2. Ich finde, dass sie schon lange attraktiver hätten gemacht werden müssen.

3. Es wäre sicher besser gewesen, wenn öffentliche Verkehrsmittel schon vor Jahren attraktiver gemacht worden wären.

4. Ich finde, dass sie heute auf jeden Fall attraktiver gemacht werden müssten.

b) Ergänzen Sie die Konjunktiv-II-Formen Passiv aus a) wie im Beispiel:

	Vergangenheit		Gegenwart und Zukunft
	... _____ gemacht _____		... gemacht _werden* würden_
Mit Modalverb	... _____ gemacht _____		... gemacht _____

* oft auch ohne _werden_

Sprechzeit

c) Lernhilfen zum Konjunktiv II Passiv

Vergangenheit ist okay mit _wäre_ plus P.P.* Bei Modalverben aber – vergiss das nie – steht immer _hätte_ + I. I.**	Bei **Gegenwart und Zukunft** – ganz primitiv – nimm _würde_ und den Infinitiv ** Bei Modalverben – das weiß groß und klein – _würde_? Danke, nein!

* P. P. hier: Partizip Perfekt <u>Passiv</u> _(gemacht worden)_
** I. I. hier: Infinitiv <u>Passiv</u> _(gemacht werden)_ (Vgl. Lektion 20, Gr. 7.)

d) Schreiben Sie _V_ für Vergangenheit und _G_ für Gegenwart und Zukunft zu den folgenden Äußerungen von Umweltschützern wie im Beispiel.

1. Ich fände es gut, wenn in den Schulen Umwelterziehung zu einem regulären Fach gemacht (werden) würde.

2. Ich finde, dass auch Kindern schon Verantwortung für die Umwelt vermittelt werden sollte.

3. Ich bin der Meinung, dass Umweltverschmutzer härter bestraft werden müssten.

4. Es wäre sinnvoller gewesen, wenn die Preise für den Nahverkehr nicht erhöht worden wären.

5. Ich meine, dass nicht so viele Straßen hätten gebaut werden sollen.

6. Wir hätten heute weniger Probleme, wenn mehr für den Klimaschutz getan worden wäre.

7. Ich meine, dass der Ausstieg aus der Atomenergie schon lange hätte begonnen werden müssen.

8. Ich würde es begrüßen, wenn weniger geredet und mehr gehandelt (werden) würde.

2. Testen Sie sich! Fünf Fragen zum Wasser- und Energiesparen

a) Kreuzen Sie an, was Sie für richtig halten. Unterstreichen Sie die Verben links, und formulieren Sie Ihre Vermutungen im Konjunktiv II Passiv rechts. (Vgl. 1.b)

1. Ein Wasserhahn hat ein Jahr lang getropft. (20 Tropfen pro Minute). Wie viel Liter Wasser <u>hätte</u> man <u>sparen können</u>? a) 4000 l ○ b) 1000 l ○ c) 2000 l ○	Ich glaube, dass <u>4000</u> Liter Wasser *hätten gespart werden können.*
2. Um wie viel Prozent könnte man die Heizkosten in einer Wohnung reduzieren, wenn man die Temperatur um ein Grad senken würde? a) 20% ○ b) 2% ○ c) 6% ○	Ich meine, dass die Heizkosten um _ _ _ _ Prozent _____ _____ _____ , wenn die Temperatur um ein Grad _____ (_____) _____ .
3. Wie viel weniger Wasser hätte man pro Tag in einem Vier-Personen-Haushalt verbraucht, wenn man geduscht statt gebadet hätte? a) 100 l ○ b) 400 l ○ c) 50 l ○	Pro Tag _____ _ _ _ _ Liter Wasser weniger _____ _____ , wenn geduscht statt gebadet _____ _____ .
4. Wie viel Prozent Benzin könnte man sparen, wenn man auf der Autobahn 100 km/h statt 120 km/h fahren würde? a) 20 % ○ b) 10 % ○ c) 5 % ○	Wenn auf der Autobahn 100 km/h _____ (_____) _____ , _____ sicher _ _ _ _ % Benzin _____ _____ .
5. Wie viel Liter Wasser würde man (pro Person) jährlich einsparen, wenn man beim Zähneputzen einen Becher benutzen würde, anstatt das Wasser laufen zu lassen? bis zu a) 5 l ○ b) 20 l ○ c) 10 l ○	Ich glaube, pro Person _____ bis zu _ _ _ Liter Wasser jährlich _____ (_____), wenn beim Zähneputzen ein Becher _____ (_____) _____ , anstatt das Wasser laufen zu lassen.
6. Um wie viel Mark könnte man die Stromkosten jährlich reduzieren, wenn man bei einem Fernseher den Strom nach der Benutzung ausschalten würde? a) 20 DM ○ b) 60 DM ○ c) 100 DM ○	Ich nehme an, dass die Stromkosten jährlich um _ _ _ _ Mark _____ _____ _____ , wenn bei einem Fernseher der Strom nach der Benutzung _____ (_____) _____ .

b) Zusammenfassende Übersicht über Konjunktiv II Aktiv und Passiv:

Vergangenheit	Gegenwart und Zukunft
Vergangenheit ist stets okay mit *hätte/wäre*[1] + **P.P.**[1] Bei **Modalverben** aber – vergiss das nie – steht immer *hätte* + **I.I.**[2]	Bei Gegenwart und Zukunft – ganz primitiv – nimm *würde* und den <u>Infinitiv</u>[2]! Bei <u>Modalverben</u>, *haben* und *sein* – *würde*[3]? Danke, nein.

[1] Passiv: <u>wäre</u> + Partizip Perfekt Passiv
         (hier: wäre <u>gespart worden</u>)
[2] Infinitiv Passiv (z. B.:   <u>gespart werden</u> –
         hier: *hätte <u>gespart werden</u> können*)
	[2] Infinitiv Passiv (z. B.: <u>gespart werden</u> –
	         hier: *würde <u>gespart werden</u>*)
	[3] bei Modalverben: (hier: *könnte <u>gespart werden</u>*)

3. Der Traum

Wie müsste sich die reale Welt verändern, damit der Traum in Text 6. Wirklichkeit (werden) würde?

27

1. Der Umweltschutz ... für niemanden mehr eine lästige Notwendigkeit ..., sondern ... unverzichtbarer Teil eines harmonischen Lebens ... — sein dürfen / sein müssen — *dürfte ... sein* _____

2. Das Handeln gegen die Umwelt ... nicht mehr als kleine Sünde ... ..., sondern ... wie Diebstahl ... ... — angesehen werden dürfen / betrachtet werden müssen _____

3. Unternehmen und Behörden ... keine Umweltbeauftragten mehr ... — haben dürfen _____

4. Sparsamer Umgang mit Rohstoffen ... so normal ... wie Überlegungen zu Wirtschaftlichkeit oder Machbarkeit. — werden müssen _____

5. Die Preise für Benzin und Öl ... niemanden mehr ... — erschrecken dürfen _____

6. Die Leute ... alle ... ..., Energie zu sparen. — gezwungen werden _____

7. Der Strom aus Kraftwerken ... durch Solarstrom oder Strom aus Windparks ... ... — ersetzt werden müssen _____

8. Statt normaler Autos ... nur noch Solarautos ... ... — gefahren werden dürfen _____

9. Die Landschaft ... ... von Umweltschäden ... — sich erholen müssen _____

10. Die Menschen ... bescheidener ... und ... nicht mehr sinnlos ... — sein müssen / konsumieren dürfen _____

11. Alle Dinge ... möglichst natürlich ... — sein müssen _____

Negationselemente

4. Engagement international: SOS-Kinderdörfer

a) Lesen Sie, und unterstreichen Sie die Negationselemente.

Im Jahr 1949 gründete der Österreicher Hermann Gmeiner das erste SOS-Kinderdorf in Tirol. Inzwischen gibt es Kinderdörfer in 125 Ländern der Welt. Sie sollen Kindern, die keine Eltern mehr haben oder um die sich keiner kümmert, ein neues Zuhause geben. Jeweils mehrere Kinder leben in Privathäusern

innerhalb eines SOS-Kinderdorfs mit einer SOS-Kinderdorf-Mutter zusammen. Sie kann natürlich niemals die eigene Mutter ersetzen, aber nirgendwo können diese Kinder so gut betreut werden wie in solchen Ersatzfamilien.

b) Welche Vor- oder Nachsilben mit kennen Sie, die eine gegenteilige Bedeutung ausdrücken? Schreiben Sie sie auf, vergleichen Sie, und nennen Sie Beispielwörter,

z. B. *-los,* _____

c) Formulieren Sie die Sätze mit den unterstrichenen Negationswörtern in a) mit folgenden Äquivalenten um: *weder Vater noch Mutter, niemand, nie, nirgends.*

d) Sagen Sie das Gegenteil, und schreiben Sie das negative Äquivalent an den Rand.

Beispiel: (In der Regel haben Kinder aus Normalfamilien <u>jemanden</u>, der sich um sie kümmert.)
→ Elternlose Straßenkinder haben <u>niemanden</u>, der sich um sie kümmert.   *niemanden* _____

1. (Sie haben so gut wie <u>alles</u>, was sie zum Leben brauchen.)   _____

2. (Sie haben <u>immer</u> genug zu essen und zu trinken.)   _____

3. (Sie haben <u>ein</u> Dach über dem Kopf.)   _____

4. (Sie fühlen sich <u>überall</u> akzeptiert.)   _____

5. (Sie sind in der Regel <u>sowohl</u> physisch <u>als auch</u> geistig normal entwickelt.)   _____

6. (Sie können meistens mit 8 Jahren <u>schon</u> lesen und schreiben.)   _____

7. (Sie sind mit 12 Jahren <u>noch</u> Kinder.)   _____

e) Ergänzen Sie die Gegenteile aus d)

niemand	→	_____	nie/niemals	→	_____
nichts	→	_____	nirgends/nirgendwo	→	_____
noch nicht	→	_____	kein_	→	_____
kein_ ... mehr	→	_____	weder ... noch	→	_____

f) Negation und Konjunktiv II. Wandeln Sie die Sätze in d) in irreale Bedingungssätze um.
Beispiel: (In der Regel haben Kinder aus Normalfamilien <u>jemanden</u>, der sich um sie kümmert.)
→ Sie können sich nicht vorstellen, wie es wäre, wenn sie <u>niemanden</u> hätten, der sich um sie kümmern würde.

5. Partikeln – *etwa* und *denn*

etwa in Ja-/Nein-Fragen drückt aus, dass man sehr erstaunt ist, etwas nicht für möglich hält und eine gegenteilige Antwort erwartet. „Glaubst du etwa, dass bei *Greenpeace* nur Spinner aktiv sind?"
Entscheidungsfragen mit *denn* drücken nicht so starkes Erstaunen aus wie mit *etwa*.

a) Lesen Sie die folgenden Fragen, und wiederholen Sie sie mit *etwa* oder *denn*. Markieren Sie die Position der Partikel durch ✔ wie in Satz 1.

○ 1. Sag mal, stimmt es,✔ dass 25 % der Weltbevölkerung 80 % der Energie verbraucht?
△ 2. Ja, wusstest du das nicht?
○ 3. Meinst du, dass das in Ordnung ist?
△ 4. Nein, natürlich nicht, aber hast du eine Lösung für das Problem?
○ 5. Willst du die ganze Industrie abschaffen?

b) Hören Sie, und sprechen Sie nach.

c) Lesen Sie, und ergänzen Sie die Partikeln *denn, doch, doch mal, einfach, etwa, ja, und.*

Philipp (P.) und Jan (J.) setzen ihre Diskussion aus a) fort.)

P: Glaubst du,✔ dass dieser Planet kurz vor der Katastrophe steht?   *denn* _____

J: Du willst sicher nicht behaupten, dass alles in Ordnung ist, oder?   _____
   Denk an das Ozonloch! Du weißt, dass es jetzt schon so groß ist   _____
   wie der nordamerikanische Kontinent.

P: Was soll man deiner Meinung nach machen?   _____

J: Das habe ich dir schon vorhin gesagt. Oder glaubst du immer noch,   _____
   dass wir abwarten können?   _____

P: Vielleicht hast du Recht.   _____

d) Hören Sie, und sprechen Sie nach.

Kommunikationszentrum

1. Bürgerinitiativen – wie sie funktionieren

a) Sehen Sie sich das Foto an. Was verstehen Sie unter „Bürgerinitiative"?

b) Lesen Sie, und klären Sie Wortschatzfragen.

Bürger können in der Politik mitreden, wenn es um ihre Interessen geht. Experten schätzen die Zahl der freien Gruppierungen (Bürgerinitiativen) in Deutschland auf zirka 60 000. Sie engagieren sich in ganz unterschiedlichen Bereichen und versuchen, die Entscheidungen der Politiker zu beeinflussen, wenn es z. B. um fehlende Spiel- oder Kindergartenplätze geht, um unsichere Schulwege, um die Verhinderung einer Mülldeponie usw.

Welche Schritte sie unternehmen, um ihre Ziele zu erreichen, wird aus dem folgenden Beispiel deutlich.

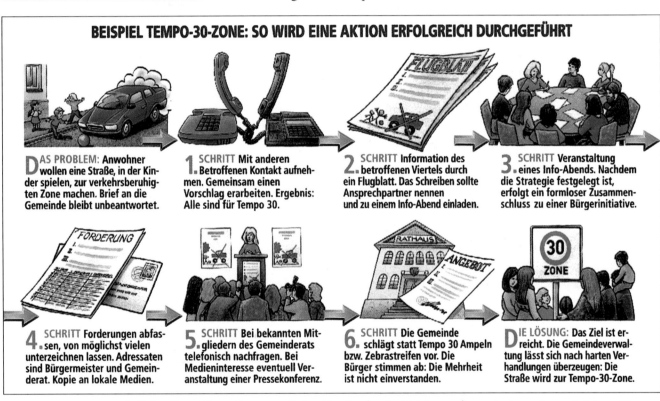

BEISPIEL TEMPO-30-ZONE: SO WIRD EINE AKTION ERFOLGREICH DURCHGEFÜHRT

DAS PROBLEM: Anwohner wollen eine Straße, in der Kinder spielen, zur verkehrsberuhigten Zone machen. Brief an die Gemeinde bleibt unbeantwortet.

1. SCHRITT Mit anderen Betroffenen Kontakt aufnehmen. Gemeinsam einen Vorschlag erarbeiten. Ergebnis: Alle sind für Tempo 30.

2. SCHRITT Information des betroffenen Viertels durch ein Flugblatt. Das Schreiben sollte Ansprechpartner nennen und zu einem Info-Abend einladen.

3. SCHRITT Veranstaltung eines Info-Abends. Nachdem die Strategie festgelegt ist, erfolgt ein formloser Zusammenschluss zu einer Bürgerinitiative.

4. SCHRITT Forderungen abfassen, von möglichst vielen unterzeichnen lassen. Adressaten sind Bürgermeister und Gemeinderat. Kopie an lokale Medien.

5. SCHRITT Bei bekannten Mitgliedern des Gemeinderats telefonisch nachfragen. Bei Medieninteresse eventuell Veranstaltung einer Pressekonferenz.

6. SCHRITT Die Gemeinde schlägt statt Tempo 30 Ampeln bzw. Zebrastreifen vor. Die Bürger stimmen ab: Die Mehrheit ist nicht einverstanden.

DIE LÖSUNG: Das Ziel ist erreicht. Die Gemeindeverwaltung lässt sich nach harten Verhandlungen überzeugen: Die Straße wird zur Tempo-30-Zone.

c) Schreiben Sie auf, was auf der Straße (erste Zeichnung) passiert, und vergleichen Sie.

d) Erzählen Sie den Vorfall als persönliches Erlebnis aus der Perspektive des Kindes, des Autofahrers oder eines Augenzeugen.

   Beispiel (Autofahrer): Also, ich bin gestern Nachmittag ganz normal durch die Schillerstraße gefahren, da ...

e) Zu welcher Abbildung passen die folgenden Sätze? Ordnen Sie 1. bis 6. zu.

1. Als Kompromisslösung schlagen wir Ihnen vor, Ampeln aufzustellen.◯ 2. Guten Tag, mein Name ist Müller. Ich hoffe, ich störe Sie nicht.◯ 3. Kommen Sie am 3. Mai um 20 Uhr in den „Goldenen Hecht".◯ 4. Guten Abend, meine Damen und Herren, ich freue mich über Ihr Interesse und danke Ihnen für Ihr Kommen.◯ 5. Haben Sie im Gemeinderat schon eine Entscheidung getroffen?◯ 6. Ich bin der Meinung, dass wir als Bürgerinitiative einen Brief an den Bürgermeister und den Gemeinderat schreiben sollten.◯

f) Sammeln Sie Redemittel zu den Aktivitäten der Bürgerinitiative 1 bis 7 unten. („Sie-Situation"). Vergleichen Sie, und ergänzen Sie sie anschließend.

Zu 1: Nachbarn anrufen

(1. Begrüßen, gesprächseinleitende Floskel äußern, nach Anwesenheit der betreffenden Person fragen, Abwesenheit bedauern, um Übermittlung einer Nachricht bitten, sich verabschieden.
2. Nochmals anrufen, Grund für Anruf nennen, sich erfreut über Zustimmung und zugesagte Unterstützung äußern.)

Zu 2: Flugblatt schreiben

(Thema, Zeit und Ort eines Informationsabends und Ansprechpartner/in nennen)

Zu 3: Informationsabend organisieren

(Leute begrüßen, Ziel und Zweck des Treffens nennen und begründen, mögliche Schritte vorschlagen, Beschluss fassen, jemanden bitten, einen Brief zu schreiben, Ablehnung begründen, Bereitschaft ausdrücken)

Zu 4: Brief schreiben

(Betreffendes Thema nennen, Forderung aufstellen, begründen, auf gesammelte Unterschriften hinweisen, Hoffnung auf positive Entscheidung ausdrücken)

Zu 5: Mitglied des Gemeinderats anrufen

(Nach Entscheidung fragen) Ansprache halten (Leute begrüßen, für Kommen danken, Problem vorstellen, Aktivitäten begründen)

Zu 6: Antwortbrief schreiben

(Vorschlag des Gemeinderats ablehnen, Gründe nennen, Forderung wiederholen, dringende Notwendigkeit betonen, Hoffnung auf Verständnis äußern)

g) Aufgaben

1. Machen Sie anhand der Bilder in b) zu den Schritten 1., 3. und 5. Rollenspiele. Benutzen Sie dabei die in f) gesammelten Redemittel.
2. Übernehmen Sie die Rolle einer Person aus der Bürgerinitiative, und schreiben Sie einen Brief an den Bürgermeister. Vergleichen Sie.
3. Bilden Sie zwei Gruppen, übernehmen Sie die Rollen von Mitgliedern der Bürgerinitiative sowie des Gemeinderats, und verhandeln Sie über die Einrichtung der Tempo-30-Zone.
4. Fassen Sie anhand der Vorgaben unten die Aktivitäten der Bürgerinitiative in einem Zeitungsbericht zusammen. Benutzen Sie möglichst Formulierungen im Passiv, und vergleichen Sie.

   1. Anfang Mai Gründung der Bürgerinitiative „Tempo-30-Zone" 2. Ziel: Schutz der Kinder vor Verkehrsgefahren 3. Sammlung von Unterschriften, zusammen mit Forderungen an den Bürgermeister 3. Alternative Vorschläge von der Gemeinde 4. Ablehnung durch Bürgerinitiative 5. Nach harten Verhandlungen Erteilung der Genehmigung für Tempo-30-Zone.

   Beispiel: Anfang Mai wurde von den Bewohnern der Schillerstraße die Bürgerinitiative „Tempo-30-Zone" gegründet, um ...

h) Wofür würden Sie sich finanziell oder mit Ihrer Arbeitskraft engagieren? Warum? Nennen Sie Gründe.

i) Schreiben Sie einen Bericht über die Aktivitäten einer engagierten Bürgergruppe in Ihrem Heimatland. Tragen Sie ihn nach Kontrolle durch L möglichst frei vor.

Aktivitäten

1. Projekte

Albert Schweitzer
(1875–1965)

a) **Engagement von Hilfsorganisationen:** Bilden Sie Teams, und schreiben Sie an Büros von *Greenpeace, SOS-Kinderdorf, Senior Expertenservice* oder anderer Organisationen in Ihrem Heimatland oder in Ⓓ Ⓐ Ⓒ︎Ⓗ (Adressen im Lösungsschlüssel), und bitten Sie um Informationsmaterial.
Berichten Sie über Ziele und Aktivitäten dieser Organisationen, und nennen Sie auch die Höhe der Mitgliedsbeiträge. Nehmen Sie Stellung dazu.

b) **Persönliches Engagement:** Informieren Sie sich über Personen, die sich in Gegenwart oder Vergangenheit für etwas engagiert haben, und stellen Sie sie vor, z. B. Mutter Teresa, Albert Schweitzer, Martin Luther King ...

c) **Engagement von Regierungen:** Informieren Sie sich in Ⓓ Ⓐ Ⓒ︎Ⓗ oder in Ihrem Heimatland über das Engagement der Regierung, in anderen Ländern zu helfen. Stellen Sie konkrete Projekte vor, und nehmen Sie Stellung dazu.

2. Spiele und Aufgaben
Flaschenpost: Beschreiben Sie die Bildfolge. Was hat der Mann jetzt vor?

3. Sprichwörter und Redensarten

a) Fügen Sie die Sprichwörter und Redensarten in den Anfang des folgenden Märchens ein.

1. Hilf dir selbst, so hilft dir Gott. 2. Jeder ist sich selbst der Nächste. 3. Dem Mutigen gehört die Welt.

Es war einmal ein alter Bauer, der seinen Besitz gerecht unter seinen drei Söhnen aufgeteilt hatte. Der Älteste war sparsam und geizig und wenn jemand in Not geraten war und ihn um Hilfe bat, sagte er: „Ich habe nichts zu verschenken." Er lebte nach dem Motto: _____
_____.

Der Zweite hatte durch mehrere schlechte Ernten seine ganzen Ersparnisse aufgebraucht und fürchtete, seinen Hof verkaufen zu müssen. Da er wusste, dass ihm niemand Geld leihen würde, sagte er sich: „_____", und fasste den Entschluss, etwas Neues zu wagen. Der Jüngste hatte sein Erbe verkauft. Er wollte sein Leben nicht in dem heimatlichen Dorf verbringen, sondern sein Glück in der weiten Welt suchen. Er sagte sich: "_____
_____" ...

b) Schreiben Sie eine der drei Lebensgeschichten zu Ende, und lesen Sie sie vor.

4. AusgeⓄ︎Ⓐ Ⓒ︎Ⓗte Geschichten

Ihre ausgeⒹ Ⓐ Ⓒ︎Ⓗte Person erfährt von einer Notsituation in der Nachbarschaft und engagiert sich spontan dafür.

5. Hörspiel: Ein Schwarzer Tag für Willi (Kurzkrimi)

Hören Sie den Kurzkrimi, und erfinden Sie den fehlenden Schluss. Einige KT tragen Ihre Lösungen vor. Hören Sie dann den Text mit dem Originalschluss.

Deutschsprachige Literatur des 20. Jahrhunderts in STUFEN INTERNATIONAL

a) Formen Sie die Informationen über eine/einen der folgenden Autorinnen/Autoren in einen Text um: Ingeborg Bachmann, Heinrich Böll, Wolfgang Borchert, Bertolt Brecht, Michael Ende, Ernst Jandl, Franz Hohler, Siegfried Lenz, Helga Novak, Christa Wolf.

Bei geschlossenen Büchern stellt jedes Team seine Person ohne Namen vor, die anderen raten den Namen.

Beispiel: X wurde im Jahre ... in ... geboren./X stammt aus ... und ist ... in ... geboren ...; X schrieb ... Bekannte Werke sind: ...; In ihrem/seinem Werk geht es um .../X befasst sich mit Themen wie ...; Zu ihren/seinen wichtigsten Werken gehören .../Bekannte Werke sind ...

A _____, *1926 Lyck (Ostpreussen); Dramen, Hörspiele, Erzählungen, Romane. Themen: Unfreiheit, Einsamkeit und Versagen. Werke: „So zärtlich war Suleyken" (Erzählungen), „Deutschstunde", „Das Vorbild" (Romane). → *Lektion 11*: „Nacht im Hotel"

B *Christa Wolf*, *1929 Landsberg/Warthe (Polen); Gedichte, Erzählungen, Romane. Themen: Menschen in der sozialistischen Gesellschaft, Teilung Deutschlands. Werke: „Moskauer Novelle", „Der geteilte Himmel", „Unter den Linden" (Erzählungen), „Nachdenken über Christa T" (Roman).

C _____, *1935 Berlin; sozialkritische Lyrik und Prosa. Werke: „ Aufenthalt in einem Irrenhaus" (Erzählung), „Margarete mit dem Schrank" (Gedichte), „Die Eisheiligen" (Roman). → *Lektion 17*: „Abgefertigt"

D _____, *1921 Hamburg, † 1947 Basel; Soldat im 2. Weltkrieg. Gedichte und Erzählungen. Themen: Elend und Einsamkeit der Kriegsgeneration. Bekannteste Erzählung: „Draußen vor der Tür". → *Lektion 23*: „Nachts schlafen die Ratten doch"

E _____, *1917 Köln, Soldat im 2. Weltkrieg, Hörspiele, Kurzgeschichten, Romane. Themen: Krieg und seine Folgen, Kritik an Gesellschaft, Politik und katholischer Kirche. 1972 Nobelpreis für Literatur. Werke: „Wo warst du Adam?", „Haus ohne Hüter", „Ansichten eines Clowns" (Romane), „Die verlorene Ehre der Katharina Blum" (Erzählung). → *Lektion 26*: „Anekdote zur Senkung der Arbeitsmoral"

F _____, *Augsburg, 1898, † 1956 Berlin; Schriftsteller und Regisseur. Gedichte, Kurzgeschichten, Dramen, Romane. 1933 Emigration in die USA, 1949 Rückkehr nach Berlin, Gründung des Berliner Ensembles mit seiner Frau Helene Weigel. Themen: Menschliche Freiheit, soziale Gerechtigkeit, Glückssuche. Werke: „Dreigroschenoper", „Mutter Courage und ihre Kinder", „Der gute Mensch von Sezuan" → *Lektion 17*: „Vergnügungen", *Lektion 21*: „Freundschaftsdienste"

G _____, *1929 Garmisch-Partenkirchen, † 1995 Stuttgart; fantastische Kindergeschichten, Märchenromane für Erwachsene. Themen: Bewusstmachung gesellschaftlicher Probleme. Werke: „Jim Knopf und Lukas der Lokomotivführer" (Kinderbuch), „Momo", „Die unendliche Geschichte" (Romane). → *Lektion 30*: Auszug aus „Momo"

H _____, *1943 Biel; Schweizer Kabarettist und Schriftsteller. Erzählungen, Gedichte, Theaterstücke, ein Roman. Werke: „Der Granitblock im Kino" (Erzählungen), „Der neue Berg" (Roman). → *Lektion 14*: „Der Verkäufer und der Elch", *Lektion 15*: „Morgen im Spital", *Lektion 25*: „Die blaue Amsel"

I *Ingeborg Bachmann*, *1926 Klagenfurt, † 1973 Rom; österreichische Autorin. Gedichte, Erzählungen, Romane. Themen: Liebe, Bedrohung, Abschied, Tod. Werke: „Die gestundete Zeit" (Gedichte), „Das dreißigste Jahr" (Erzählungen), „Malina" (Roman).

J _____, *1925 Wien, österreichischer Schriftsteller. Bekannt durch Gedichte mit akustischen und visuellen Spielmöglichkeiten; gilt als einer der führenden Vertreter der österreichischen experimentellen Literatur. Werke: „Laut und Luise", „Sprechblasen". → *Lektion 5*: „lichtung", *Lektion 15*: „fünfter sein"

b) Welche Schriftsteller/Schriftstellerinnen kannten Sie schon? Von wem haben Sie schon etwas (in Übersetzung) gelesen?

c) Informieren Sie sich in Lexika, Enzyklopädien oder anderen Nachschlagewerken über Autorinnen bzw. Autoren wie Friedrich Dürrenmatt, Max Frisch, Günther Grass, Peter Handke, Hermann Hesse, Thomas Mann, Luise Rinser sowie Anna Seghers, und stellen Sie einige in der Gruppe ähnlich vor wie oben.

d) Sollte man im Fremdsprachenunterricht literarische Texte lesen? Warum (nicht)?

Angst

Situationen – Texte – Redemittel

1. Angst hat viele Gesichter

A

B

C

D

E

F

G
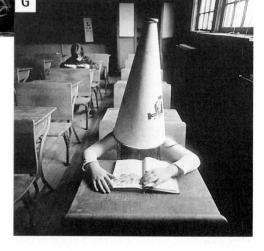

Wann hatten Sie in Ihrem Leben einmal besonders große Angst? Erzählen Sie.

2. Wortfamilien „Angst" und „Furcht"

a) Sammeln Sie Nomen, Verben und Adjektive zur Wortfamilie „Angst"/„Furcht", und bilden Sie Beispielsätze.

Furcht und Angst bezeichnen das Gefühl, von etwas Gefährlichem, Negativem bedroht zu sein. In der Allgemeinsprache benutzt man heute statt Furcht/sich fürchten überwiegend Angst/Angst haben.

b) Ergänzen Sie die folgenden Redemittel wie im Beispiel.

• Angst haben • Angst haben vor (D) • Angst haben um (A) • etwas (be)fürchten • furchtbar/fürchterlich • Furcht erregend

1. _Angst haben um (A)_
   (sich Sorgen machen um (A))

2. _____
   (das Gefühl haben, bedroht zu sein)

3. _____
   (sich von etwas Bestimmtem bedroht fühlen)

1. _____
   (Furcht hervorrufend)

2. _____
   (das Gefühl haben, dass etwas Negatives passiert/
   etwas Negatives für möglich halten)

3. _____
   (schrecklich)

* auch: Betonung der Intensität: furchtbare, fürchterliche Angst; furchtbar/ fürchterlich ängstlich, furchtbar nett

c) Ergänzen Sie die Redemittel aus b) in der Geschichte von Doris aus Tansania.

1. Als Kind spielte ich eines Tages mit meiner Freundin in unserem Garten.

2. Da schrie sie plötzlich auf, weil sie einen … Schmerz in ihrem Fuß fühlte. _____

3. Eine … große Schlange hatte sie gebissen. 4. Ich band ihr sofort mit _____
meinem Gürtel den Fuß ab, weil ich … hatte, dass sie das Gift töten würde. _____

5. Dann holte ich Hilfe, und sie wurde sofort ins Krankenhaus gebracht.

6. Weil ihr Fuß schon fast schwarz war, … die Ärzte, dass sie ihn abneh _____
men müssten. 7. Ich hatte große … … meine Freundin. 8. Aber zum Glück _____
ging noch einmal alles gut. 9. Seitdem habe ich noch größere … … _____
Schlangen als vorher.

3. Angst-Statistik

a) Wovor haben die Deutschen Ihrer Meinung nach am meisten Angst? Notieren Sie Ihre Vermutungen, und vergleichen Sie mit der Statistik.

b) Berichten Sie über die häufigsten Ängste der Deutschen. Benutzen Sie die Redemittel in 2. b), und variieren Sie das Vorfeld.
   Beispiel: Am meisten Angst haben die Deutschen vor der wachsenden Arbeitslosigkeit.
   An zweiter Stelle steht die Angst vor ansteigenden Lebenshaltungskosten. Viele befürchten auch, dass …

c) Wovor haben Sie am meisten Angst?

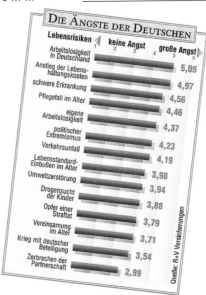

DIE ÄNGSTE DER DEUTSCHEN

Lebensrisiken	keine Angst	große Angst

Arbeitslosigkeit in Deutschland
Anstieg der Lebenshaltungskosten 5,05
schwere Erkrankung 4,97
Pflegefall im Alter 4,56
eigene Arbeitslosigkeit 4,46
politischer Extremismus 4,37
Verkehrsunfall 4,23
Lebensstandard-Einbußen im Alter 4,19
Umweltzerstörung 3,98
Drogensucht der Kinder 3,94
Opfer einer Straftat 3,88
Vereinsamung im Alter 3,79
Krieg mit deutscher Beteiligung 3,71
Zerbrechen der Partnerschaft 3,54
  2,99

Quelle: R+V Versicherungen

4. Was ist mit Philipp?

Ein Haus in Heidelberg

Philipp ist nach Guatemala geflogen. Verena hat ihm ein billiges „Last-Minute-Ticket" besorgt. Er will dort wieder Folklore-Lieder sammeln. Eines Morgens liest Tobias die Zeitung. Plötzlich wird er blass. Er fragt Felix, welche Maya-Pyramiden Philipp besichtigen wollte. Felix erinnert sich an einen Namen: „Ticala oder so ähnlich." Tobias sagt ganz aufgeregt: „Hör mal, was hier steht."

a) Was glauben Sie, was Tobias in der Zeitung gelesen hat?
b) Hören Sie, was Tobias aus der Zeitung vorliest.
c) Hören Sie noch einmal, und notieren Sie die wichtigsten Namen, Daten und Fakten. Übernehmen Sie dann die Rolle von Tobias, und erzählen Sie Jan, was passiert ist.
d) Was können die Freunde in dieser Situation tun? Machen Sie Vorschläge, und hören Sie dann in die Dialoge.

5. Nur Mut!

a) Hören Sie den Text, lesen Sie leise mit, und unterstreichen Sie, was Sie so nicht gehört haben.

Gr. 1.

Es war einmal eine sehr schöne, sehr weiße und sehr ängstliche Katze, die den lieben langen Tag über nichts weiter tat, als sich zu fürchten. Im Freien fürchtete sie sich vor unbekannten Tieren, im Hause vor unberechenbaren Menschen, und so kam es, dass sie die meiste Zeit in einem Pappkarton ver-
5 brachte, den sie durch Zufall im Keller entdeckt hatte. Dort mit dem Rücken zur Wand und nach allen Seiten hin den Blicken entzogen, fühlte sie sich einigermaßen sicher, wenn auch nicht furchtlos. Denn kaum war die Katze wieder in den schützenden Karton gesprungen, da fürchtete sie bereits jenen Augenblick, an welchem sie ihn würde verlassen müssen, um sich irgendwo Nahrung zu
10 suchen; und so war dafür gesorgt, dass sie wirklich rund um die Uhr Angst hatte. Einige Zeit verging, ohne dass der Katze irgendetwas zugestoßen wäre, was ihre Angst gerechtfertigt hätte, da geschah es. Und als es geschah, da passierte es ausgerechnet dort, wo sie es am allerwenigsten erwartete.
Gerade wollte die Katze nach einem kurzen Ausflug in ihren Karton zurückkeh-
15 ren, als ihr jemand mit bebender Stimme „Be... be... setzt!" entgegenrief. „Wie ... wie ...bitte?", rief sie zitternd zurück. „Was ... was ... suchst du denn in meinem Karton?"
„Wie... wie...so in deinem?", erscholl es zurück. „Den habe ich gefunden!", und nun erst erkannte die weiße Katze, wer da im Karton saß, eine andere Katze näm-
20 lich, die bis auf einen weißen Brustlatz vollkommen schwarz war.
Wäre die weiße Katze nicht so schrecklich ängstlich gewesen, hätte sie sehr rasch begriffen, dass es sich bei ihrem Gegenüber um eine sehr furchtsame Katze handelte, um eine, die zitterte und stotterte und sich verkroch, genau wie sie selber.
Doch da sie unglücklicherweise vor nichts mehr Angst hatte als davor, die
25 schwarze Katze könne sie für ängstlich halten, war sie dermaßen damit beschäftigt, mutig zu wirken, dass sie gar keine Zeit fand, sich die schwarze Katze einmal genauer anzuschauen.

Stattdessen sagte sie so drohend sie konnte: „Ich zähle jetzt bis drei. Wenn du dann nicht aus meinem Karton verschwunden bist, wirst du mich von einer
30 anderen Seite kennen lernen, du schwarzer Drecksack. Eins …"
Die weiße Katze machte eine lange Pause, in der Hoffnung, die schwarze Katze werde nach solch mutigen Worten unverzüglich den Karton verlassen. Doch da die beiden Katzen einander so ähnlich waren, war nun auch die schwarze Katze ausschließlich von der Furcht erfüllt, sie könne auf die weiße
35 einen ängstlichen Eindruck machen, und deshalb antwortete sie drohend: „Hör zu, du mieser Mehlwurm – so kannst du vielleicht mit deinen Mäusen reden, aber nicht mit mir. Also zieh weiter, Weißwurst!"
„Zwei …", sagte die weiße Katze, wobei sie das Wort so gut es ging in die Länge zog. Aber irgendwann ist auch die längste „Zwei" vorbei, und wieder
40 musste die schwarze Katze irgendwas Mutiges sagen: „Mach mal halblang, du mickrige Made. Du bist doch vor Angst schon bleich wie die Wand. Also zieh Leine, Leichentuch!"
Alles hätte die schwarze Katze der weißen sagen dürfen, nur nichts von Angst. Sofort sah sie sich gezwungen, besonders mutig zu erscheinen,
45 „Drei!" zu schreien und „Dich bringe ich auf Null, traniger Trauerrand!", und dann kam es zum nun leider ganz und gar unvermeidlichen Kampf.
Um es gleich zu sagen: Ein großer Kampf wurde es nicht. Die beiden ängstlichen Katzen bissen, kratzten und schlugen sich so gut es ging, doch der einzige, den es wirklich erwischte, war der, der zwischen ihnen stand und der
50 den ganzen Streit ausgelöst hatte: der Pappkarton. Je länger die Katzen aufeinander einschlugen, desto mehr ging er in Fetzen, schließlich sanken auch noch die letzten Pappreste zu Boden, und unversehens saßen die beiden Katzen einander ohne jeden Schutz gegenüber. Erschreckt ließen sie die Pfoten sinken, verwirrt schauten sie einander an, dann aber – ja, was dann?
55 In Büchern nehmen solche Geschichten meistens ein gutes Ende – diese hier tut das leider nicht. Nein, die Katzen erkennen nicht, wie ähnlich sie einander sind. Nein, sie werden keine guten Freunde. Nein, sie lernen nichts aus der ganzen Geschichte, stattdessen werfen sie sich Beschuldigungen an den Kopf – „Du hast den Karton kaputtgemacht!" – „Nein, du!", überbieten sie sich in
60 Beleidigungen – „Schwarzenschwein!", „Schneeziege!" – haben sie beide Angst, Angst. Angst vor der eigenen Angst, Angst davor, weiter mutig sein zu müssen, Angst vor der Klopperei, die gleich wieder losgehen wird. Eigentlich schade.
Denn eigentlich ist die Geschichte der beiden Katzen ja sehr lehrreich.
65 Eigentlich steckt in ihr eine schöne Moral verborgen. Aber welche? Das sollte jede Leserin und jeder Leser aber selber herausfinden und niederschreiben. Nur Mut!
Moral: _____

_____
_____
_____

Robert Gernhardt

b) Fassen Sie zusammen, worum es in der Geschichte geht.
c) Hören Sie noch einmal. Schreiben Sie zu Ihren unterstrichenen Wörtern die gehörten Alternativen auf die Linien am Rand, und bilden Sie Wortfamilien dazu.
d) Schreiben Sie ab Zeile 54 Ihren Schluss zu der Geschichte, und lesen Sie ihn vor.
e) An welche literarische Textsorte(n) erinnert Sie dieser Text? Was ist hier anders?

Gr. 2.–3.

6. Prüfungsangst

 a) Lesen Sie.

Das Zehn-Punkte-Programm gegen Prüfungsstress

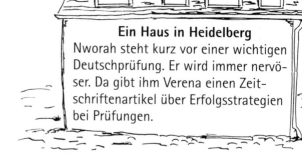

Ein Haus in Heidelberg
Nworah steht kurz vor einer wichtigen Deutschprüfung. Er wird immer nervöser. Da gibt ihm Verena einen Zeitschriftenartikel über Erfolgsstrategien bei Prüfungen.

1. Vorbereitung:
Gut geplant ist halb bestanden.

2. Arbeitsgruppe:
Gemeinsam ist man stärker.

3. Kreatives Lernen:
Aktivieren aller Lernhilfen

4. Probetest:
Gewöhnen an die Prüfungsdauer

5. Sport gegen Stress:
Bewegung bringt neuen Schwung.

6. Entspannungs- übungen:
Rechtzeitig vorher trainieren

7. Informationen über die Prüfung:
Klarheit über Anforderungen baut Angst ab.

8. Selbstvertrauen stärken:
Mit positivem Denken in die Prüfung gehen

9. Steigerung der Motivation:
Sich selbst belohnen

10. Am Tag vor der Prüfung:
Aufhören zu lernen

 b) **Was kann unter den Überschriften in a) 1.–10. in dem Artikel stehen? Schreiben Sie jeweils ein bis zwei Sätze zu jedem Punkt, und vergleichen Sie.**
Beispiel: Wenn man sich rechtzeitig auf eine Prüfung vorbereitet und alles gut plant, hat man die Prüfung schon halb bestanden.

c) **Lesen Sie die Empfehlungen zum Prüfungstag.**
Schriftliche Prüfung:
1. Genau durchlesen, was man machen soll.
2. Zuerst die leichten Aufgaben lösen.
3. Rechtzeitig Schluss machen und noch einmal aufmerksam kontrollieren.

Mündliche Prüfung:
Bei nicht verstandenen Fragen nicht schweigen, sondern selbstbewusst nachfragen, z. B.:
– *Die Frage habe ich jetzt (akustisch) nicht ganz genau verstanden.*
– *Ich weiß nicht, ob ich die Frage richtig verstanden habe. Meinen Sie, dass ...?*
– *Entschuldigen Sie, was meinen Sie mit ...?/Was verstehen Sie unter ... ?*
– *Können Sie die Frage noch einmal wiederholen/anders formulieren?*
Wenn Ihnen nichts zu der gestellten Frage einfällt, bieten Sie Alternativen an, z. B.:
– *Darüber weiß ich nicht genau Bescheid. Ich habe mich mehr mit ... beschäftigt./Ich interessiere mich mehr für ...*

d) **Rollenspiel:** Übernehmen Sie die Rollen von unangenehmen Prüfern/Prüferinnen, die den Prüfling fragen, was er in der letzten Zeit gelesen hat.

7. Der Nachtvogel

a) Ordnen Sie die Stichwörter so, dass Sie damit eine Geschichte erzählen können.

b) Lesen Sie einige Ihrer Geschichten nach Kontrolle durch L vor.

c) Hören Sie jetzt den Originaltext.

d) Existiert der Nachtvogel in Wirklichkeit oder nur in der Einbildung des Jungen? Hören Sie den folgenden Teil des Textes noch einmal, und begründen Sie Ihre Ansicht.

Vogel vertrieben - allein - große Angst - Fensterscheibe zersplittert - ein Junge - Eltern sind weggegangen - riesiger Schatten - wirft Blumenvase - Vorhang - Schnabel - pickt an Fensterscheibe - schwarzer Vogel

e) Würden Sie sich dem Jungen gegenüber so verhalten wie die Eltern? Warum (nicht)?

f) Haben Sie als Kind ähnliche Angstsituationen erlebt? Wenn ja, erzählen Sie.

> Gr. 4.

8. Angst nach Noten

a) Klären Sie den Wortschatz, und ordnen Sie die folgenden Formulierungen den Vorgaben im Kasten zu wie im Beispiel.

- Angst, nicht mehr widersprechen zu können
- Angst vor Liebe und dem Wunsch, sie zu zeigen
- Angst vor dem Wettbewerb
- Angst, dumm zu werden
- Angst, sich lächerlich zu machen
- Angst, nichts mehr verändern zu können
- Angst vor dem Tod
- Angst, Widerstand zu leisten
- Angst, manipuliert/von anderen bestimmt zu werden
- Angst zurückzubleiben

1. Angst vor der Endgültigkeit	*Angst, nichts mehr verändern zu können*
2. Angst, sich zu blamieren	
3. Angst zu verblöden	
4. Angst, bereits mundtot zu sein	
5. Angst, überholt zu werden	
6. Angst vor der Konkurrenz	
7. Angst vor Zärtlichkeit	
8. Angst, ferngelenkt zu werden	
9. Angst vor dem Aus	
10. Angst, sich zu wehren	

b) Hören Sie das Lied „Angst" von Herbert Grönemeyer. Singt er von persönlichen Ängsten oder von allgemeinen Ängsten der Gesellschaft?

c) Wer sich von diesen Ängsten nicht besiegen lassen will, braucht Mut, z. B.

1.: *Mut, etwas zu verändern*   4.: *Mut,*

10.: *Mut,*

Gelten diese Arten von Mut in Ihrer Gesellschaft als positiv oder als negativ? Nennen Sie Beispiele.

9. Angst und ihre Überwindung

a) Was kann man Ihrer Meinung nach gegen Angst tun? Nennen Sie Beispiele.
b) Hören Sie zunächst den Text.
c) Klären Sie dann die Bedeutung der folgenden Verben.

abbauen (1) auflösen (2) auftauchen (3) auftauchen (4) auftreten (5) ausliefern (6) bestehen (7) bringen (8) einschätzen (9) (sich) entspannen (10) (sich) erinnern (11) ertragen (12) existieren (13) gehen (14) herausfinden (15) machen (16) mieten (17) steigern (18) verändern (19) (sich) verhalten (20) vermeiden (21) vermeiden (22) verspüren (23)

d) Lesen Sie den Text, und versuchen Sie, die fehlenden Verben aus dem Kontext zu

Ⓐ Jeder Mensch hat bei Gefahr schon einmal Angst (<u>23</u>). Dieses Gefühl ist eine angeborene Fähigkeit, sich in derartigen Situationen richtig zu (__), d. h. entweder zu flüchten, zu kämpfen oder sich nicht zu bewegen, bis die Gefahr vorbei ist. Diese Art von Angst ist etwas Natürliches und eine wichtige Schutzfunktion, die zum Überleben notwendig ist. Neben der Angst vor realen Gefahren haben viele Menschen ein-
5 gebildete Ängste, die Gefahren signalisieren, die in Wirklichkeit aber gar nicht (__). Diese Ängste können ganz plötzlich (__) und zunächst nur unangenehm sein. Sie werden aber oft stärker und können sich bis zu echter Panik (__). Die Reaktion: Man versucht mehr und mehr, alle Situationen zu (__), die diese Ängste hervorrufen können. Das scheint eine sinnvolle Lösung zu sein. Sie (__) aber auf die Dauer nur Nachteile. Denn wer bestimmte Gefahren immer wieder (__), reduziert seine Bewegungsfreiheit und
10 muss auf vieles verzichten, was eigentlich Spaß machen würde. Beispielsweise (__) viele Menschen keinen Urlaub mehr auf dem Land aus Angst vor großen Tieren. Oder sie (__) nicht auf Partys aus Angst vor Menschenansammlungen. Andere (__) lieber eine dunkle Wohnung im Erdgeschoss als eine schöne Wohnung im fünften Stock aus Angst vor großer Höhe. Wie diese Ängste entstanden sind, bleibt oft im Dunkeln. Die meisten Menschen können sich nicht einmal daran (__), wann diese bedrohlichen Gefühle
15 zum ersten Mal in ihrem Leben (__) sind. Fest steht – das haben Psychologen (__) –, dass diese irrationalen Ängste irgendwann einmal erlernt wurden. Niemand ist mit der Angst vor Hunden, Dunkelheit oder großen Plätzen geboren. Immer wurde diese Angst durch etwas verursacht, wie zum Beispiel durch ein Erlebnis oder das Verhalten der Eltern bzw. anderer Bezugspersonen in der Kindheit. Was immer die Gründe für die Ängste sind, man ist ihnen nicht hilflos (__), sondern kann versuchen, sich selbst so zu
20 verändern, dass man seine Reaktionen kontrollieren kann. Aber wie kann man das erreichen? Zunächst einmal muss man sich bewusst sein, dass diese Angst (__), und sie akzeptieren. Darüber hinaus muss man sich klar machen, dass man die Gefährlichkeit vieler Situationen falsch (__). Das scheint logisch und ganz einfach zu sein. Aber man braucht mehr als nur das richtige Bewusstsein, wenn man zur Gewohnheit gewordene Gefühle und Reaktionen (__) will. Man kann sich z. B. eine Liste machen, in die
25 man einträgt, wann die Angst (__) und wie stark sie ist. Zusätzlich kann man notieren, in welchen Situationen man sie noch (__) kann und wo sie unerträglich ist. Mit systematischen Übungen – vielleicht auch mit Hilfe eines Freundes oder eines Therapeuten – kann man dann Schritt für Schritt versuchen, diese überängstlichen Reaktionen (__). Darüber hinaus kann die Angst auch oft durch eine einfache Atemtechnik beeinflusst werden, indem man bewusst etwas tiefer ein- und ausatmet und sich dabei (__). Generell
30 kann bewusste Entspannung – egal mit welcher Methode – helfen, Angstgefühle (__). Denn ein entspannter Körper und Angst schließen sich aus.

e) Markieren Sie im Text sechs Absätze,
und schreiben Sie die Buchstaben A bis F an den Rand wie im Beispiel. Vergleichen Sie dann.

Ⓐ: Natürliche Ängste Ⓑ: Eingebildete Ängste Ⓒ: Reaktion auf Angstsituationen
Ⓓ: Entstehung der Ängste Ⓔ: Angstbekämpfung durch Bewusstmachen
Ⓕ: Angstbekämpfung durch Übungen

f) Fassen Sie die wichtigsten Aussagen des Textes anhand der Überschriften in e) zusammen.

▲ Phonetik

1. Einschübe (Parenthesen)

a) Hören Sie den folgenden Satz zweimal von der Kassette.

Es war einmal – selbst die jüngsten Kinder erinnern sich noch daran – eine große Kaninchenfamilie.

Der Satz zwischen den Gedankenstrichen (– ... –)* ist in den Hauptsatz eingeschoben.

Es war einmal   *eine große Kaninchenfamilie.*

– selbst die jüngsten Kinder erinnern sich noch daran –

*(Einschübe können auch zwischen Kommas oder in Klammern stehen.)

b) Hören Sie zunächst Satz 1 und dann Satz 2. Kreuzen Sie an, wodurch sich der Einschub in Satz 2 von Satz 1 unterscheidet.

1. *Es war einmal eine große Kaninchenfamilie.*
2. *Es war einmal – selbst die jüngsten Kinder erinnern sich noch daran – eine große Kaninchenfamilie.*

Sprechtempo:	schneller	❑	langsamer	❑	
Lautstärke:	lauter	❑	leiser	❑	
Tonhöhenveränderung:	geringer	❑	stärker	❑	
Vor und nach dem Einschub ist	eine Pause	❑	keine Pause	❑	
Die Sprechmelodie vor und nach dem Einschub ist	fallend ❑		steigend ❑		gleichbleibend ❑

c) Hören Sie die folgenden Sätze, und sprechen Sie gemäß den Regeln in b) nach.

1. Es war einmal – selbst die jüngsten Kinder erinnern sich noch daran – eine große Kaninchenfamilie.
2. Schuld daran waren die Kaninchen, die ja, wie jedermann weiß, Salatfresser sind.
3. Angst ist (so hat Freud das schon beschrieben) vor allem ein subjektives Gefühl.

2. Interjektionen (II)

a) Hören Sie die Interjektionen, und sprechen Sie beim zweiten Hören nach.

1. *au* 〔 ∧ 〕〔 \ 〕 _____

2. *iih* 〔 ∧ 〕 _____

3. *igitt* 〔 \ 〕 _____

4. *pfui* 〔 \ 〕 _____

b) Hören Sie zu jeder Interjektion einen Beispielsatz, und ergänzen Sie oben eine der folgenden Bedeutungen:

Schmerz, Abscheu/Ekel, Missfallen

c) Setzen Sie in den folgenden Sätzen die passenden Interjektionen ein.

1. „_____", sagte sie, als sie die Schnecke auf ihrem Teller sah.
2. „_____, mit so schmutzigen Händen kann man doch nicht essen", sagte die Mutter streng.
3. „_____, pass doch auf, das tut doch weh!"
4. „_____, das sieht ja eklig aus!"

d) Kontrollieren Sie Ihre Einträge, hören Sie die Sätze in c), und sprechen Sie nach.

Grammatik

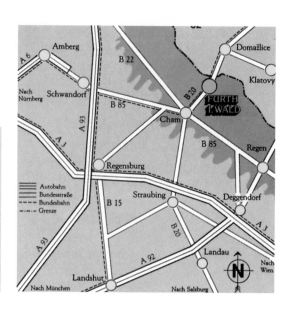

Folklore im Bayerischen Wald

Informieren Sie sich.

Jedes Jahr im August wird in dem kleinen Ort Furth im Wald im Süd-osten Deutschlands das Volksstück „Der Drachenstich" aufgeführt, das an eine historische Schlacht im Jahr 1431 erinnert. Im Mittel-punkt steht ein Drache, der 18 m lang, 4 m breit und 3,50 m hoch ist. Moderne Technik macht es möglich, dass er Feuer speien, mit den Augen rollen, laut brüllen, mit den Flügeln schlagen und sich fortbe-wegen kann. Damit das Schauspiel jedes Jahr wieder zu einer Attraktion für die Touristen wird, beteiligen sich fast alle Einwohner an den Vorbereitungen zu diesem großen Volksfest.

werden-Passiv, *sein*-Passiv

1. Das Drachenstichfest

a) Lesen Sie.   Was <u>wird</u> hier gemacht? Was <u>ist</u> das Resultat?

Der Drache wird
(von den Bürgern)
angestrichen.

Der Drache
ist angestrichen.

Die Stadt wird
(von der Bevölkerung)
geschmückt.

Die Stadt ist
geschmückt.

Die Ehrentribüne wird
(von Handwerkern)
aufgebaut.

Die Ehrentribüne
ist aufgebaut.

werden-Passiv (Vorgangspassiv): Aktion, Prozess, etwas nicht Abgeschlossenes	*sein*-Passiv (Zustandspassiv): Resultat, Zustand, etwas Abgeschlossenes

b) Ergänzen Sie die Verbformen vom *werden*- und *sein*-Passiv.

Präsens	Der Drache	*wird*	*angestrichen.*	Der Drache	*ist*	*angestrichen.*
Präteritum			*angestrichen.*			*angestrichen.*
Perfekt			*angestrichen* .			
Plusquamperfekt			*angestrichen* .			

> Beim *sein*-Passiv gibt es nur Präsens und Präteritum.

c) **Was wird vor dem Fest noch alles gemacht? Beschreiben Sie die folgenden Aktivitäten mit dem *werden*-Passiv.**

Beispiel:

Wegweiser zu extra Parkplätzen	(anbringen)	*werden angebracht*
1. Die Innenstadt	(sperren)	
2. Der Verkehr	(umleiten)	
3. Straßenrestaurants	(öffnen)	
4. Tische und Bänke	(aufstellen)	
5. Die Technik des Drachens	(überprüfen)	
6. Die letzten Tribünenkarten	(verkaufen)	

d) **Bevor das Fest beginnt, wird noch einmal kontrolliert, ob alles gemacht ist. Der Leiter des Verkehrsamtes berichtet dem Bürgermeister.**

Beispiel: Die Wegweiser zu den extra Parkplätzen sind angebracht.

Partizip I und II

2. Der Drache kommt

a) **Unterstreichen Sie die Partizipien vor den Nomen.**

Der Drache kommt! Mit diesem Ruf begrüßen die vor den geschmückten Häusern stehenden Menschen jedes Jahr den riesigen Drachen, der sich mit rollenden Augen laut brüllend* durch die überfüllten Straßen von Furth bewegt.

* Partizipien ebenso wie Adjektive haben rechts vom Nomen keine Endung.

b) **Ergänzen Sie die Endungen der Partizipien I und der Partizipien II aus a).**

... die vor ihren Häusern stehend__ Menschen ... ... mit rollend__ Augen ...	... vor den geschmückt__ Häusern ... ... durch die überfüllt___ Straßen ...

c) **Was sehen die Zuschauer in dem Drachenstichspiel? Ergänzen Sie die Partizipien.**

Sie sehen

den _____ Drachen   den _____ Drachen
          (brüllen)   (verletzen)

den _____ Drachen   den _____ Drachen
          (sterben)   (sterben)

Das **Partizip I** drückt eine **Aktion**, einen **Prozess** oder **etwas nicht Abgeschlossenes** aus.
Das **Partizip II** drückt ein **Resultat**, einen **Zustand** oder **etwas Abgeschlossenes** aus.

d) Drücken Sie die Vorgaben durch Partizipialkonstruktionen aus wie in den Beispielen:

Ein Volksfest, (das) viel besucht (wird)   oder: *Ein viel besuchtes Volksfest*

Menschen, (die) an den Straßenrändern stehen   oder: *An den Straßenrändern stehende Menschen*

1. Häuser, die geschmückt (worden) sind*   oder: _____

2. Ein Drache, der sich durch die Straßen bewegt   _____

3. Leute, die begeistert applaudieren   _____

4. Hotels, die ausgebucht sind   _____

5. Ein Drache, der stirbt   _____

6. Ein Drache, der gestorben ist   _____

7. Ein Drache, der getötet worden ist   _____

* geschmückt worden sind = Vorgangspassiv; geschmückt sind = Zustandspassiv; beides ist je nach Situation bzw. Perspektive möglich.
(Vergleiche S. 130, Gr. 1.)

> Das **Partizip I** hat immer **aktivische**, das **Partizip II** hingegen meist **passivische** Bedeutung.
> Partizip I und II sind **zeitlich neutral**. Sie werden wie **Adjektive** verwendet.

e) Wo stehen die Partizipien bzw. die Partizipialkonstruktionen?

Mit lauten Rufen begrüßen die Leute den _____ Drachen.

_____ den   riesigen _____ Drachen.

_____ den   riesigen   laut   brüllenden   Drachen.

_____ den   riesigen   sich durch die Straßen bewegenden   brüllenden   Drachen.

> Partizipien und Partizipialkonstruktionen stehen in der Regel zwischen _____ und _____

f) Formen Sie die Partizipien in e) in Relativsätze um, und vergleichen Sie.

3. Volksfest mit historischem Hintergrund

a) Formen Sie die unterstrichenen Satzteile in Relativsätze um.

Beispiel: Das Drachenstichspiel ist das älteste <u>in Bayern noch erhaltene</u> Volksschauspiel.
Das Drachenstichspiel ist das älteste Volksschauspiel, das in Bayern noch erhalten ist.

1. Im Mittelpunkt steht eine <u>in alten Chroniken überlieferte</u> Schlacht. 2. Eine junge Rittersfrau nimmt die <u>vor den Soldaten fliehenden</u> Bauern in ihrem Schloss auf. 3. Ein <u>das Böse symbolisierender</u> Drache belagert das Schloss und fordert Menschenopfer. 4. Nach dramatischen Komplikationen tötet der <u>aus dem Krieg zurückgekehrte</u> Ritter Udo den bösen Dachen und rettet das Volk sowie die Rittersfrau. 5. Nach der ersten Aufführung des Drachenstichspiels gibt der Bürgermeister am Abend einen Empfang im <u>aus diesem Grund festlich erleuchteten</u> Rathaus. 6. Dabei tanzen <u>aus der ganzen Umgebung kommende</u> Musik- und Tanzgruppen historische Tänze.
7. Höhepunkt des ersten Tages ist das <u>zur Tradition gewordene</u> Feuerwerk.

b) Unterstreichen Sie die Relativsätze, und bilden Sie daraus Partizipialkonstruktionen.

Beispiel:
Eine Touristenattraktion, <u>*die* alljährlich wiederkehrt</u>, ist der „Drachenstich" in Furth im Wald.
Eine alljährlich wiederkehrende Touristenattraktion ist der „Drachenstich" in Furth im Wald.

1. In Furth wird die Beliebtheit dieses Volksfests, das weithin bekannt ist, überall deutlich.
2. Es ist besonders schwierig, in den Hotels, die schon lange vor dem Fest ausgebucht sind, ein Zimmer zu finden. 3. Die Besucher, die von überallher kommen, wollen den berühmten Drachen sehen, der sich durch die Straßen bewegt. 4. Sie wollen den Ritter erleben, der mutig gegen den Drachen kämpft. 5. Und sie wollen schließlich sehen, wie der Drache, der von Menschenhand besiegt worden ist, stirbt.

Infinitiv I und II mit *zu**

4. Kindheitsängste

a) Lesen Sie die folgende Zusammenfassung der Geschichte „Der Nachtvogel".

1. Ein Junge glaubte, nachts einen Vogel auf dem Fensterbrett zu sehen, der nur darauf wartete, ihn angreifen zu können. 2. Ohne seine Angst ernst zu nehmen, gingen seine Eltern abends oft aus. 3. Als er eines Nachts wieder allein zu Hause war, meinte er, ganz sicher zu sein, den Vogel am Fenster gehört zu haben, und weil er Angst hatte, warf er eine Blumenvase nach ihm.
4. Obwohl die Eltern erklärten, das Geräusch selbst gemacht zu haben, war der Junge überzeugt, sehr mutig gewesen zu sein und den Nachtvogel ganz allein vertrieben zu haben.

b) Schreiben Sie die Infinitiv II-Formen aus a) heraus, und vergleichen Sie.

   ... gehört zu haben, _____

c) Man bildet den Infinitiv II mit _____ + ____ + *haben* oder *sein*.

d) Welcher der Infinitivsätze unten drückt Vorzeitigkeit und welcher Gleichzeitigkeit aus?

1. Er glaubt(e), den Vogel zu sehen.   2. Er glaubt(e), den Vogel gesehen zu haben.

_____   _____

e) Hören Sie den folgenden Text über eine Angstsituation in der Kindheit.
f) Rekonstruieren Sie die Geschichte anhand der Vorgaben unten. Benutzen Sie möglichst Konstruktionen mit Infinitiv I bzw. II, und variieren Sie das Vorfeld.

Beispiel: Es war schon spät. Draußen begann es zu regnen. Jens Sievers ...

spät – <u>beginnen</u>/regnen – Jens Sievers/<u>anfangen</u>/Brief/schreiben – <u>glauben</u>/Schatten/sehen – <u>versuchen</u>/Dunkelheit/etwas/erkennen – <u>unmöglich</u>/vom Schreibtisch aus/etwas/sehen/hören – <u>beschließen</u>/hinausgehen/nachsehen – <u>aufhören</u>/regnen – <u>schwer</u>/an Dunkelheit/gewöhnen – <u>scheinen</u>/im Garten/sich/bewegen – <u>auffordern</u>/Unbekannten/hervorkommen – Schatten/auf Haus zu/bewegen – Kind – Jens/nicht/<u>erinnern können</u>/schon/sehen – Kind/<u>scheinen</u>/sich fürchten – „KeineAngst/aber/was/machen?" – wissen/nicht <u>erlaubt</u>/fremden Garten/gehen – Ball/Straße/verloren – Vater/<u>befehlen</u>/Ball/suchen/bis finden – <u>verboten</u>/ohne Ball/nach Hause – Kind/<u>überreden</u>/ins Haus/kommen – <u>scheinen</u>/nicht/zuhören – <u>vorschlagen</u>/Lampe/holen/gemeinsam/suchen Mann/aus Dunkelheit/kommen – <u>ohne</u>/Wort/sagen/Kind/an der Hand/nehmen/verschwinden

g) Warum hat das Kind Angst vor Jens Sievers? Warum hat es Angst vor dem Vater?
h) Korrigieren Sie Ihren Text zuerst anhand des geschriebenen Textes im Lösungsschlüssel, und geben Sie ihn dann L zur Kontrolle.

---
* Vergleiche auch Infinitiv I, Lektion 17, Gr. 3.- 4.

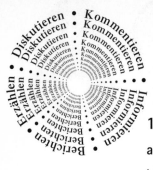

Kommunikationszentrum

1. Der Mörder ist immer der Gärtner

a) Welche Art von Text erwarten Sie bei diesem Titel?

b) Sammeln Sie Redemittel, und sagen Sie, worum es in dieser Bildfolge geht.

Beispiel: Es geht um ein Schloss und um ein Gespenst, das ...

c) Lesen Sie den Text, und notieren Sie, was Ihnen an den Sätzen auffällt. Vergleichen Sie.

Sir Henry lebt auf Schloss Darkmoore. Sir Henry lebt dort mit seinem Butler. Der Butler hat an diesem Abend bis ein Uhr Ausgang. Der Butler ist auf eine Hochzeit eingeladen. Sir Henry sitzt in seinem Sessel. Sir Henry liest die „Financial Times". Es ist schon spät. Die Kirchturmuhr schlägt Mitternacht. Sir Henry will zu Bett gehen. Ein Schatten kommt lautlos zur Tür herein. Sir Henry bemerkt es nicht. Die Lampe flackert. Der Schatten stürzt sich von hinten auf Sir Henry. Sir Henry erleidet einen Herzanfall. Er stirbt. Er gibt keinen Laut von sich. Wie ist er wirklich gestorben? Niemand erfährt es. Sir Henry nimmt dieses Geheimnis mit in sein Grab.

d) Schreiben Sie c) in einen flüssigen, spannenden Text um.
Welche Alternativen kennen Sie für plötzlich?

Benutzen Sie möglichst Rahmenwörter wie *weil, als, ohne dass, obwohl, ohne ... zu*
Denken Sie an: *Tempo, kom(m) vor, A(n)na.* (Vergleiche S. 105)

e) Korrigieren Sie Ihre Texte anschließend gegenseitig.

f) Hören Sie eine Variante zu c), und notieren Sie, was der Sprecher macht, damit der Text spannend wirkt.

In Ⓓ Ⓐ ⒸⒽ kann man außerdem durch Blickkontakt und Einsatz von Körpersprache (Gestik und Mimik) versuchen, die Aufmerksamkeit von Zuhörern zu gewinnen bzw. zu erhalten. Ist das in Ihrem Land auch so?

g) Erzählen Sie Ihre Geschichte möglichst ausdrucksvoll.

h) Sammeln Sie zu den Bildfolgen 2 – 4 Redemittel, und sagen Sie, worum es jeweils geht.

Beispiel: Hier geht es um einen Mann, der ...

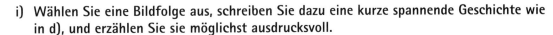

i) Wählen Sie eine Bildfolge aus, schreiben Sie dazu eine kurze spannende Geschichte wie in d), und erzählen Sie sie möglichst ausdrucksvoll.

j) Hören Sie das Lied von Reinhard Mey: „Der Mörder ist immer der Gärtner".

2. Programmiert auf Panik

a) Lesen Sie einen Ausschnitt aus einem Interview des Magazins „Stern" mit dem Vorsitzenden des Hamburger Fahrlehrerverbandes Engel.

> Stern: Seit 33 Jahren sind Sie Fahrlehrer. Wie viele Prüfungen haben Sie mitgemacht?
> Engel: An die 4000. Und jeder Prüfling hatte Angst, zu dem Drittel zu gehören, das laut Statistik durchfällt. Der Führerschein ist heute für viele junge Leute oft wichtiger als das Abitur, weil er ein sichtbares Zeichen für das Erwachsensein ist.
> Stern: Sind die Ängste immer gleich?
> Engel: Ich unterscheide drei Arten: Die Angst vor dem Unbekannten, die blinde Angst solcher Menschen, die in ihrer Jugend zu sehr unter Druck gesetzt wurden, und die Angst, nicht alles gelernt zu haben.
> Stern: Wie kann der Fahrlehrer helfen?
> Engel: Wir können da kaum etwas machen. Deshalb umgeht ein Kollege von mir die Angstsituation einfach. Er lässt bei einer normalen Fahrstunde den Prüfer wie andere Prüflinge unterwegs einsteigen. Am Ende der Stunde sind die Leute ganz überrascht, wenn Sie erfahren, dass sie gerade die praktische Fahrprüfung bestanden haben ...

b) Diskutieren Sie: Sollte man Angst-Situationen, wie z. B. in Prüfungen, vermeiden, damit die Prüflinge ihre wirklichen Leistungen und Fähigkeiten zeigen können, oder ist das Bestehen von Angst-Situationen ein wichtiger Teil der Prüfung, weil dadurch das Verhalten in Stress-Situationen deutlich wird?

3. Prüfungen mit oder ohne Stressfaktor?

a) Berichten Sie über Prüfungen in Ihrem Heimatland:
Wann müssen Kinder bzw. Jugendliche ihre ersten wichtigen Prüfungen machen? Nennen Sie Alter, Prüfungsart, Prüfungsziel, und beschreiben Sie die Art der Durchführung. Wie bewerten Familie und Gesellschaft die Prüfungsergebnisse? Welche Folgen haben Prüfungsergebnisse? **Kommentieren Sie diese Situation.**

b) Wie müsste Ihrer Meinung nach eine wichtige Prüfung im Idealfall durchgeführt werden? Begründen Sie Ihre Meinung.

Aktivitäten

1. Projekte

Zeigen Sie drei Personen die Statistik rechts, und fragen Sie sie, was ihre drei größten Ängste sind (im Heimatland in der Muttersprache). Sammeln Sie Ihre Ergebnisse zunächst in Kleingruppen, dann im Plenum. Vergleichen Sie ihr Gesamtergebnis mit der Statistik auf Seite 123, und thematisieren Sie die Gründe für eventuelle Unterschiede.

Die Ängste der _____		
	in Ihrem Heimatland	Antworten
Arbeitslosigkeit	'unemployment'	_____
Anstieg der Lebenshaltungskosten	_____	_____
Schwere Erkrankung	_____	_____
Pflegefall im Alter	_____	_____
Politischer Extremismus	_____	_____
Verkehrsunfall	_____	_____
Umweltzerstörung	_____	_____
Opfer einer Straftat	_____	_____
Zerbrechen der Partnerschaft	_____	_____

2. Spiele und Aufgaben

„Ich bin der Wichtigste!"

Ein Flugzeug hat nicht mehr genug Treibstoff, um den nächsten Flugplatz zu erreichen. Von den vier Insassen kann nur derjenige mit dem einzigen Fallschirm an Bord abspringen, der für die Menschheit am wichtigsten ist. Jeder muss deshalb in einer Minute begründen, warum er/sie unbedingt überleben muss. Am Ende wird über jede Person abgestimmt. Wer die meisten Stimmen hat, bekommt den Fallschirm.

3. Sprichwörter und Redensarten

Ergänzen Sie die folgenden Sprichwörter und Redensarten in dem Bericht über einen Urlaub in den kanadischen Wäldern.

Das Herz schlägt mir bis zum Hals – mit dem Schrecken davonkommen – ein Angsthase sein – vor Schreck wie gelähmt sein – vor Angst fast sterben

Ich bin normalerweise kein _____ , aber als plötzlich ein Bär auf mich zukam,

war ich _____ und wäre _____ .

Ich fühlte, dass _____ . Zum Glück hat er mich nicht ange-

griffen, und so bin ich noch einmal _____ .

4. Ausge(D)(A)(CH)te Geschichten

Ihre ausge(D)(A)(CH)te Person ist allein zu Hause. Es ist Nacht. Da hört sie ein seltsames Geräusch. Was macht sie?

5. Hörspiel: Dienstreise ins Jenseits (Kurzkrimi)

Hören Sie den Kurzkrimi, und erfinden Sie den fehlenden Schluss. Einige KT tragen ihre Lösungen vor. Hören Sie dann den Text noch einmal mit dem Originalschluss.

Eine Fremdsprache lernen (XIII)

Überprüfung des Lernfortschritts

I. Tests

a) Welche Probleme hatten Sie bei Tests im Unterricht? Berichten Sie.

b) Wie würden Sie sich gern über Ihren Lernfortschritt informieren? Kreuzen Sie an, und begründen Sie Ihre Meinung.

1. Durch einen Test im Unterricht (mit genauer Zeitvorgabe und Noten) ☐

2. Durch vorgegebene Kontrollübungen für zu Hause
(mit Eigenkorrektur anhand eines Lösungsschlüssels und einer Kontrollstatistik) ☐

Beispiel:

Kontrollstatistik		
Aufgabe	**Punktzahl**	Gesamtzeit:
	total	meine	Punktzahl insges.: 90 Meine Punktzahl:
1	5		
2	10		

Anschließend Kontrolle der Eigenkorrektur durch L.

3. Wiederholung der Kontrollübungen aus 2. als Test im Unterricht ☐
(zu einem späteren Zeitpunkt und zu den üblichen Testbedingungen)

II. Übungen mit Selbstkontrolle

a) **Mündliche Übungen zu Wortschatz und Grammatik** (durch L gesteuert)
Täglich 4- bis 5-minütige Kontrollübungen, wenn möglich mit leiser Entspannungsmusik. Die KT kontrollieren sich dabei selbst (vgl. „Eine Fremdsprache lernen X", II.e)

b) **Mündliche oder schriftliche Mehrfachübungen im Kursbuch**
Die KT verdecken eventuell eingetragene Lösungen und kontrollieren sich mündlich oder schriftlich anhand des Lösungsschlüssels oder der eigenen Einträge selbst.

c) **Mündliche oder schriftliche Übungen an Texten mit geschwärzten Textstellen**
Die KT kopieren einen schon behandelten Text und schwärzen schwierigen Wortschatz oder schwierige grammatische Strukturen. Anschließend versuchen sie, diese aus dem Kontext zu rekonstruieren, und vergleichen ihre Lösungen mit dem Original.

d) **Rekonstruktion von Texten mit durch Streifen verdeckten Textstellen**
Die KT schneiden sich unterschiedlich breite Papierstreifen und legen sie senkrecht über einen schon behandelten Text. Sie versuchen, die verdeckten Stellen mündlich oder schriftlich zu rekonstruieren und vergleichen ihre Lösung anschließend mit dem Original.

e) **Schriftliches Rückübersetzen eines kurzen Textes**
Die KT übersetzen einen kurzen Text schriftlich in ihre Muttersprache. Nach einigen Tagen übersetzen sie ihn zurück ins Deutsche, vergleichen mit dem Original und besprechen Alternativen im Plenum.

f) **In Ⓓ Ⓐ ⒸⒽ: Wiederholtes Hören von Radionachrichten**
Die KT hören Radionachrichten, notieren sich wichtigen unbekannten Wortschatz und klären ihn mit Hilfe eines deutsch-deutschen Wörterbuchs. Im Laufe desselben Tages versuchen sie, die Nachrichten so oft wie möglich zu hören, evtl. auch von unterschiedlichen Sendern.
Variante: Die KT nehmen Nachrichten und andere geeignete Texte auf Kassette auf, hören diese mehrfach ab und erarbeiten den Wortschatz mit dem Wörterbuch.

Welche anderen Übungsmöglichkeiten mit Selbstkontrolle kennen Sie?
(Zu Selbstkontrolle und Überprüfen des Lernfortschritts bei der Textwiedergabe vgl. „Eine Fremdsprache lernen XII")

Information und Medien

● Situationen – Texte – Redemittel

1. „Multi-Media"

Der Lesesaal (um 1850)

Zum 18. Geburtstag der „taz"
gestalteten 18-Jährige die Zeitung.

„Diese CD enthält mehr
Informationen als all das
Papier unter mir!", begei-
stert sich Bill Gates in 17
Meter Höhe.

a) **Wie informieren Sie sich über das, was in der Welt passiert? Wie oft, wie lange, wann lesen Sie Zeitung, hören Sie Radio, sehen Sie fern? Was interessiert Sie besonders?**

b) **Wie oft berichten die Medien in Ihrem Heimatland über Ⓓ Ⓐ ⒸⒽ? Worüber hauptsächlich?**

2. Was die Deutschen täglich lesen

a) Welche deutschsprachigen Tages- oder Wochenzeitungen kennen Sie?

b) Lesen Sie den folgenden Text.

Deutschland zählt mit seinen 82 Millionen Einwohnern zu den größten Zeitungsmärkten der Erde. In der Zeitungsdichte (Zahl der Zeitungen je 1000 Einwohner) steht die Bundesrepublik auf Platz fünf hinter Japan, Großbritannien, Österreich und der Schweiz. Von den insgesamt 380 Tageszeitungen mit ihren rund 1600 lokalen und regionalen Ausgaben
5 werden an jedem Werktag rund 30 Millionen verkauft, davon etwa 20 Millionen als Abonnementzeitungen, die per Boten oder Post direkt ins Haus kommen. Dominiert wird die deutsche Presselandschaft von den Lokal- und Regionalzeitungen. Sie informieren ihre Leser hauptsächlich über ihre nähere Umgebung. Konzentrationsbewegungen haben allerdings dazu geführt, dass 60 Prozent der Bevölkerung in Regionen wohnt, in denen
10 die lokale Information nur von einer Zeitung geliefert wird, die am Ort keine Konkurrenz hat.
Zu den überregionalen Zeitungen, die keine wesentlichen regionalen Schwerpunkte haben, gehören nur die „Frankfurter Allgemeine Zeitung" und die „Welt". Bundesweite Bedeutung in der politischen Diskussion haben aber auch die „Süddeutsche Zeitung", die
15 „Stuttgarter Zeitung", die „Frankfurter Rundschau", „Der Tagesspiegel" und die „Tageszeitung" aus Berlin. Mit 4,7 Millionen verkaufter Exemplare täglich ist die Straßenverkaufszeitung „Bild" die Tageszeitung mit der höchsten Auflage und gehört damit auch zu den größten Blättern der europäischen Boulevardpresse.
Trotz der starken Konkurrenz von Hörfunk und Fernsehen lesen 81 Prozent der Bundes-
20 bürger täglich Zeitung, und zwar durchschnittlich 30 Minuten lang. Immer schwieriger wird es allerdings für die Zeitungsmacher, jugendliche Leser zu gewinnen.

c) **Wortschatz rund um die Zeitung: Ordnen Sie die folgenden Wörter den Erklärungen unten zu, und bilden Sie dann aus den unterstrichenen Buchstaben am Rand das Lösungswort.**

e Schlagzeile, -n, r Redakteur, -e, recherchieren, inserieren, abonnieren, s Feuilleton, -s Druckmedien (Pl.), e Illustrierte, -n, r Artikel, –, e Ausgabe, -n

1. Eine fettgedruckte Überschrift meist auf der Titelseite einer Zeitung ist eine   *Schlagzeile* _____

2. Ein Journalist, der Texte für eine Zeitung aussucht und bearbeitet, ist ein   _____

3. Zeitungen, Zeitschriften, Bücher usw. nennt man   _____

4. Den kulturellen oder unterhaltenden Teil einer Zeitung nennt man   _____

5. Die meisten Tageszeitungen haben pro Woche sechs   _____

6. Gegen Bezahlung kann jeder in der Zeitung   _____

7. Besonders auf der ersten Seite stehen oft viele kurze   _____

8. Wer eine Zeitung bestellt hat und sie per Post oder Boten bekommt, hat sie   _____

9. Eine bunt bebilderte Zeitschrift ist eine   _____

10. Bevor ein Journalist einen Artikel schreibt, muss er oft lange   _____

> Eine falsche Meldung in einer Zeitung ist eine _____.

d) In Ⓓ Ⓐ ⒸⒽ: Vergleichen Sie die erste Seite einer deutschsprachigen Boulevardzeitung und einer überregionalen Tageszeitung (in Ⓓ z. B. „Bild" und „Frankfurter Allgemeine"). Benennen Sie möglichst viele Unterschiede in Art und Anordnung der Texte und Bilder sowie sprachliche Besonderheiten, und vergleichen Sie.

e) Wer liest in Ihrer Familie täglich Zeitung, wer nicht oder selten? Nennen Sie mögliche Gründe dafür.

Gr. 1.-2.

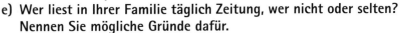

3. Zeitung selbst gemacht

a) Hören Sie zuerst den Dialog, und ergänzen Sie anschließend folgende Partikeln: *also, denn, doch, eigentlich, einfach, ja, mal, und, wohl*

Ein Haus in Heidelberg
Felix sitzt in der Küche und liest die „taz". Nworah kommt herein.

Nworah:	Hallo Felix, was liest du ... da für eine komische Zeitung?	_____ 1.
Felix:	Guck mal, ist das nicht klasse? Die „taz" hatte 18-jähriges Jubiläum, und da hat sie die ganze Ausgabe von 18-Jährigen machen lassen.	
Nworah:	Das finde ich ... toll! Die ganze Zeitung haben die selbst gemacht?	_____ 2.
Felix:	Na ja. Genau wie ihr. Ihr macht ... auch eine Zeitung.	_____ 3.
Nworah:	Du willst dich ... über uns lustig machen, was?	*wohl* 4.
Felix:	Nein, nein! Im Gegenteil. Ich fnde die Idee von einer Klassenzeitung ... super.	_____ 5.
	Sag ..., wie weit seid ihr ... inzwischen?	_____ 6./7.
Nworah:	Ja, ... die meisten haben ihre Seite jetzt abgegeben, und von den Texten aus dem Unterricht haben wir auch schon genug gesammelt.	_____ 8.
Felix:	... was haben die Leute so geschrieben?	_____ 9.
Nworah:	Ja, nicht nur geschrieben. Einige haben sich mit Fotos und Landkartenskizzen vorgestellt oder ihre Hobbys oder typische Sitten und Bräuche in ihrer Heimatregion beschrieben, und andere haben ein Gedicht oder eine Kurzgeschichte geschrieben oder über ein spannendes Erlebnis berichtet. Ja, und einer hat sogar einen Comic von unserem Unterricht gezeichnet.	
Felix:	Das klingt ... echt interessant. Kann ich da gleich ein Exemplar vorbestellen?	_____ 10.
Nworah:	Klar! Ich kann dir ... auch schon mal ein paar Seiten zeigen. Warte mal 'n Moment.	_____ 11.

b) Suchen Sie in Text 2. b) den Namen der Zeitung, für den die Abkürzung „taz" steht.

c) Warum hat die Redaktion der „taz" die Zeitung von 18-Jährigen machen lassen?

d) Diskutieren Sie die Idee, eine Klassenzeitung zu machen. Welche Themen oder Beiträge könnte man aufnehmen, bzw. wie könnte man so eine Zeitung gestalten?

Gr. 3.–4. ▷

Situationen

4. Was in der Zeitung steht

a) Ergänzen Sie die Reime in den folgenden Auszügen aus dem Lied von Reinhard Mey, und unterstreichen Sie die Entsprechungen zu den Wortschatzerklärungen am Rand.

Wie jeden Morgen war er pünktlich dran,
die Kollegen sahen ihn fragend _____.
„Sag mal, hast du noch nicht gesehn, was in der Zeitung steht?"
… Und da stand es fett auf Seite zwei:
5 „Finanzskandal!", sein Bild _____.   – schockierendes Ereignis
… Die Kollegen sagten: „Stell dich einfach stur!"   – hier: so tun, als ob man nichts damit zu tun hätte
Er taumelte zu seinem Chef über den _____.   – sehr unsicher gehen
… Er holte Hut und Mantel, wankte aus dem Raum.   – unsicher wie ein Betrunkener gehen
Nein, das war Wirklichkeit, das war kein böser _____.
10 … „Ja", sagte der Chef vom Dienst, „das ist wirklich zu dumm,
aber ehrlich, man bringt sich doch nicht gleich _____." …   – sich das Leben nehmen

b) Schreiben Sie auf der Basis der Vorgaben in a) eine Geschichte. Einige KT lesen vor.
Beispiel: Eines Morgens betrat Herr Blattner pünktlich wie immer das Büro. Da kam ihm ein Kollege entgegen, der …

c) Hören Sie jetzt das Lied von Reinhard Mey.

d) Benennen Sie Unterschiede zwischen der Geschichte von Reinhard Mey und Ihrer.
Beispiel: Im Gegensatz/Im Unterschied zu Reinhard Meys Geschichte … Anders als bei Reinhard Mey ist …/Bei Reinhard Mey … Bei mir dagegen …

e) Wo liest man häufig Skandalmeldungen? Welche anderen Themen sind typisch für diese Presse? Würden Sie diese Zeitungen lesen? Warum (nicht)?

5. Wortfeld „gehen"

Gr. 5.

a) Schreiben Sie die folgenden Verben zum Wortfeld „gehen" unter die entsprechenden Zeichnungen (pro Skizze sind mehrere möglich):
taumeln, rennen, eilen, wanken, betreten + A, spazieren, bummeln, hineingehen in + A, stolpern, verlassen + A, hinausgehen aus + D, laufen, schlendern

① ② ③ ④ ⑤

_____ _____ _____ _____ _____
_____ _____ _____ _____ _____
                        _____ _____ _____

b) Ergänzen Sie verschiedene Verben für „gehen" aus a).

1. Herr Blattner hatte pünktlich das Haus … und hatte ebenso pünktlich sein Büro …   1. _____ _____

2. Nachdem er einen Blick in die Zeitung geworfen hatte, … er über den Flur und …   2. _____ _____
fast wie ein Betrunkener in das Büro seines Chefs. 3. Kurz darauf … er eilig die   3. _____
Treppe hinunter und … mit großen Schritten zur U-Bahn-Station, um ins Zentrum   _____
zu fahren. 4. Anstatt wie sonst durch die Fußgängerzone zu … , … er diesmal wie   4. _____ _____
gehetzt an den Schaufenstern der Geschäfte vorbei. 5. Als er schließlich im
Redaktionsgebäude ankam, … er die Treppen in den dritten Stock hinauf.   5. _____

6. Ohne anzuklopfen … er in das Büro des Redakteurs … und verlangte eine Erklärung. 6. _____

c) Welche weiteren Verben kennen Sie zum Wortfeld „gehen"?

6. Elektronische Information
Wer den Computer beherrscht, beherrscht auch die Welt.

a) Wie sieht das Klischee von einem jungen Computer-Freak aus?
   Sammeln Sie typische Eigenschaften, und vergleichen Sie.

b) Lesen Sie den Text.

Schon als Knirps hat der Computer seiner Eltern Dennis so viel Spaß gemacht, dass er bald besser über Bits und Bytes Bescheid wusste als sein Vater. Mit sieben durfte er in den Ferien schon ein Computer-Camp besuchen. Zwei Wochen künstliche Wirklichkeit am Computer und wirkliche Abenteuer in der Natur. Daran erinnert er sich gern: „Es war cool. Wir haben Programmieren gelernt, Tagestouren unternommen und Sport gemacht. Wir hatten einen Riesenspaß." Spaß ist für fast alle Computer-Kids das Thema Nummer 1 – auch für Dennis, wenn er sich zum Beispiel mit seiner Jugendgruppe, die er betreut, zweimal in der Woche im Gemeindehaus trifft, wenn er an seinem Mofa bastelt oder wenn er mit ein paar Freunden an einer Zeitung schreibt, die dann im Ort verkauft wird. Spaß macht ihm vor allem Rollerblades-Fahren, Basketball, Schwimmen, Tauchen und Schach. „Wir fragen uns oft, wie er das alles schafft", sagt sein Vater ein bisschen ungläubig, aber auch ein bisschen stolz. „Und dann auch noch der Computer. Aber solange es in der Schule keine Probleme gibt ..." Und die gibt es nicht. „Im vergangenen Jahr hatte ich das zweitbeste Zeugnis in unserer Klasse", erzählt Dennis. Trotz-

dem ist er kein Liebling der Lehrer. „Ich glaub', die sind sauer, weil ich mit 16 mehr Ahnung vom Computer habe als sie selbst", vermutet er. Dabei ist es gerade der Computer, der ihm das Leben in der Schule leicht macht. Wenn Dennis nach Hause kommt, tippt er seine Mitschriften erst mal ins Textverarbeitungsprogramm. „Meine Handschrift ist furchtbar. In meine Schulhefte würde ich keinen Blick mehr werfen, und beim Abtippen lerne ich gleichzeitig den Stoff." So braucht er meist nicht länger als eine Stunde zum Lernen. Nach der Realschule will Dennis das Wirtschaftsabitur machen und danach natürlich irgendetwas mit Computer. Denn Dennis ist der Meinung: „Wer den Computer beherrscht, hat es nicht nur leichter im Leben, sondern wird auch die Welt beherrschen."

c) Wie heißt das Gegenteil? Ergänzen und vergleichen Sie.

irgendetwas	⟷	*nichts*
irgendwer	⟷	_____
irgendwo	⟷	_____
irgendwohin	⟷	_____
irgendwann	⟷	_____

d) Wie verarbeiten Sie Ihre Unterrichtsmitschriften? Wie lange brauchen Sie durchschnittlich dafür? Was tun Sie, damit Sie die Informationen einordnen, behalten und konkret anwenden können?

e) Welche Vor- und Nachteile für Schüler und Lehrer gäbe es Ihrer Meinung nach, wenn man in allen Schulen mit Computern bzw. Multimedia-Programmen lernen würde? Sammeln Sie Argumente, und vergleichen Sie.

f) Diskutieren Sie die Meinung von Dennis: „Wer den Computer beherrscht, beherrscht auch die Welt."

7. Wissen – kennen – können

a) Schreiben Sie die Vorgaben unter das jeweils passende Verb, und vergleichen Sie.

*den Text kopieren, Mozarts Kleine Nachtmusik, Auto fahren, Englisch, den Film,
das Restaurant, das Neueste, München, einen Rat, kochen, die Adresse, die Lösung*

wissen	kennen	können
die Adresse		

b) Ergänzen Sie weitere Beispiele.

Bedeutung:	*kennen* = Kenntnisse aus persönlicher Erfahrung haben
	wissen = Kenntnisse meist aus anderen Quellen haben, z. B. durch Medien
	können = die Fähigkeit/Möglichkeit haben
Valenz:	*kennen* + A, *können* + A, aber: *wissen* + A oder + satzförmige Ergänzung

8. Computer-Internationalismen

Was stimmt? Kreuzen Sie an, und vergleichen Sie.

Internet	Cyberspace	CD-ROM	E-Mail
1. Zusammenschluss von 15 europäischen Staaten.	1. Heimatstern des „Raumschiffs Enterprise" und Geburtsort von Captain Kirk.	1. Akustischer Stadtplan auf CD, heißt so, weil die allererste CD den Stadtplan von Rom enthielt.	1. Der schnellste Eilbrief der Bundespost, wird schneller als ein Fax binnen Sekunden auf digitalem Weg befördert.
2. Verbund vieler Datennetze und Computer. Dieses weltweite Kommunikationsnetz wurde ursprünglich von US-Militärs geschaffen, heute kann es jeder benutzen.	2. Britische Rockgruppe, Vorläufer des Computersounds in den achtziger Jahren.	2. Abkürzung für „Compact Disk Read Only Memory", eine CD für die Aufzeichnung von ca. 650 Millionen digitaler Dateneinheiten (Text, Grafik, Video).	2. Umgangssprachlicher Begriff für die englische Post.
3. Bezeichnung für ein Netzwerk von Computern in einer internationalen Firma.	3. Bezeichnung für eine Art Daten-Universum, in dem sich der Mensch per Computer frei bewegen kann.	3. Taste in modernen CD-Playern für die abgespielten Musiktitel.	3. Elektronische Post, bei der Nachrichten quer über den Globus von Computer zu Computer übertragen werden. Der Empfänger kann sie aus seinem Speicher über ein Passwort abrufen.

9. Gute alte Druckerschwärze

a) Welche Vorteile haben Druckmedien gegenüber elektronischen Medien? Sammeln Sie Argumente.

b) Ergänzen Sie die Präpositionen *bei, für, über, von,* und vergleichen Sie mit Ihren Argumenten.

1. Es ist heute nicht schwer ... die Verlage, Zeitungen auf den Computer-Bildschirm zu bringen. _____

2. Aber die herkömmlichen Zeitungen sind nach wie vor ... den Lesern sehr beliebt, weil man sie _____
unabhängig ... technischem Zubehör überall lesen kann. 3. Es könnte aber problematisch ... die _____
Verleger werden, wenn sich die elektronischen Medien explosionsartig verbreiten. 4. Sie sind
trotzdem überzeugt ... der Notwendigkeit der Zeitungen, weil die Leser gerade im Zeitalter der _____
Informationsfülle froh ... eine Auswahl der Nachrichten sind, die ... sie wichtig und interessant sind. _____

c) Hören Sie den Text, und machen Sie sich Notizen. Vergleichen Sie, und geben Sie den Inhalt wieder.

d) Bilden Sie zu den Adjektiven in b) Entsprechungen in anderen Wortarten, z. B.
interessant sein für + A • *sich interessieren für* + A • *Interesse haben an* + D

 Gr. 6.

10. Die totale Information

a) Welche Vorteile, welche Gefahren kann Ihrer Meinung nach die globale Vernetzung aller Computer mit sich bringen? Sammeln Sie Argumente, und vergleichen Sie.

b) Lesen Sie den Text.

Ein neues Zeitalter soll beginnen mit unbegrenzter Telekommunikation und Nutzung von Computerleistung, mit Telearbeit, Teleshopping, Teleschule usw. und mit ganz neuen Dienstleistungs-Sektoren. Ich sehe das sehr viel skeptischer. Auch das Mit-jedem-telefonieren-Können hat seit der Erfindung von Herrn Bell mindestens genauso viel Verkehrsbewegung verursacht, wie es eingespart hat.

5 Vor Begeisterung über den erweiterten Zugang zur „totalen Information" übersehen wir, dass die Informationsfülle für den Einzelnen überhaupt nicht mehr verarbeitbar ist. Mehr Informationen bedeuten nicht zugleich besseres Informiertsein. Eine multiplizierte, über globale Netze angebotene Informationsfülle kann das menschliche Gehirn weder bewältigen, noch kann es sinnvoll damit umgehen. Also wird man gezwungen sein, die von den Datenbanken einströmenden Informationen

10 nicht von Menschen, sondern wiederum von Computern entgegennehmen und verarbeiten zu lassen. Das bringt uns keinerlei Bereicherung, weder an Wissen noch an Einsicht.

Der Nutzen von Informationen liegt eben in der Auswahl, nicht in der Fülle, liegt in ihrer Relevanz, nicht im Übertragungstempo. Trotz der rasanten Entwicklung der Hardware steckt die Software aber noch in den Kinderschuhen. Internet, ISDN und weltweite Daten-Autobahnen sind in dieser Form in

15 meinen Augen kein Fortschritt, sondern ein Rückfall in den Aberglauben, dass mehr immer besser sei.

Mit der Verbindung unterschiedlicher Systeme, wie z. B. der Kopplung von Bildschirmtext mit dem PC, fängt das Risiko an. Als Biologe vergleiche ich natürlich sofort mit der Natur. Dort findet gerade keine Vernetzung verschiedener Organismen statt. Weder Blutkreisläufe noch Nervensysteme

20 sind über den Organismus hinaus mit anderen verbunden. Aus gutem Grund. Denn Störungen und Fehler an einer Stelle sollen nicht gleichzeitig auf alle anderen übertragen werden.

Durch ISDN, globales Internet oder World Wide Web werden nun aber Computernetze, die bislang eine Insel für sich waren, automatisch miteinander und mit anderen Informationssystemen verbunden. Millionen von Computern, Telefonen und Bildschirmen kommunizieren über ein einziges Lei-

25 tungsnetz. Für die Ausbreitung von Killer-Programmen gibt es da keine Grenzen mehr. Das hat dieselbe Wirkung, als wären alle Menschen über einen Blutkreislauf miteinander verbunden: Wenn einer Aids kriegt, haben gleich alle Aids. Oder als wenn wir ein gemeinsames vernetztes Nervensystem hätten: Wenn einer durchdreht, drehen alle durch. Nicht umsonst hat wohl die Natur auf eine Internet-ähnliche Infrastruktur verzichtet.

30 Systeme spielen in der Natur eine herausragende Rolle. Nur wenn der Mensch lernt, die vernetzten Zusammenhänge zu verstehen, kann er im Einklang mit der Natur handeln.

Frederic Vester (gekürzt und leicht adaptiert)

c) Welche Wörter würden Sie in b) nachschlagen? Begründen Sie Ihre Wahl.

d) Was bedeutet die Nachsilbe *-bar* in „verarbeitbar" (Zeile 6)?

e) Suchen Sie zu den einzelnen Abschnitten Überschriften, und vergleichen Sie.

f) Geben Sie die Hauptgedanken des Textes anhand der Überschriften wieder.

g) Stimmen Sie mit der Meinung von Frederic Vester überein? Warum (nicht)?

h) **Diskussion:** Glauben Sie, dass in absehbarer Zukunft alle Menschen Zugang zu den Informationsquellen haben oder wie zur Zeit nur eine kleine Elite?

i) **Beschreiben Sie, wie ein normaler Wochentag im Jahr 2050 aussehen könnte.**
Beispiel: Es ist Dienstag, der 18. Juli, 7 Uhr morgens ...

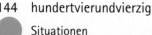

Grammatik

Konjunktiv I (Gegenwart und Zukunft) in der indirekten Rede im formelleren Sprachgebrauch, besonders in Medien, Literatur und Wissenschaft

1. Blick in die Zeitung

a) Lesen Sie den Text, und unterstreichen Sie die Verben im Konjunktiv.

Bundespräsident fordert mehr Europa-Begeisterung

Aachen. Ein gemeinsames Engagement für ein freies und friedliches Europa von Norden bis zum Mittelmeer hat Roman Herzog von Politikern und Bürgern gefordert.
5 Dazu gehöre die Osterweiterung der Europäischen Union, betonte er. Nur ein einiges Europa könne sich in der Welt von morgen behaupten. Dafür müsse sich jeder an seinem Platz einsetzen. In der Welt von morgen gebe es große geistige und öko-10 nomische Machtblöcke, die ihren Platz in der Weltpolitik hätten. Europa habe nur eine Chance dazuzugehören, wenn es einig auftrete. Das sei das Ziel. Die Europäer wollten keine politische oder wirtschaftliche Vormachtstellung in der Welt haben, 15 sondern friedlich und in gegenseitigem Respekt mit den anderen Regionen der Welt zusammenleben.

b) Ersetzen Sie in der Tabelle unten die Konjunktiv-I-Formen, die mit dem Präsens Indikativ identisch sind, durch Konjunktiv-II-Formen wie in den Beispielen.
Die *du-* und *ihr-*Formen sind im öffentlichen Sprachgebrauch sehr selten.

	könn	**-en**		**woll**	**-en**		**hab**	**-en**		**sein**	
ich	könn	-e		woll	-e		hab	-e	*hätt-e*	sei	-∅
(du	könn	-est		woll	-est		hab	-est		sei	-(e)st
er/es/sie	könn	-e		woll	-e		hab	-e		sei	-∅
wir	könn	-en	*könn-t-en*	woll	-en		hab	-en		sei	-en
(ihr	könn	-et		woll	-et		hab	-et		sei	-(e)t
sie/Sie*	könn	-en		woll	-en		hab	-en		sei	-en

Ebenso wie können → dürfen und müssen; wie wollen → sollen

Bildung des Konjunktiv I (Gegenwart und Zukunft): Infinitiv-Stamm + _____
Aber: Die mit dem Präsens Indikativ identischen Formen ersetzt man durch Konjunktiv-II-Formen.

---

c) Ersetzen Sie unten die mit dem Präsens Indikativ identischen Formen wie in den Beispielen:

	geb	**-en**	
ich	geb	-e	→ *gäb-e*
(du	geb	-est	
er/es/sie	geb	-e	
wir	geb	-en	→ _____
(ihr	geb	-et	
sie/Sie*	geb	-en	→ _____

	gehör	**-en**	
ich	gehör	-e	→ *gehör-t-e*
du	gehör	-est	)
er/es/sie	gehör	-e	
wir	gehör	-en	→ _____
ihr	gehör	-et	)
sie/Sie*	gehör	-en	→ _____

Die oben vorgestellten Formen benutzt man hauptsächlich bei Redewiedergaben im formelleren Sprachgebrauch. Die Konjunktiv-II-Ersatzformen mit *würde_* + Infinitiv sind hier seltener.

---

d) Schreiben Sie in der direkten Rede auf, was der Bundespräsident in a) gesagt hat (Zeile 5 bis 16), und vergleichen Sie die Verbformen.

Konjunktiv I (Vergangenheit) in der indirekten Rede im formelleren Sprachgebrauch

2. Aus der Rede des Bundespräsidenten

a) Unterstreichen Sie die Konjunktiv I–Formen der Vergangenheit, und vergleichen Sie.

... Der Bundespräsident betonte, dass er die gegenwärtigen Sorgen vieler seiner Mitbürger sehr gut verstehen könne. Viele hätten ihren Arbeitsplatz verloren und seien dadurch in materielle Schwierigkeiten gekommen. Andere hätten akzeptieren müssen, nicht mehr so viel Geld zur Verfügung zu haben. Viele Ostdeutsche hätten den Schock noch nicht verarbei-
5   tet, den die völlig neuen Lebensverhältnisse für sie bedeutet hätten. Die Medien hätten in dieser Situation Zukunftsängste in der Bevölkerung geweckt, anstatt Zuversicht und Hoffnung auf die Leistungsfähigkeit eines geeinten Europas zu verbreiten ...

b) Ergänzen Sie die fehlenden Formen von *haben* und *sein*.

ich	sei		ich	hätte		ich	hätte	
(du	sei(e)st)		(du	habest)		(du	habest)	
er/es/sie	_____		er/es/sie	_____		er/es/sie	_____	
wir	_____	gekommen	wir	_____	gemacht	wir	_____	gehen können
(ihr	seiet)		(ihr	habet)		(ihr	habet)	
sie/Sie*			sie/Sie*			sie/Sie*	_____	

*♟/♟♟

Bildung des Konjunktiv I (Vergangenheit):
*sei_* oder *habe_* + _____
Bei Modalverben *habe_* + _____
Aber: Die mit dem Präsens Indikativ identischen Formen ersetzt man durch Konjunktiv II-Fomen.

c) Geben Sie den Auszug aus der Rede des Bundespräsidenten in der direkten Rede wieder, und vergleichen Sie.
Beispiel: „Ich kann die gegenwärtigen Sorgen vieler meiner Mitbürger sehr gut verstehen."

3. Aus einem Interview

a) Unterstreichen Sie die Verben in dem folgenden Dialog.

Stephan (S), 18 Jahre, interviewt eine Mitbegründerin (M) der „taz".

S: ... Warum ist die „taz" heute nicht mehr das, was sie früher einmal war? Damals haben zum Beispiel alle Redakteure den gleichen Lohn bekommen, und alle haben alles gemeinsam beschlossen.

M: Also, ich wünsche mir diese Art von Demokratie nicht zurück. Sie war sehr originell, aber auch oft sehr chaotisch und ineffektiv.

S: Aber ihr wart politisch viel offensiver, und dann habt ihr euch angepasst.

M: Ich denke ja auch ganz gern an die frühen Jahre zurück, aber seitdem hat sich doch vieles völlig verändert, und wir haben auch mit der Zeit gehen müssen. Seit dem Mauerfall wusste niemand mehr genau, was eigentlich „links" ist. Für mich persönlich bedeutet Linkssein, nie aufzuhören, Macht und Mächtige zu kritisieren ...

b) Geben Sie das Interview in der indirekten Rede wieder, unterstreichen Sie dann die Konjunktivformen, und vergleichen Sie sie mit den Verben in a).
Beispiel: Stephan hat die „taz"-Redakteurin gefragt, warum die „taz" heute nicht mehr das sei, was sie früher ...

Konjunktiv II (Gegenwart und Vergangenheit) in der indirekten Rede im informellen Sprachgebrauch, besonders in der gesprochenen Sprache

4. Was soll ich für die Klassenzeitung schreiben?

a) Lesen Sie, und unterstreichen Sie die Verben im Konjunktiv II.

Nadja und John unterhalten sich über die Klassenzeitung. Nadja berichtet: „Ich habe vorhin Yoko getroffen und sie gefragt, ob sie nicht wüsste*, wie ich meine Seite für die Klassenzeitung machen könnte. Yoko hat gemeint, dass ich einfach anfangen sollte, dann würde mir ganz bestimmt auch was einfallen. Ihr wäre es zumindest so gegangen. Sie hätte zuerst auch nicht gewusst, was sie mit der Seite hätte machen sollen, aber dann hätte sie einfach alle ihre Ideen aufgeschrieben und die beste davon genommen."

> **Im informellen Sprachgebrauch** benutzt man bei der Redewiedergabe statt der Konjunktiv-I-Formen meist die **Formen des Konjunktiv II**. Sehr häufig wird auch der Indikativ verwendet, z. B. *Sie hat gesagt, dass es ihr Spaß gemacht hat.*

* Einige häufig verwendete unregelmäßige Verben verwendet man im Konjunktiv II zum Ausdruck von Gegenwart und Zukunft auch ohne *würde*, wie: ich fände, gäbe, ginge, (be)käme, täte, wüsste ... (Vgl. L. 20, Gr. 7.).

b) Schreiben Sie den Bericht in a) in einen Dialog um, z. B.:
N: Yoko, sag mal, weißt du nicht, wie ich meine Seite für die Klassenzeitung ...?
Y: ...

Textkonstruktion

5. Vom Satz zum Text

Schreiben Sie aus den folgenden Sätzen einen flüssigen Text mit Haupt- und Nebensätzen. Vermeiden Sie dabei Wiederholungen.
Markieren Sie anschließend Ihre Sätze mit „HS" (Hauptsatz) **bzw. „NS"** (Nebensatz), **und unterstreichen Sie mit zwei verschiedenen Farben wie im Beispiel.**
Beispiel: Herr Blattner betrat eines Tages das Büro. Ein Kollege kam ihm entgegen. Der Kollege fragte ihn: „Haben Sie das schon gelesen? Das steht in der Zeitung."

Als Herr Blattner eines Tages das Büro betrat,	kam ihm ein Kollege entgegen	und fragte ihn,
NS	HS	HS

ob er schon gelesen habe,	was in der Zeitung stehe.
NS	NS

1. Herr Blattner schloss die Tür hinter sich. Er hängte seinen Mantel in den Schrank. Er setzte sich an seinen Schreibtisch. Er wollte die Zeitung lesen. 2. Er schlug die Zeitung auf. Er sah sofort sein Foto. Er sah neben seinem Foto einen Artikel über einen Finanzskandal. 3. Er las den Artikel. Es war ihm sofort klar: Das musste eine Verwechslung sein. Nichts von dem war wahr. Es stand in der Zeitung. 4. Wie war so etwas möglich? Wie wehrte man sich dagegen? Er wusste es nicht. 5. Sein Chef sagte: „Bleiben Sie zunächst mal zu Haus. Spannen Sie aus. Machen Sie Urlaub." 6. Er verließ das Büro sofort. Er eilte zur U-Bahn-Station. Er wartete ungeduldig auf den Vorortzug. 7. Die Leute sahen ihn alle komisch an. Die Leute wussten alle Bescheid. Es schien ihm so. 8. Er kam schließlich in der Redaktion an. Er verlangte von dem verantwortlichen Redakteur eine Erklärung. 9. Der meinte: „Das ist doch nicht so schlimm. Eine Verwechslung kann immer passieren, auch wenn man noch so sorgfältig recherchiert." 10. Mit dieser Erklärung war Herr Blattner nicht einverstanden. Herr Blattner ging zum Chefredakteur. 11. Der Chefredakteur fand das Ganze auch nicht so schlimm. Der Chefredakteur veröffentlichte eine Gegendarstellung mit dem Bedauern der Redaktion. Die Gegendarstellung erschien schon am gleichen Abend. Wer liest das? Es steht klein gedruckt in der Zeitung.

Nominaler oder verbaler Ausdruck (Wiederholung und Erweiterung)

6. Schlagzeilen und Überschriften

a) Lesen Sie, und klären Sie Wortschatzfragen.

① **Datenverschlüsselung im Internet auch in Zukunft erlaubt?**
Streit zwischen Sicherheitsexperten und Fachleuten

⑦ **Luxemburger Treffen der EU-Minister**
Noch keine Einigung über Beschäftigungspolitik

② **Ein Toter bei Banküberfall**

③ **Lehrstellenkatastrophe vermeiden**

⑧ **Erfolgreicher Saisonabschluss für 1. FC Köln**

④ **Einwurf in den Briefkasten genügt nicht**
Kirchenaustrittserklärung muss im Rathaus ankommen

⑨ **„Stoppt den Fahrradklau"**
Polizei kündigt verstärkte Überwachung an

⑤ **Brand in Großmarkt**
Niemand verletzt

⑩ **Für Erhalt von Weimars Nationaltheater**

⑥ **Gegner der Gentechnik befürchten ökologische Katastrophe**
Nutzen der Gentechnik in der Landwirtschaft umstritten

b) Welche Satzteile fehlen bei Schlagzeilen und Überschriften in Zeitungen oft?

_____

c) Geben Sie den Inhalt der Überschriften wieder wie im Beispiel.

In der Zeitung steht,
1. ... *dass es fraglich ist, ob Daten im Internet auch zukünftig verschlüsselt werden dürfen, und dass sich Sicherheitsexperten und Computerfachleute darüber streiten.*

2. ... dass ein Mann _____

3. ... dass eine Lehrstellenkatastrophe _____

4. ... dass es nicht genügt, wenn man die Kirchenaustrittserklärung in den Briefkasten

_____, sondern dass sie _____

5. ... dass es _____ Großmarkt _____

aber dass _____

6. ... dass die Gegner der Gentechnik _____

und dass _____

7. ... dass die EU-Außenminister _____

aber dass _____

8. ... dass der 1. FC Köln die Saison _____

9. ... dass der Fahrraddiebstahl _____

und dass die Polizei Fahrradabstellplätze verstärkt _____

10. ... dass beschlossen worden ist, _____

d) Schreiben Sie Überschriften und Schlagzeilen aus Zeitungen heraus, und geben Sie den Inhalt in der Gruppe wieder wie in c).

Projekt 1.b)

Grammatik

Aktivitäten

29

1. Projekte

a) **Presse in ⒟ⒶⒸⒽ:** Stellen Sie eine Zeitung, eine Zeitschrift oder eine Illustrierte aus ⒟, Ⓐ oder ⒸⒽ vor. Berichten Sie über Art der Zeitung (Sonntagszeitung, Tageszeitung, Wochenzeitung ...), Verbreitung (lokal, regional oder überregional), Aufmachung (Fotos, schwarz-weiß/ bunt), Anzeigen, Werbung (wofür hauptsächlich), Inhalt/Themenschwerpunkte (Politik, Wirtschaft, Handel, Kultur, Sport, Reisen, Mode, Umwelt, Lokales/Regionales ...), hauptsächliche Adressaten.

b) **Das Neueste vom Tage:** Jeden Tag berichten zwei KT in wenigen Sätzen über zwei wichtige Themen von der ersten Seite einer Tageszeitung bzw. aus den Radio- oder Fernsehnachrichten (Wer? Was? Wo? Wann? Wie? Warum? ...) sowie über den Wetterbericht für den jeweiligen Tag. In ⒟ⒶⒸⒽ: Vergleichen Sie das Wetter mit dem für diese Jahreszeit typischen in Ihrem Heimatland. Sammeln Sie in einem Ringbuch den jeweiligen neuen Wortschatz alphabetisch nach Themenbereichen geordnet. Kleben Sie auf einen großen Bogen (z. B. Packpapier, Rückseite eines Posters) Fotos und Schlagzeilen der behandelten Themen, und hängen Sie ihn im Klassenzimmer auf. Ergänzen Sie ihn an jedem Unterrichtstag.

c) **Deutschsprachige Radiosender international:** Schreiben Sie an die „Deutsche Welle", an „Radio Österreich International" sowie an „Schweizer Radio International", und bitten Sie um Informationsbroschüren. Werten Sie sie aus, und geben Sie das Wichtigste in der Gruppe wieder (Adressen im Lösungsschlüssel).

d) **Fernsehen in ⒟ⒶⒸⒽ:** Besorgen Sie sich eine Fernseh-Programm-Zeitschrift. Stellen Sie das Abendprogramm eines öffentlichen und eines privaten Senders vor, und vergleichen Sie mit Ihrem Heimatland. Erkundigen Sie sich nach der Höhe der monatlichen Kosten für Radio und Fernsehen.

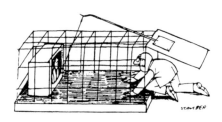

2. Spiele und Aufgaben

a) Schreiben Sie in zwei Minuten möglichst viele Nomen mit den häufigsten Konsonantenverbindungen am Wortanfang auf. Wer die meisten hat, liest vor.
   Beispiele:

–r	–l/–n/–m/–w
der **Br**ief,-e	der **Bl**ick,-e
der **Dr**ucker,-	der **Fl**ur,-e
die **Fr**eude,-n	der **Gl**obus,-ben/-busse
der **Gr**und,-̈e	das **Kl**ischee,-s
der **Kr**eis,-e	der **Pl**atz,-̈e
die **Pr**esse,	die **Schl**agzeile,-n
die **Schr**ift,-en	der **Kn**irps,-e
die **Spr**ache,-n	die **Schn**elligkeit,
die **Str**aße,-n	der **Schm**erz,-en
der **Tr**aum,-̈e	der **Schw**erpunkt,-e

b) Zeichensprache der Computerbenutzer: „Smileys" und ihre Bedeutung.
   Lesen Sie.

:-)	Das war ein Witz.
:-(	Ist das traurig.
;-)	Nimm's nicht so ernst!
:-#	Ich schweige wie ein Grab!
(:<)	So ein Plappermaul.
:-D	Ich spreche zuviel.
8-)	User trägt Brille.
:-0	Oh!
:-x	Küsschen!
:-)'	Voll begeistert.
:-)8	User ist elegant gekleidet.

   Drehen Sie das Buch um 90 Grad nach rechts!

3. Ausge ⒟Ⓐ ⒸⒽ te Geschichten

Ihre ausge ⒟Ⓐ ⒸⒽ te Person hat häufiger mit jemandem im Internet Informationen ausgetauscht. Sie treffen sich jetzt zum ersten Mal. Dabei gibt es eine Überraschung.

4. Hörspiel: Der Würger lässt die Maske fallen (Kurzkrimi)

Hören Sie den Kurzkrimi, und erfinden Sie den fehlenden Schluss. Einige KT tragen ihre Lösungen vor. Hören Sie dann den Text mit dem Originalschluss.

Kommunikationszentrum

Umfrage des „Stern": Was die Deutschen am Arbeitsplatz und in der Freizeit am meisten ärgert

a) **Bildbeschreibung:** Wählen Sie einige Szenen aus, beschreiben Sie das Verhalten der Personen, und nennen Sie mögliche Gründe, warum sich jemand darüber ärgert.

b) **Vermutungen:** Über welche Verhaltensweisen auf dem Bild rechts ärgern sich die Deutschen wohl am meisten? Schreiben Sie drei auf, und vergleichen Sie. *Beispiel:* „Ich glaube, dass sich die Deutschen am meisten ärgern, wenn jemand ..." (Vergleichen Sie dann mit dem LS.)

c) **Rundfrage:** Worüber würden sich die Leute in Ihrem Heimatland am meisten ärgern, worüber am wenigsten? Und Sie? Nennen Sie Gründe.

d) **Redemittel:** Wie kann man Ärger oder Protest ausdrücken? *Beispiele:* „Können Sie denn nicht warten/aufpassen!", „So geht das aber nicht!", „Wenn alle so rücksichtslos wären!", „Das ist ja eine Frechheit!", „Das ist ja wirklich unverschämt!" ... Zu welchen Szenen würden diese Äußerungen passen?

e) **Rollenspiel:** Spielen Sie eine Szene zwischen jemandem, der ein Ärgernis erregt hat, und jemandem, der ihn deshalb anspricht.

f) **Diskussion:** Wie kann man Ärgernisse im öffentlichen Bereich vermeiden (durch Erziehung, Strafen, Gesetze, Ignorieren/Tolerieren ...)? Wie ist das in Ihrem Heimatland?

g) **Kommentar:** Warum sind heute viele Leute rücksichtsloser als früher? Nennen Sie Beispiele. Was kann man Ihrer Meinung nach dagegen tun? Lesen Sie Ihren Text nach Kontrolle durch L vor.

h) **Interview:** Befragen Sie Personen aus (D)(A)(CH), worüber sie sich im Alltag am meisten ärgern und warum. Berichten Sie, und nennen Sie das ungefähre Alter Ihrer Informanten.

Europäische Union

1 Wie heißt der Maler, und in welchem Land ist er geboren?

2 Wo befindet sich der bekannte Vergnügungspark „Tivoli"?

A

Bevor der Nationalismus in Europa entstand, war es selbstverständlich, dass junge Handwerksburschen auf Wanderschaft gingen, um Europa zu entdecken und sich weiterzubilden. Grenzen spielten fast keine Rolle. Erasmus, der vor 500 Jahren in Rotterdam geboren wurde, studierte in Paris, promovierte in Turin und lehrte mehr als ein Jahrzehnt im englischen Cambridge. Er starb in Basel. Künstler kamen aus aller Welt zusammen, um voneinander zu lernen. Trotz unterschiedlicher Sprachen war die gemeinsame Kultur immer das Bindeglied zwischen den Menschen in Europa. Diese kulturelle Zusammenarbeit wurde zerstört, als im 19. Jahrhundert nationalistisches Denken immer stärker wurde.

Trotzdem gelang es nach zwei Weltkriegen, schrittweise zu neuer Gemeinsamkeit zu finden. Die wichtigsten Stationen waren:

Europäische Wirtschaftsgemeinschaft (EWG) 1957 und Europäische Union (EU) 1993. Die EU hat zur Zeit 15 Mitgliedsstaaten mit insgesamt 370 Millionen Einwohnern und ist dabei, sich nach Osten hin Ländern zu öffnen, die Teil der europäischen Geschichte und Kultur sind.

Die EU investiert durch verschiedene Programme für junge Leute in die Zukunft, z. B. durch „Sokrates", „Erasmus" oder „Leonardo". Diese sollen dazu beitragen, dass junge Leute während des Studiums oder einer beruflichen Ausbildung die Lebens- und Arbeitsbedingungen in anderen europäischen Ländern kennen lernen. So können sie sich dann später mit ihrem Wissen und ihren Erfahrungen aktiv an der Gestaltung der Zukunft Europas beteiligen.

B

C

E

G

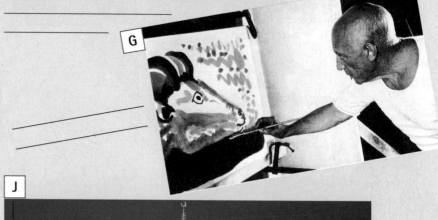

J

3
Welches Land ist für seine exquisite Küche besonders bekannt?

4
In welcher europäischen Hauptstadt steht dieses im hochgotischen Stil erbaute Rathaus?

5
Wo befindet sich die Akropolis, das Symbol für Demokratie in Europa?

D

_____

6
Welche Stadt ist unter anderem für ihre Kanäle und Gondolieri bekannt?

7
Wo hängt das Gemälde „Die Nachtwache", und wer hat es gemalt?

F

8
Wie heißt die Hauptstadt am Meer mit der längsten Hängebrücke Europas?

_____

H

9
Welches Land verbinden Sie mit Mitternachtssonne und unzähligen Seen?

I

10
In welcher Metropole kann man die Tower Bridge besichtigen?

_____

K

Aufgaben:

1. Lesen Sie die Fragen 1 bis 10, und ordnen Sie sie den Bildern zu. Schreiben Sie die passende Stadt und/oder das Land darunter, und vergleichen Sie.

2. Von welchen EU-Staaten gibt es hier keine Abbildungen?

3. Wo waren Sie schon in Europa (wann, wie lange, aus welchem Grund)?
   Was hat Sie besonders beeindruckt, bzw. was ist Ihnen positiv oder negativ aufgefallen? Berichten Sie.

4. In welches Land der EU möchten Sie im Anschluss an diesen Kurs am liebsten reisen? Nennen Sie Gründe.

Zukunft

Situationen – Texte – Redemittel

1. Wünsche Träume Glück

Wünsche Träume Glück

A Pferdewirtin · Truckfahrer · Landschaftsarchitektin · Malerin · Koch · Bildhauerin

Statussymbole

B

C

D

E

F

Wie sehen Sie Ihre Zukunft?
Schreiben Sie einige Sätze auf, und vergleichen Sie.

2. Jugend sieht ihre Chancen schwinden

Neueste Shell-Studie zeigt: Der Nachwuchs
sorgt sich um seine Zukunft

a) Was erfahren Sie aus den Überschriften über den Inhalt des Artikels?
b) Lesen Sie den Zeitungsartikel.

Berlin. Mit gemischten Gefühlen sehen die Jugendlichen in die Zukunft. Arbeitslosigkeit ist ihre größte Sorge. Das zeigen die Ergebnisse der neuesten Jugendstudie des Mineralölkonzerns „Shell".

2100 Jugendliche zwischen 12 und 24 Jahren nahmen an einer Befragung über ihre Einstellungen und Werte, über ihre politischen und persönlichen Überzeugungen teil.

Im Vergleich zu der ersten gesamtdeutschen Jugendstudie vor fünf Jahren sahen die Ergebnisse jetzt anders aus. Damals blickten 72 Prozent der ost- und westdeutschen Jugendlichen optimistisch in die Zukunft. Heute befürchtet jeder zweite 18- bis 21-Jährige, keinen Arbeitsplatz zu finden. Und die Quote steigt noch weiter an, je älter die Jugendlichen werden. Selbst die, die einen Ausbildungs- oder Arbeitsplatz gefunden haben, sind in ihrer Mehrheit skeptisch, ob sie nicht doch eines Tages wieder ohne Job dastehen. An zweiter Stelle steht bei den Zukunftsängsten die Bedrohung durch Drogen. Erst an dritter Stelle kommen Schwierigkeiten, die die Jugendlichen beim Erwachsenwerden mit ihrer Familie und ihren Freunden haben.

Die gesellschaftlichen Probleme haben also die Jugendlichen erreicht. Jugend ist keine sorgenfreie Verlängerung der Kindheit mehr.

Die Ergebnisse der Studie zeigen auch, dass die Jugendlichen von der Politik keine Lösung der großen gesellschaftlichen Schwierigkeiten, wie zunehmender Arbeitslosigkeit und steigender Alltagsgewalt erwarten. Etwa ein Drittel der Jugendlichen würde sich für keine Partei engagieren, zirka ein Viertel für die SPD, rund 20 Prozent für die Grünen und weniger als 20 Prozent für die CDU.

Das bedeutet aber nicht, dass die Jugendlichen jedes gesellschaftliche Engagement ablehnen. Sie wollen etwas für die Allgemeinheit tun, aber nicht zu den Bedingungen der Erwachsenen. Als häufigste Kriterien für freiwillige Arbeit werden Freude an der jeweiligen Tätigkeit genannt („Es muss Spaß machen") und die Möglichkeit, jederzeit wieder aussteigen zu können. Weniger wichtig ist ihnen die Bezahlung oder Freistellung von der Arbeit.

Trotz aller Konflikte zeigt die Studie, dass die Gewaltbereitschaft der Jugendlichen sehr niedrig ist. Aktionen, die Gewalt beinhalten oder zumindest in Kauf nehmen, werden strikt abgelehnt.

c) Unterstreichen Sie in jedem Absatz die zentrale Aussage, und vergleichen Sie.
d) Stellen Sie sich gegenseitig Fragen zum Inhalt des Textes, und beantworten Sie sie.
e) Fassen Sie den Text anhand Ihrer Unterstreichungen zusammen, und vergleichen Sie.
f) Was wissen Sie über die in dem Artikel genannten Parteien?
g) Was würden Sie für die Jugendlichen in Ihrem Heimatland tun, wenn Sie die Möglichkeit hätten?

Gr. 1.

3. Was Jugendliche für eine bessere Zukunft tun würden

a) Welche der folgenden Verben passen zu den Sätzen unten? Ergänzen Sie sie am Rand
abschaffen, abbauen, durchsetzen, unterstützen, kürzen, sorgen (für), verstärken

1. Ich würde für mehr Ausbildungs- und Arbeitsplätze ...   _____
2. Ich würde gleiche Chancen für Männer und Frauen in Ausbildung und Beruf ...   _____
3. Ich würde besonders in der Schule versuchen, Vorurteile ...   _____
4. Ich würde den obligatorischen Militärdienst ...   _____
5. Ich würde die Militärausgaben ...   _____
   und mit dem Geld Arme und Arbeitslose ...   _____
6. Ich würde den internationalen Kampf gegen Drogenhändler ...   _____

b) Aus welchen der Verben in a) kann man kein Nomen mit der Nachsilbe *-ung* bilden?

c) Ordnen Sie die Sätze in a) nach der Wichtigkeit, die sie für Sie haben. Was würden Sie noch verändern?

4. Die neue Generation

a) Junge Leute in Ⓓ Ⓐ ⒞Ⓗ machen ihr Abitur in der Regel mit 19 Jahren und sind im Durchschnitt 27 Jahre alt, wenn sie ihr Studium beenden. Vergleichen Sie mit Ihrem Heimatland. Sind Sie für weniger Schul- und Studienjahre? Warum (nicht)?

b) Hören Sie, was vier junge Leute zu vorgegebenen Themen sagen, und machen Sie sich Notizen. Rekonstruieren Sie dann die Themen anhand Ihrer Notizen, vergleichen Sie, und tragen Sie sie in die erste Spalte einer Tabelle ein, wie im Beispiel unten.

c) Hören Sie noch einmal, ergänzen Sie die Informationen in der Tabelle in Kurzform wie im Beispiel, und vergleichen Sie.

Themen	Marco (1)	Ann (2)	Michael (3)	Gina (4)
Alter	*19 Jahre*			
Abi-Note	*1,4*			

d) Was fällt Ihnen an den Äußerungen auf? Gibt es Unterschiede zu Ihrem Heimatland?

e) Geben Sie die Äußerungen einer der vier Personen im Zusammenhang wieder.

f) Fragen Sie Ihre Nachbarn, wie sie sich ihr privates und berufliches Leben in zehn Jahren vorstellen.
Beispiel: Wo wirst du wohl in zehn Jahren sein?
Benutzen Sie beim Antworten die Ausdrücke rechts.
Ordnen Sie sie zuvor nach dem Grad ihrer Wahrscheinlichkeit.

> es kann sein   bestimmt   vielleicht
>
>   vermutlich
> auf keinen Fall   es ist gut möglich
>
>   sicher(lich)   eventuell
>
> (höchst)wahrscheinlich   möglicherweise

30

5. Meine Zukunft

a) Lesen Sie das Gedicht rechts.
- Womit beginnt die Zukunft?
- Was nimmt in der Zukunft zu, was nimmt ab?
- Was bedeutet der letzte Satz?
- Möchten Sie Ihrer Zukunft entgehen? Wenn ja, wie stellen Sie sich das vor?

b) Schreiben Sie einen kurzen Text über Ihr Leben in zehn Jahren. Einige KT lesen vor.

6. Aussteiger

a) Sehen Sie sich den Cartoon an, schließen Sie das Buch, und beschreiben Sie das Bild aus dem Gedächtnis. Vergleichen Sie.

b) Ergänzen Sie die folgende Bildbeschreibung, bei der von jedem zweiten Wort etwa die Hälfte der Buchstaben fehlt.

Meine Zukunft

Ein Schulabschluss
ein paar wilde Jahre
ein Haufen Idealismus
ein Beruf
eine Hochzeit
eine Wohnung
ein paar Jahre weiterarbeiten
eine Wohnzimmergarnitur
ein Kind
eine wunderschöne komfortable
Einbauküche
noch'n Kind
ein Mittelklassewagen
ein Bausparvertrag
ein Farbfernseher
noch'n Kind
ein eigenes Haus
eine Lebensversicherung
eine Rentenversicherung
eine Zusatz-Krankenversicherung
ein Zweitwagen mit Vollkaskoversicherung
und so weiter …
und so weiter …
Hoffentlich bin ich stark genug, meiner
Zukunft zu entgehen!

Nina Achminow

Gr. 2.–3.

1. Im Vorde_____ sieht m_____ eine win_____ Insel i___ Meer m___ einer run_____ Hütte un___ einer klein_____ Palme. 2. Sonst wäc_____ auf d___ Insel au_____ ein pa___ Blumen nic_____. 3. Auf d___ linken Se_____ sieht m___ ein off_____ Motorboot, d___ von ei_____ Schiff i___ Hintergrund geko_____ ist. 4. Der Ma_____ im Bo_____ spricht m_____ ei_____ Mann, d_____ barfuß, n___ mit He_____ und Ho_____ bekleidet, ne_____ seiner H_____ steht. 5. Der Ma_____ im Bo_____ will d___ Inselbewohner ret_____, aber d___ schreit ents_____, dass e___ nicht gere_____ werden wi_____. 6. Seine Able_____ betont e__ durch ei_____ eindeutige Ge_____ mit be_____ Armen. 7. Der Ma_____ im Bo_____ versteht d___ nicht. 8. Über d___ Sprechblase d___ Inselbewohners si_____ man i___ einer gro_____ Denkblase d___ Grund f___ seine Weig_____: Eine Groß_____ mit Hochh_____ ohne e___ Zeichen v_____ Leben.

c) Warum würden viele Menschen gerne aus dem gewohnten Leben aussteigen? Was hindert sie wohl daran? Was würde Sie daran hindern?

d) Rollenspiel: Übernehmen Sie die Rolle des Mannes im Boot, und versuchen Sie, den Inselbewohner zu überreden, wieder in die Zivilisation zurückzukehren.

7. Vom Zeitsparen und dem richtigen Leben

a) Was könnte mit „richtigem" Leben Ihrer Meinung nach gemeint sein?
b) Wo sparen Sie Zeit, und wofür nehmen Sie sich Zeit? Nennen Sie Beispiele.
c) Lesen Sie den folgenden Auszug aus „Momo" von Michael Ende.

Täglich wurden im Rundfunk, im Fernsehen und in den Zeitungen die Vorteile neuer zeitsparender Einrichtungen erklärt und gepriesen, die den Menschen dereinst die Freiheit für das „richtige" Leben schenken würden. An Hauswänden und Anschlagsäulen klebten Plakate, auf denen man alle möglichen Bilder des Glücks sah. Darunter stand in leuchtenden Lettern:

5
ZEIT-SPARERN GEHT ES IMMER BESSER!
ODER: ZEIT-SPARERN GEHÖRT DIE ZUKUNFT!
ODER: MACH MEHR AUS DEINEM LEBEN – SPARE ZEIT!

Aber die Wirklichkeit sah ganz anders aus. Zwar waren die Zeit-Sparer besser gekleidet als die Leute, die in der Nähe des alten Amphitheaters wohnten. Sie verdienten mehr Geld und konnten
10 auch mehr ausgeben. Aber sie hatten missmutige, müde oder verbitterte Gesichter und unfreundliche Augen …
Selbst ihre freien Stunden mussten, wie sie meinten, ausgenutzt werden und in aller Eile so viel Vergnügen und Entspannung liefern, wie nur möglich war. So konnten sie keine richtigen Feste mehr feiern, weder fröhliche noch ernste. Träumen galt bei ihnen fast als ein Verbrechen. Am aller-
15 wenigsten aber konnten sie die Stille ertragen. Denn in der Stille überfiel sie die Angst, weil sie ahnten, was in Wirklichkeit mit ihrem Leben geschah …
Und schließlich hatte auch die große Stadt selbst mehr und mehr ihr Aussehen verändert. Die alten Viertel wurden abgerissen, und neue Häuser wurden gebaut, bei denen man alles wegließ, was nun für überflüssig galt. Man sparte sich die Mühe, die Häuser so zu bauen, dass sie zu den Menschen
20 passten, die in ihnen wohnten; denn dann hätte man ja lauter verschiedene Häuser bauen müssen. Es war viel billiger und vor allem zeitsparender, die Häuser alle gleich zu bauen.
Im Norden der großen Stadt breiteten sich schon riesige Neubauviertel aus. Dort erhoben sich in endlosen Reihen vielstöckige Mietskasernen, die einander so gleich waren wie ein Ei dem anderen. Und da alle Häuser gleich aussahen, sahen natürlich auch alle Straßen gleich aus. Und diese einför-
25 migen Straßen wuchsen und wuchsen und dehnten sich schon schnurgerade bis zum Horizont – eine Wüste der Ordnung! Und genauso verlief auch das Leben der Menschen, die hier wohnten: Schnurgerade bis zum Horizont! Denn hier war alles genau berechnet und geplant, jeder Zentimeter und jeder Augenblick. Niemand schien zu merken, dass er, indem er Zeit sparte, in Wirklichkeit etwas ganz anderes sparte. Keiner wollte wahr haben, dass sein Leben immer ärmer, immer gleichförmiger
30 und immer kälter wurde.
Deutlich zu fühlen bekamen es die Kinder, denn auch für sie hatte nun niemand mehr Zeit. Aber Zeit ist Leben. Und das Leben wohnt im Herzen. Und je mehr die Menschen daran sparten, desto weniger hatten sie.

d) Erfragen Sie den Inhalt des Textes: Schreiben Sie eine Frage pro Absatz auf, und vergleichen Sie.
e) Stellen Sie Ihre Fragen, und lassen Sie sie bei geschlossenen Büchern beantworten.
f) Was kann mit „Bildern des Glücks" (Zeile 4) gemeint sein? Geht es dabei wirklich um Glück?
g) Wie könnte die Geschichte mit den Zeit-sparern weitergehen? Erfinden Sie einen Schluss, und lesen Sie Ihre Texte vor.
h) Welche Parallelen sehen Sie zwischen dem Text oben und der Realität in Ⓓ Ⓐ ⒸⒽ oder in Ihrem Heimatland?

Gr. 4.

8. Wer ist wirklich glücklich?

a) Wählen Sie ein Foto aus, schreiben Sie eine Geschichte, warum diese Person Ihrer Meinung nach glücklich ist, und tragen Sie sie vor.

Beispiel: Ich glaube, dass der Mann auf dem ersten Foto glücklich ist, weil er ...

b) Hören Sie die wirklichen Geschichten dieser Personen, und machen Sie sich Notizen. Beschreiben Sie dann die Lebenssituationen dieser Personen.

c) Welche Beschreibung von „Glück" beeindruckt Sie am meisten? Warum?

d) Was ist Ihrer Meinung nach wichtig, um glücklich zu sein?

9. _____

a) Nennen Sie ein Beispiel für persönliches Glück: *Ich bin glücklich, wenn ...*

b) Überfliegen Sie den Text, unterstreichen Sie alle Wörter, in denen „Glück" vorkommt, und vergleichen Sie.

c) Lesen Sie jetzt den Text noch einmal, suchen Sie gemeinsam eine Überschrift, und schreiben Sie sie auf die freie Linie oben.

Glück beschreiben die Menschen ganz unterschiedlich. Es ist subjektiv, vielfältig, abhängig von Lebenserfahrungen und voller Gegensätze. Es reicht von stiller Zufriedenheit bis zur Ekstase
5 im Drogenrausch. Meist dauert es es nur kurze Zeit – aber gerade das macht es so wertvoll.

Antike Philosophen erklärten das Glück zum Ziel allen menschlichen Lebens und zerbrachen sich den Kopf über den Weg dorthin. Zweitausend
10 Jahre später verzweifelte Arthur Schopenhauer an der Erkenntnis, dass Glück nicht dauerhaft ist und nannte es „einen angeborenen Irrtum". Und Sigmund Freud stellte nüchtern fest, dass Glück im Plan der Schöpfung nicht enthalten sei.
15 Hirnforscher, Molekularbiologen und Psychologen sehen das heute anders. Ihrer Meinung

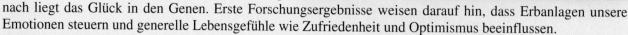

nach liegt das Glück in den Genen. Erste Forschungsergebnisse weisen darauf hin, dass Erbanlagen unsere Emotionen steuern und generelle Lebensgefühle wie Zufriedenheit und Optimismus beeinflussen.

Gestützt werden diese Erkenntnisse durch eine Studie des amerikanischen Psychologen David Lykken. Er
20 führte mit Hunderten von Zwillingspaaren einen Glückstest durch. Er befragte sie etwa danach, ob sie ihre Zukunft in rosigen Farben sehen, ihr Leben als Abenteuer und sich selbst als Frohnaturen. Ergebnis: Eineiige Zwillinge antworteten fast immer übereinstimmend. Bei zweieiigen Zwillingspaaren, bei denen die Gene maximal zur Hälfte identisch sind, lagen die Aussagen über das Glücklichsein extrem weit auseinander.

Für David Lykken gibt es nur eine Erklärung für dieses Phänomen: „Jeder Mensch erbt ein bestimmtes Maß
25 an Zufriedenheit", sagt er. Höhen und Tiefen des Lebens können dieses Maß zwar nach oben oder unten verändern, aber auf längere Sicht pendelt sich das persönliche Wohlbefinden wieder auf dem ererbten Niveau ein.

Diese Theorie erklärt eines der Rätsel, das Sozialpsychologen seit langem zu lösen versuchen. Jugend, Karriere, Ruhm – nichts, was viele Menschen mit Glück verbinden, bringt auf die Dauer mehr Zufriedenheit.
30 Ärzte sind nicht glücklicher als Arbeiter, Leute mit Doktortitel nicht mehr als Volksschüler. Selbst die Magie des Geldes versagt, wenn es ums Glücklichsein geht. Außer bei wirklicher Armut bedeutet ein hohes Einkommen nicht automatisch mehr Wohlbefinden. Multimillionäre fühlen sich nur wenig besser als Durchschnittsverdiener, wie eine Befragung der 49 reichsten Amerikaner zeigte.

Meister im Glücklichsein sind Kinder und Jugendliche. Wenn sie spielen oder Sport treiben, sind sie im größ-
35 ten Teil der damit verbrachten Zeit glücklich.

d) Suchen Sie die fehlenden Verben im Text, und ergänzen Sie sie.

sich den Kopf über etwas _____, *einen Test* _____,

ein Rätsel _____, *Sport* _____, *Zeit mit etwas* _____

e) Formulieren Sie die zentrale Aussage in jedem Absatz, und vergleichen Sie.

f) **Diskussion:** – Kann man Glücklichsein Ihrer Meinung nach trainieren? Wie?
– Ist Glück abhängig von der jeweiligen Kultur? Begründen Sie Ihre Meinung.

▲ Phonetik

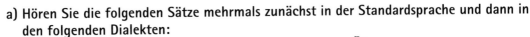

Dialekt und Standardsprache

a) Hören Sie die folgenden Sätze mehrmals zunächst in der Standardsprache und dann in den folgenden Dialekten:
Plattdeutsch, Berlinisch, Sächsisch, Rheinisch, Schwäbisch, Wienerisch, Zürichdeutsch.

1. Geht es euch gut?
2. Ich verstehe dich nicht.
3. Kennen wir uns eigentlich?
4. Woher bist du denn?
5. Das macht mir nichts aus.

b) Hören und lesen Sie folgenden Witz. In welchem der Dialekte wird er gesprochen?

Sächsisch ❏
Berlinisch ❏
Rheinisch ❏
Zürichdeutsch ❏

„Tünnes", fröscht Schäl, „do weeß doch emmer alles. Kanns do misch erkläre, wat drahtlose

„Tünnes", fragt Schäl, _____

Telejrafie is?" „Also, dat is esu", säht dä Schäl, „do stells dich ene janz lange Honk för, dä von

_____

Kölle bis Berlin jeht. Wenn do dä Honk in Kölle in de Schwanz kniefs, dann bellt dä in Berlin.

_____

Dat is Telejrafie. Drahtlose Telejrafie is jenau su, bloß ohne Honk."

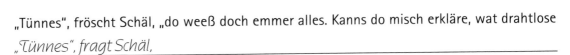

_____

c) Schreiben Sie die standarddeutsche „Übersetzung" auf die Linien wie im Beispiel.

d) In Ⓓ Ⓐ ⒸⒽ: Schreiben Sie Wörter und Wendungen im Dialekt Ihres Kursortes auf, die Sie während Ihres Aufenthaltes gehört haben. Schreiben Sie jeweils die standarddeutsche Variante dazu wie im Beispiel für Köln.

Köln	
Dialekt	Standard
ɔ → ʊ	
Honk	*Hund*
onn	*und*
j → g	
janz	*ganz*

Grammatik

haben … zu und *sein … zu* + Infinitiv sowie Alternativen mit Modalverben

1. Jugend heute

a) Unterstreichen Sie die alternativen Formulierungen mit Modalverben wie in Beispiel 1., und vergleichen Sie.

1. Es **ist** kaum **zu glauben**, wie schwer es in einigen Regionen ist, einen Ausbildungs- oder Arbeitsplatz zu finden. <u>Man kann</u> es kaum <u>glauben</u>, wie schwer es in einigen Regionen ist, einen Ausbildungs- oder Arbeitsplatz zu finden.	Passiversatz mit *man*
2. Bei Bewerbungen **ist** darauf **zu achten**, dass sie komplett und fehlerfrei sind. Bei Bewerbungen muss/soll(te) man darauf achten, … Bei Bewerbungen muss/soll(te) darauf geachtet werden, …	Passiversatz mit *man* Passiv
3. Mit schnellen Zusagen **ist** meist nicht **zu rechnen**. Mit schnellen Zusagen kann man meist nicht rechnen. Mit schnellen Zusagen kann meist nicht gerechnet werden.	Passiversatz mit *man* Passiv
4. Politiker und Unternehmer **haben** für genügend Ausbildungs- plätze **zu sorgen**. Politiker und Unternehmer müssen/sollten für genügend Ausbildungsplätze sorgen.	Aktiv

sein … zu + Infinitiv	**hat passivische Bedeutung** und kann durch *man* oder je nach Kontext durch die Modalverben *müssen/sollen/können* + Infinitiv Passiv ersetzt werden. Mit *sein … zu* + Infinitiv kann man etwas unpersönlich ausdrücken und z. B. Möglichkeit oder Notwendigkeit betonen.
haben … zu + Infinitiv	**hat aktivische Bedeutung** und wird meist durch *müssen* bzw. *sollen* + Infinitiv ersetzt. Mit *haben … zu* + Infinitiv kann man Notwendigkeit und Zwang betonen.

b) Drücken Sie die unterstrichenen Satzteile mit alternativen Formulierungen wie in a) aus.

1. <u>Es muss befürchtet werden</u>, dass viele Jugendliche nach der Ausbildung arbeitslos werden.
2. <u>Man kann gut verstehen</u>, wenn sie pessimistisch in die Zukunft sehen.
3. Wenn sie arbeitslos geworden sind, <u>müssen</u> sie sich sofort beim Arbeitsamt <u>melden</u>.
4. Vom Arbeitsamt angebotene Stellen <u>sind</u> sofort <u>anzunehmen</u>.
5. Arbeitslose <u>müssen</u> auch Arbeitsplätze <u>akzeptieren</u>, die weiter entfernt sind.
6. Jeder Orts- oder Wohnungswechsel <u>ist</u> dem Arbeitsamt sofort <u>mitzuteilen</u>.
7. Das Arbeitsamt <u>hat</u> das Arbeitslosengeld monatlich <u>zu überweisen</u>.
8. Es <u>ist</u> nicht <u>abzusehen</u>, wann sich die Lage auf dem Stellenmarkt verbessert.
9. Eine baldige Änderung <u>ist</u> jedenfalls nicht <u>zu erwarten</u>.
10. In der jetzigen Situation <u>sind</u> die Jugendlichen nicht <u>zu beneiden</u>.
11. Jugendliche <u>können</u> heute nur schwer für die Mitarbeit in politischen Parteien <u>motiviert werden</u>.
12. Sie engagieren sich aber freiwillig, wenn etwas für die Allgemeinheit <u>zu tun ist</u>.
13. Die meisten Jugendlichen sind der Meinung, dass Gewalt strikt <u>abzulehnen ist</u>.

Konstruktionen mit *werden*

2. Science-fiction oder reale Zukunft?

a) Was aus *werden* alles werden kann! Unterstreichen Sie in dem folgenden Text die Formen von *werden* und die damit verbundenen Vollverben.

Die Arbeitsplätze in Verwaltungen und Industriebetrieben werden im Prinzip alle gleich aussehen: Sie werden
5 zu Multifunktions-Terminals: Bildschirm, Tastatur, Sprachein- und -ausgabe, Drucker, ein paar Blumen, verstellbare Trennwände. Alle 90 Minu-
10 ten wird über Lautsprecher Musik eingespielt, zu der zehnminütige Gymnastikübungen durchgeführt werden. Für weitere zehn Minu-
15 ten werden Erfrischungen gereicht und Übungen in direkter zwischenmenschlicher Kommunikation unter Aufsicht eines Gesprächstherapeuten abgehalten. Es wird vermutlich keine Arbeiter, sondern nur noch Angestellte geben, die Zahl der Beschäftigten in der reinen Produktion wird immer weiter abnehmen, in der Industrieverwaltung zunehmen. Weil die elektronischen Systeme gegen Störungen
20 geschützt werden müssen, wird es viele Sicherheitskräfte geben, die den Betrieb und die Arbeitskräfte an Monitoren überwachen.
Die Arbeitsmenge insgesamt wird weniger. Die durchschnittliche Arbeitszeit wird nur noch sechs Stunden am Tag betragen, aber andererseits werden wenige hochqualifizierte Arbeitskräfte und Spezialisten 60 Stunden in der Woche arbeiten und auch richtig arbeitssüchtig
25 werden können. Und es wird Menschen geben, die sich aus der Industriegesellschaft weitgehend in den privaten Bereich zurückziehen, um zum Beispiel Landwirt zu werden.

b) Schreiben Sie die unterstrichenen Verben in die entsprechenden Spalten unten.

1. _____	2. _____	3. _____
werden zu ...	*wird eingespielt*	*werden ... aussehen*

c) Ergänzen Sie jeweils in der ersten Zeile, wo *werden* als Teil des Futurs, des Passivs bzw. als Vollverb verwendet wird.

* Obwohl man Zukünftiges meist mit einer Präsensform (+ Temporalangabe) ausdrückt, ist *werden* + Infinitiv auch möglich, besonders in der Schriftsprache sowie in Radio- und Fernsehnachrichten.
Meistens hat die Futurform modale Bedeutung und drückt eine Vermutung in Gegenwart oder Zukunft aus.
Häufig wird die Vermutung durch Wörter wie *wohl, vermutlich, (höchst)wahrscheinlich ...* betont, z. B.:
Sie wird jetzt wohl im Büro sein. Morgen wird es wahrscheinlich regnen.

d) Welcher formale Unterschied besteht zwischen dem Futur und dem Passiv?

Das Passiv bildet man mit _____

Das Futur bildet man mit _____

e) Ergänzen Sie die fehlenden Formen.

	Vollverb *werden*	Passiv	Futur
Präsens	Es __*wird*__ kalt.	Bis wann __*wird gearbeitet?*__	Bis wann werden Sie heute arbeiten?
Präteritum	Es _____ kalt.	Bis wann _____ ?	
Perfekt	Es _____ kalt_____ .	Bis wann _____ _____ ?	
Plusquam-perfekt	Es _____ kalt_____ .	Bis wann _____ _____ ?	

3. Gefahren für die Zukunft: Klimaveränderung und Bevölkerungsexplosion

a) Lesen Sie zunächst die folgenden Sätze.

Zukunftsforscher sind der Meinung, ...

1. dass sich die Erde in den nächsten Jahrzehnten um mindestens ein Grad, vielleicht sogar um vier Grad, erwärmt.
2. dass die reichen Länder dann alle Möglichkeiten nutzen, um auf die Klimaveränderung zu reagieren.
3. dass sie ihre Deiche zum Schutz vor Überschwemmungen erhöhen und ihre Landwirtschaft den neuen Verhältnissen anpassen.
4. dass die armen Länder diese Möglichkeit nicht haben, wie z. B. Bangladesh mit 120 Millionen Einwohnern, die überwiegend in Regionen unter dem Meeresspiegel leben.
5. dass dann Millionen von Wirtschaftsflüchtlingen in die reichen Länder kommen, um nicht zu ertrinken oder zu verhungern.
6. dass das eigentliche Problem die Bevölkerungsexplosion ist, weil die Menschheit jährlich weltweit um 93 Millionen zunimmt.

b) Schreiben Sie die Sätze aus a) in einen flüssigen Text um. Benutzen Sie *werden* + Infinitiv und Wörter wie *wohl, vermutlich, wahrscheinlich, sicherlich ...*, um den modalen Charakter zu betonen. Variieren Sie dabei das Vorfeld.

 Beispiel: In den nächsten Jahrzehnten wird sich die Erde vermutlich um mindestens ein Grad, vielleicht sogar um vier Grad, erwärmen.

c) Wird die Welt in der Zukunft eine Hölle oder ein Paradies sein? Warum?

4. Kidnapping ins All

a) Schreiben Sie aus den Vorgaben eine spannende Geschichte. Denken Sie dabei an „Tempo, kom(m) vor, An(n)a."

Julian hatte einen harmonischen Abend mit seiner Freundin verbracht und war gerade nach Hause gekommen. Weil er noch nicht schlafen konnte, stellte er seine Lieblingsmusik an und begann, in einem Buch über Ufos zu lesen.
Plötzlich kreisförmiges Licht im Garten – wundert sich – metallische Stimme – ruft seinen Namen – starker Kopfschmerz – steht wie von Magneten gezogen auf – geht hinaus – unsichtbare Kraft zieht ihn in Lichtkreis – erkennt eine Art Raumschiff – augenförmige große Fenster – Fluchtgedanken – kann sich nicht bewegen – Fenster öffnet sich – fühlt, wie in Raumschiff gezogen – hört Motoren starten – verliert das Bewusstsein ...

b) Wie kann die Geschichte weitergehen? Schreiben Sie sie zu Ende, und lesen Sie vor.

4. Übersicht zur Verbposition in Haupt- und Nebensatztypen

Vorfeld	V1 / Rahmenwörter	Mittelfeld	V2	V1	N*	
		SATZRAHMEN				**Hauptsätze:**
Ich	möchte	Ihnen alles Gute	wünschen.			→ Aussagesatz
Was	wollen	Sie denn anschließend	machen?			→ W-Frage
✕	Haben	Sie schon Zukunftspläne	gemacht?			→ Ja-/Nein-Frage
✕	Schreiben	Sie mir mal eine Karte!				→ Imperativsatz
						Nebensätze:
✕	weil	ich mich darüber	freuen	würde.		→ Kausalsatz
	damit	ich Ihnen	schreiben	kann.		→ Finalsatz
	was	ich alles	gesehen	habe.		→ Indirekter Fragesatz
	mit denen	ich gern Kontakt	halten	möchte.		→ Relativsatz
						⋮
	✕ ✕	Sie einmal	besuchen	zu können.		→ Infinitivsatz

Vor dem Vorfeld können Brückenwörter bzw. Konjunktoren stehen. (= Position 0).
*N = Nachfeld. Hier stehen häufig Vergleiche mit **als** oder **wie**.

5. Wiederholung der Bilder und Merkhilfen zu den Positionen im Satz und zur Textproduktion

1. Brückenwörter

Sie kommt aus Kanada — und — (Sie) lernt hier Deutsch.

Nominativ links vom Verb: Identisches kann gehen ...
(Vgl. L. 4, Gr. 6.)

2. Satznegation „nicht"
Ist der Satz verneint, steht ganz zweifelsfrei ...
(Vgl. L. 9, Gr. 8.)

3. Position der N A D – Ergänzungen

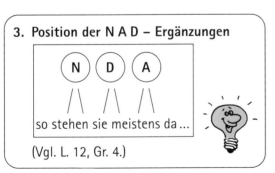

N   D   A

so stehen sie meistens da ...
(Vgl. L. 12, Gr. 4.)

4. Positionen im Mittelfeld

Was ich ganz klar im Mittelfeld seh', ...

(Vgl. L. 12, Gr. 6.)

5. Grundabfolge der Angaben

(Vgl. L. 21, Gr. 3.)

6. Lernhilfe für die Textproduktion

Tempo, ...
(Vgl. „Eine Fremdsprache lernen XII")

Kommunikationszentrum

1. Aufbruch in der Gaisbergstraße

a) Lesen Sie die Angaben neben den Fotos.

Ein Haus in Heidelberg
In der Gaisbergstraße wird es demnächst einige Veränderungen geben. Aber bevor sich fast die ganze Hausgemeinschaft auflöst, kommen alle noch einmal zusammen und feiern mit ihren Freunden ein Abschiedsfest.

A Verena:
Bewerbung um Stelle bei Lufthansa – behält zunächst Dachwohnung

B Asiye und Tobias:
Stelle in türkischem Touristenhotel (1 Jahr)

C Philipp:
von Guatemala-Reise zurück – Ausbildung zum Tontechniker an Schule in Frankfurt

E Felix:
Journalistikstudium in Leipzig – vorher Besuch bei Linda in Kanada

F Frau Weinert:
Traurig über Veränderungen

G Jan:
Intensive Vorbereitung auf Zwischenprüfung – Umzug in Appartment

H Nworah:
Deutschprüfung bestanden – Mathematikstudium – Zimmer in Studentenwohnheim

I Familie Treiber:
Herr Treiber: Hausmeisterstelle – Umzug in neue Hausmeisterwohnung – Frau Treiber behält Stelle im Supermarkt

b) Rollenspiele: Zehn KT spielen die Hausbewohner, die übrigen die Gäste, die sich jeweils mit einer Person aus dem Haus unterhalten und sie fragen, was ihr am Leben in der Gaisbergstraße gefallen hat, was sie positiv oder eher negativ fand, welche weiteren Pläne sie hat ...

c) Berichte: Geben Sie im Plenum wieder, was Sie von den Hausbewohnern erfahren haben.

d) Briefe: Schreiben Sie einen Brief an Linda, und berichten Sie ihr über die Abschiedsparty und die weiteren Pläne der Hausbewohner.

e) Interviews: Befragen Sie sich gegenseitig über Ihre Pläne nach dem Kurs, und berichten Sie.

2. Zu guter Letzt: Ihr Abschied vom Deutschkurs

Schreiben Sie einen Text über Ihren Kurs …
Beschreiben Sie beispielsweise die Erfahrungen, die Sie in den
zurückliegenden Wochen gemacht haben, und stellen Sie dar,
was Ihnen besonders an der Gruppe und am Unterricht gefallen oder was Sie eher gestört hat und
was Sie eventuell anders machen würden, wenn Sie den Kurs noch einmal vor sich hätten.
Oder schreiben Sie vielleicht ein Abschiedsgedicht wie Serge Patrick Ze aus Kamerun.

Weil

Weil wir aus verschiedenen Himmelsrichtungen gekommen sind,
Um unseren künftigen Familien eine schöne Zukunft zu sichern,
Weil die Zukunft schweigt und ungewiss ist
Und wir nicht wissen, ob dieses Leben uns
Eine weitere Gelegenheit geben wird, uns wiederzusehen,
Um diesen Kuchen der Freundschaft zu teilen,
Den uns das Schicksal gegeben hat.

Weil Millionen von Menschen nicht wissen,
Was wir zusammen erlebt haben,
Weil nur unser Gedächtnis allein sich daran erinnern wird,
Weil diese Welt uns und euch brauchen wird,
Weil wir die morgige Welt bauen werden,
Weil wir die Farbe des Hasses gesehen haben,
Und wir die Farbe der Liebe kennen,

Erinnern wir uns …
Erinnern wir uns an das Max-Weber-Haus,
Wo nur die Lust zu lernen und die Freundschaft
Unser Leben bestimmt haben.
Erinnern wir uns an unsere Lehrer und Lehrerinnen,
Die jeden Tag für uns so viel getan haben
Und denen wir nicht genug danken können.

Hier liegt die Hoffnung dieser Welt.
Eine Verabredung von Geben und Empfangen.
Hier liegt unsere Zukunft.
Schöner als sie sich jeder von uns erträumt hat.

Denn jeder Tag, den wir gegeben oder genommen haben,
Wird für immer in unser Gedächtnis geschrieben sein.
Und weder die Zeit, noch der Abstand können uns entfernen
Von dem, was wir im Max-Weber-Haus erlebt haben …

Aktivitäten

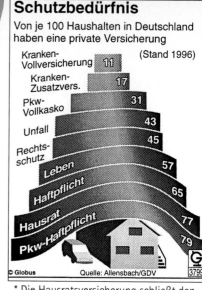

Schutzbedürfnis

Von je 100 Haushalten in Deutschland haben eine private Versicherung

(Stand 1996)

Kranken-Vollversicherung 11
Kranken-Zusatzvers. 17
Pkw-Vollkasko 31
Unfall 43
Rechts-schutz 45
Leben 57
Haftpflicht 65
Hausrat 77
Pkw-Haftpflicht 79

© Globus   Quelle: Allensbach/GDV   3799

* Die Hausratsversicherung schließt den Schutz vor Einbruch, Feuer und Wasser-rohrbruch ein. Fast 100 Prozent der Bevölkerung in Ⓓ Ⓐ Ⓒ H sind privat oder gesetzlich krankenversichert.

1. Projekte

In Ⓓ Ⓐ Ⓒ H: Zukunftssicherung
Zeigen Sie Freunden und Bekannten aus Ⓓ Ⓐ Ⓒ H das Schaubild rechts, und fragen Sie sie, welche freiwilligen, privaten Versicherungen sie selbst bzw. ihre Familien abgeschlossen haben. Sammeln Sie die Ergebnisse zunächst in Kleingruppen und dann im Plenum. Nennen Sie das ungefähre Alter der Informanten.
Vergleichen Sie mit den Versicherungen, die man in Ihrem Heimatland häufig abschließt. Welche Unterschiede gibt es? Wo ist das Bedürfnis, sich zu versichern, größer? Warum ist das wohl so?

2. Spiele und Aufgaben

a) **Was aus einem Menschen alles werden kann! Ergänzen Sie die fehlenden Wörter. Wer alle gefunden hat, liest vor.**
   Beispiel: Beim Arzt ist man ein Patient.
   Im Hotel ..., Im Geschäft ..., Im Zug ..., Im Bus ...,
   Auf einer Schiffsreise ..., Auf einer Besichtigungsreise ...,
   Im Konzert ..., Vor dem Fernseher ..., Im Straßenverkehr ...,
   Auf dem Gehweg ..., In der Lehre ..., Beim Finanzamt ..., Durch den Abschluss eines Universitätsstudiums ...

b) **Nennen Sie die Personenbezeichnungen, die keine feminine Form haben,** z. B. *Hotelgast* ...

3. Sprichwörter und Redensarten

a) **Ersetzen Sie die unterstrichenen Textteile durch die folgenden Sprichwörter und Redensarten:** *Träume sind Schäume – etwas auf gut Glück tun – ein Glückspilz sein – etwas fällt einem nicht im Traum ein – im siebten Himmel sein – Jeder ist seines Glückes Schmied*

   Natalie wollte Astronautin werden. Alle ihre Bekannten meinten: „<u>Das sind ja nur Träume, die nie in Erfüllung gehen werden.</u>" Und ihre Mutter sagte: „<u>Mir wäre so eine Idee nie in den Kopf gekommen.</u>" Aber Natalie ließ sich von niemandem beeinflusssen. Sie bewarb sich, <u>ohne lange zu überlegen</u> nach dem Motto: <u>Jeder muss sein Schicksal selbst in die Hand nehmen</u>. Sie hatte natürlich nie daran geglaubt, dass ihre Bewerbung Erfolg haben würde. Als sie dann die Zusage in der Hand hielt, war sie <u>wahnsinnig glücklich</u>. Ihre Eltern sagten nur: „Du <u>hast</u> eben <u>ein unglaubliches Glück</u>!"

b) **Lassen sich die Sprichwörter und Redensarten in a) in Ihre Muttersprache übertragen? Welche Unterschiede gibt es? Berichten Sie.**

4. AusgeⒹ Ⓐ Ⓒ Hte Geschichten

Die KT befragen sich gegenseitig über die Lebenssituation und die Zukunftspläne ihrer ausgeⒹ Ⓐ Ⓒ Hten Person.

5. Hörspiel: Der unsichtbare Mörder (Kurzkrimi)

Hören Sie den Kurzkrimi, und erfinden Sie den fehlenden Schluss. Einige KT tragen ihre Lösungen vor. Hören Sie dann den Text mit dem Originalschluss.

Anhang

Phonetik Fitness Center

15. Wort – fort [v] – [f]

a) Hören Sie.

[v]   Wer, Wien, privat, Löwe, Visum, eine Woche in Weimar, Wo warst du, Verena?
[f]   frei, offen, Vater, verstehen, vorn, aktiv, eine Vier in Philosophie, Frohes Fest!

b) Was hören Sie zuerst? Kreuzen Sie an, und kontrollieren Sie Ihre Lösung.

	1		2		3		4		5		6		7		8	
A	Wort		Wetter		Wein		Uwe		wir		wach		Vase		Waren	
B	fort		Vetter		fein		Ufer		vier		Fach		Phase		fahren	

c) Hören Sie die Wortpaare in b) wie abgedruckt, und sprechen Sie nach.

d) Sprechen Sie dreimal gleichzeitig mit der Kassette: Vera Vorweide aus Vollerwiek

e) Laut und Schrift. Ergänzen Sie die Lautzeichen und weitere Beispielwörter.

v in deutschen Wörtern   →   [   ] *Volk,* _____

v in Fremdwörtern meist   →   [   ] *Vokal,* _____

f) Hören Sie, und unterstreichen Sie v als [f].
Sprechen Sie beim zweiten Hören nach:

aktiv	—	aktiver	—	am aktivsten
naiv	—	naiver	—	am naivsten
intensiv	—	intensiver	—	am intensivsten

g) Wo hören Sie dasselbe Wort oder dieselbe Wortgruppe wieder?
Kreuzen Sie an, kontrollieren Sie Ihre Lösung, und hören Sie noch einmal.

1. ☐☐☐   2. ☐☐☐   3. ☐☐☐   4. ☐☐☐   5. ☐☐☐

h) Sprechen Sie fünfmal gleichzeitig mit der Kassette:

1. Zum Filmfestival nach Würzburg fahren
2. Mein Vetter wohnt in Venedig.

16. Reise – leise [r] – [l]

a) Hören Sie.

[r] Rat, fahren, rechts, Brita, dort, führen, rote Rosen, Radfahrer rechts fahren
[l] leben, klein, Platz, alle, Fall, hinter dem Ball herlaufen, leben und leben lassen

b) Was hören Sie zuerst? Kreuzen Sie an, und kontrollieren Sie Ihre Lösung.

	1	2	3	4	5	6	7	8
A	Reise	Rand	Gras	Rose	gefallen	führen	Rektor	Rasen
B	leise	Land	Glas	Lose	Gefahren	fühlen	Lektor	lasen

c) Hören Sie die Wortpaare in b) wie abgedruckt, und sprechen Sie nach.

d) Sprechen Sie dreimal gleichzeitig mit der Kassette: Rita Liebreiz aus Blaubeuren

e) Wo hören Sie dasselbe Wort oder dieselbe Wortgruppe wieder? Kreuzen Sie an, kontrollieren Sie Ihre Lösung, und hören Sie noch einmal.

1. ☐☐☐   2. ☐☐☐   3. ☐☐☐   4. ☐☐☐   5. ☐☐☐

f) Sprechen Sie fünfmal gleichzeitig mit der Kassette.

1. Lina und Rita bringen viele rote Rosen mit.
2. Richard findet gefallen an den Gefahren einer Afrika-Reise.

17. Ober – Oper [b] – [p]

a) Hören Sie.

[b] Ober, Bonn, Berlin, Babelsberg, aber, ein Buch mit sieben Siegeln,
[p] Oper, Papa, Japan, herab, deshalb, in Pappe einpacken, Gib' mal das Papier.

b) Was hören Sie zuerst? Kreuzen Sie an, und kontrollieren Sie Ihre Lösung.

	1	2	3	4	5	6	7	8
A	Ober	Bär	backen	Bass	Liebe	Bar	Blatt	Gebäck
B	Oper	Peer	packen	Pass	Lippe	Paar	platt	Gepäck

c) Hören Sie die Wortpaare in b) wie abgedruckt, und sprechen Sie nach.

d) Sprechen Sie dreimal gleichzeitig mit der Kassette: Beppo Boleb aus Paderborn

e) Wo hören Sie dasselbe Wort oder dieselbe Wortgruppe wieder? Kreuzen Sie an, kontrollieren Sie Ihre Lösung, und hören Sie noch einmal.

1. ☐☐☐   2. ☐☐☐   3. ☐☐☐   4. ☐☐☐   5. ☐☐☐

f) Zungenbrecher: Hören Sie zweimal, und lesen Sie dann laut.

Ob er aber über Oberammergau oder aber über Unterammergau
oder aber überhaupt nicht kommt, ist nicht gewiss.

g) Sprechen Sie fünfmal gleichzeitig mit der Kassette.

1. Ein Abend mit Papa in der Semperoper
2. Urlaub in Beroun bei Prag

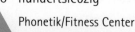

Phonetik/Fitness Center

18. heißen – Eisen [s] – [z]

a) **Hören Sie.**

[s]   Was, ist, essen, dreißig, aus, lassen, Grüße aus Hessen, es besser wissen
[z]   Sonntag, Nase, lesen, leise, Rose, ein Museum besuchen, Sind Sie sicher?

b) **Was hören Sie zuerst? Kreuzen Sie an, und kontrollieren Sie Ihre Lösung.**

	1		2		3		4		5		6		7		8	
A	heißen		reiße		weiße		Gasse		Wasser		hassen		wissen		lassen	
B	Eisen		Reise		weise		Gase		Vase		Hasen		Wiesen		lasen	

c) **Hören Sie die Wortpaare in b) wie abgedruckt, und sprechen Sie nach.**

d) **Sprechen Sie dreimal gleichzeitig mit der Kassette:** Saskia Sanders aus Saßnitz

e) **Laut und Schrift. Ergänzen Sie die Lautzeichen und weitere Beispielwörter.**

s, ss, ß   →[ ] *aus, Wasser, heißen* _____

s   →[ ] *sehr, lesen,* _____

s am Wort- und Silbenanfang   → [ ]* *Sonntag, Basel* _____

_____

s am Wort- und Silbenende   → [ ] *heraus, Haustür* _____
* Außer in Fremdwörtern: *Skat, Skala, Slawen, Smoking*

f) **Wo hören Sie dasselbe Wort oder dieselbe Wortgruppe wieder?**
Kreuzen Sie an, kontrollieren Sie Ihre Lösung, und hören Sie noch einmal.

1. ▢▢▢   2. ▢▢▢   3. ▢▢▢   4. ▢▢▢   5. ▢▢▢

g) **Zungenbrecher: Hören Sie zweimal, und lesen Sie dann laut.**

Esel essen Nesseln nicht, Nesseln essen Esel nicht.

h) **Sprechen Sie fünfmal gleichzeitig mit der Kassette.**

1. Das ist so ein heißes Eisen.
2. Sie spricht fließend Russisch.

19. Konsonantenhäufungen: Schwierige Konsonantenverbindungen

a) Hören Sie, und sprechen Sie nach folgendem Muster nach:

Hören	Nachsprechen	Hören	Nachsprechen
Ich möchte das.	*Ich möchte das.*	Ich möchte das.	*Ich möchte das.*

[çt]	Ich möchte das.	[ps]	**Ps**ychologie studieren
[çst]	mögli**chst** oft – Der zwanzi**gst**e.	[pst]	Er ho**ppst**. – Du ü**bst** zu wenig.
[çts]	re**chts** oben – se**chz**ig Mark	[pts]	sie**bz**ig Jahre alt
[kst]	der T**ext** unten – der se**chst**e Tag – Du sa**gst** es.	[rç]	in die Ki**rch**e gehen
		[rtʃ]	Die Wi**rtsch**aft blüht.
[ksp]	per Ex**pr**ess schicken	[rtst]	Die Ä**rzt**in kommt.
[kstr]	ex**tr**a leicht		
[lç]	ein Liter Mi**lch**	[sç]	ein bi**ssch**en mehr
[lʃ]	fa**lsch** gelesen	[sʃr]	eine Stelle au**sschr**eiben
[lts]	Das Sa**lz** bitte! – Ha**lt's** Maul!	[str]	ein Flug nach Au**str**alien
[lks]	Vo**lks**abstimmung - ein Erfo**lgs**autor	[sʃpr]	eine gute Au**sspr**ache
[lksv]	der neue Vo**lksw**agen		
[mpf]	immer schi**mpf**en	[ʃr]	**Schr**eib mal wieder!
[mpft]	Sie schi**mpft**.	[ʃv]	in der **Schw**eiz
[mpfst]	Du schi**mpfst** zu oft.	[ʃpr]	**Spr**achen lernen
		[ʃst]	Du wä**schst** heute
		[ʃtr]	auf der **Str**aße
[nc]	in Mün**ch**en – Män**nch**en machen	[tç]	Es ist ein Mäd**ch**en.
[nʃ]	Men**sch** bleiben	[tʃl]	in Deu**tschl**and
[nçm]	man**chm**al kommt sie	[tst]	je**tzt** gleich – Das rei**zt** ihn.
[nkr]	Fran**kr**eich lieben	[tsv]	**zw**ei mal **zw**ei
[nts]	zwan**zig** Tage – immer abends		
[ntsv]	In**zw**ischen koche ich.	[xst]	Du ma**chst** es schon.
[nʃr] l	Ihre An**schr**ift, bitte	[xts]	a**chtz**ig Teilnehmer
[nfts]	fü**nfz**ig mal	[xʃpr]	den Satz na**chspr**echen

b) Grippe oder Geripe? Hören Sie, und ergänzen Sie die fehlenden Buchstaben.

1. *Gr*ippe – *Ger*ippe   2. ____eiten – ____eiten   3. ____äte – ____äte

4. ____ag – ____ag   5. ____ieben – ____ieben   6. ____aten – ____aten

7. ____ang – ____ang   8. ____ick – ____ick   9. ____asse – ____asse

10. ____iten – ____ieten   11. ____ut – ____ud

c) Hören Sie die Wortpaare in b), und sprechen Sie nach.

Phonetik/Fitness Center

Verben mit Präpositivergänzungen nach Präpositionen geordnet

Bitte denk an Mutters Geburtstag nächsten Sonntag.	denken	an + A
Ich erinnere mich gern an die Zeit in Spanien.	s. erinnern	an + A
Ich kann mich an das Klima hier nicht gewöhnen.	(s.) gewöhnen	an + A
Glauben Sie an Horoskope?	glauben	an + A
Ich habe Postkarten an meine Freunde geschickt.	schicken	an + A
Sie haben einen Brief an den Bürgermeister geschrieben.	schreiben	an + A
Bitte senden Sie die Formulare an meine Privatadresse.	senden	an + A
An wen muss ich mich wegen des Stipendiums wenden?	s. wenden	an + A
Er arbeitet zur Zeit an seiner Doktorarbeit.	arbeiten	an + D
An diesem Prüfungstermin kann man leider nichts ändern.	ändern	an + D
Alle beteiligten sich lebhaft an der Diskussion.	s. beteiligen	an + D
Ich habe ihn an seiner Stimme erkannt.	erkennen	an + D
Neugierige hinderten den Krankenwagen an der Weiterfahrt.	hindern	an + D
Sind Sie an Informationsmaterial interessiert?	interessiert	an + D
Er litt jahrelang an einer schweren Krankheit.	leiden	an + D
An wem liegt es, dass ihr euch immer streitet?	liegen	an + D
Schließlich starb er an einem Herzinfarkt.	sterben	an + D
Ich habe an einem Italienischkurs teilgenommen.	teilnehmen	an + D
Die Polizei zweifelte an seinen Aussagen.	zweifeln	an + D
Autofahrer müssen besonders auf spielende Kinder achten.	achten	auf + A
Bei Kritik kommt es immer auf den Ton an.	ankommen	auf + A
Haben Sie schon auf seinen letzten Brief geantwortet?	antworten	auf + A
Sie musste immer auf ihren kleinen Bruder aufpassen.	aufpassen	auf + A
Wir beziehen uns auf Ihr Schreiben vom 12.10. dieses Jahres.	s. beziehen	auf + A
Die Hoteldirektion ist auf alle unsere Wünsche eingegangen.	eingehen	auf + A
Ich freue mich auf das Wochenende.	s. freuen	auf + A
Der Verkehrsfunk weist regelmäßig auf die Verkehrslage hin.	hinweisen	auf + A
Wir hoffen auf gutes Wetter am Wochenende.	hoffen	auf + A
Die Touristen haben nicht auf die Warnung reagiert.	reagieren	auf + A
Autofahrer schimpfen oft auf die Polizei.	schimpfen	auf + A
Auf die Wettervorhersage kann man sich meist verlassen.	s. verlassen	auf + A
Auf seinen Urlaub möchte niemand gern verzichten.	verzichten	auf + A
Haben Sie sich gut auf die Prüfung vorbereitet?	s. vorbereiten	auf + A
Ich warte auf einen Brief von zu Haus.	warten	auf + A
Lisa geht immer freundlich auf alle Leute zu.	zugehen	auf + A
Die Theorie basiert auf wissenschaftlichen Erkenntnissen.	basieren	auf + D
Er bestand auf einer Entschuldigung.	bestehen	auf + D
Die Prüfung besteht aus drei Teilen.	bestehen	aus + D
Aus dem Brief kann man entnehmen, dass sie keine Zeit hat.	entnehmen	aus + D
Niemand hat mir bei meinem Referat geholfen.	helfen	bei + D
Ich möchte mich bei Ihnen für Ihre freundliche Hilfe bedanken.	s. bedanken	bei + D ... für + A
Der Ober entschuldigte sich bei dem Gast für das kalte Essen.	s. entschuldigen	bei + D ... für + A
Der Gast beschwerte sich bei dem Ober über das kalte Essen.	s. beschweren	bei + D ... über + A

Für die Freizeit gibt man bei uns relativ viel Geld aus.	ausgeben	für + A
Sie hat ihm für die Hilfe vielmals gedankt.	danken	für + A
Ich habe mich diesmal für eine Bildungsreise entschieden.	s. entscheiden	für + A
Touristen halten den Rhein für einen romantischen Fluss.	halten	für + A
Er hält sich für intelligent.	s. halten	für + A
Interessieren Sie sich für Politik?	s. interessieren	für + A
Die Gewerkschaften kämpfen nicht nur für höhere Löhne.	kämpfen	für + A
Sind Sie für die 32-Stunden-Woche?	sein	für + A
Eltern müssen für ihre Kinder sorgen.	sorgen	für + A
Er hat sich gegen den Kauf des Hauses entschieden.	s. entscheiden	gegen + A
Frauen müssen im Beruf oft gegen Vorurteile kämpfen.	kämpfen	gegen + A
Die Autofahrer protestierten gegen die Benzinpreise.	protestieren	gegen + A
Die Arbeitgeber sind gegen die 32-Stunden-Woche.	sein	gegen + A
Die Prinzessin verliebte sich in einen Frosch.	s. verlieben	in + A
Wann fangen Sie mit dem Unterricht an?	anfangen	mit + D
Wann hören Sie mit dem Unterricht auf?	aufhören	mit + D
Die Prüfung beginnt mit einer Textwiedergabe.	beginnen	mit + D
Ich habe mich intensiv mit Max Frisch beschäftigt.	s. beschäftigen	mit + D
Wir rechnen mit einem schönen Sommer.	rechnen	mit + D
Ich habe gestern mit meinem Vater telefoniert.	telefonieren	mit + D
Um wieviel Uhr hast du dich mit Peter verabredet?	s. verabreden	mit + D
Man kann Brecht nicht mit Goethe vergleichen.	vergleichen	mit + D
Sie versteht sich mit ihrer Schwiegermutter nicht gut.	verstehen	mit + D
Seine Müdigkeit hängt mit seiner Krankheit zusammen.	zusammenhängen	mit + D
Er will mit ihr über ihre Beziehung reden.	reden	mit + D ... über + A
Er hat mit seinem Chef über sein Gehalt gesprochen.	sprechen	mit + D ... über + A
Ich möchte mich mit Ihnen nicht über gutes Benehmen streiten.	s. streiten	mit + D ... über + A
Ich habe mich mit ihr über das Schulsystem in Polen unterhalten.	s. unterhalten	mit + D ... über + A
Wir treffen uns um 8 Uhr mit Freunden zu einem Glas Wein.	s. treffen	mit + D ... zu + D
Es sieht nach Regen aus.	aussehen	nach + D
Ich möchte mich nach Mitfahrgelegenheiten erkundigen.	s. erkundigen	nach + D
Ach, Herr Berg, der Chef hat schon nach Ihnen gefragt.	fragen	nach + D
Hier riecht es nach Fisch.	riechen	nach + D
Das Fleisch schmeckt nach nichts.	schmecken	nach + D
Ärgern Sie sich auch über rücksichtslose Autofahrer?	s. ärgern	über + A
Heute regt man sich kaum noch über unverheiratete Paare auf.	s. aufregen	über + A
Oft beklagen sich Studenten über das Essen in der Mensa.	s. beklagen	über + A
Berichten Sie bitte über das Experiment.	berichten	über + A
Wir haben über die Probleme des Energiesparens diskutiert.	diskutieren	über + A
Über den Preis müssen wir uns noch einigen.	s. einigen	über + A
Erschrecken Sie nicht über die hohe Rechnung.	erschrecken	über + A
Erzählen Sie uns etwas über Ihre Familie.	erzählen	über + A
Über Ihr Geschenk habe ich mich sehr gefreut.	s. freuen	über + A
Ich möchte mich über Charter-Flüge informieren.	s. informieren	über + A
Bei schlechtem Wetter klagen viele Leute über Schmerzen.	klagen	über + A
Über solche Witze kann ich nicht lachen.	lachen	über + A

Über dieses Problem habe ich lange nachgedacht.	nachdenken	über + A
Warum reden die Leute immer über das Wetter?	reden	über + A
Können Sie mir etwas Positives über ihn sagen?	sagen	über + A
Die Autofahrer schimpfen über die Benzinpreiserhöhung.	schimpfen	über + A
Professor Tomizek spricht über moderne Literatur.	sprechen	über + A
Sie verhandelten lange über die Verkaufsbedingungen.	verhandeln	über + A
Was weißt du über die australischen Ureinwohner?	wissen	über + A
Sie wunderten sich über die hohen Hotelpreise.	s. wundern	über + A
Man muss sich um gute Kontakte zu Mitstudenten bemühen.	s. bemühen	um + A
Ich habe mich um einen Wohnheimplatz beworben.	s. bewerben	um + A
Darf ich Sie um einen Gefallen bitten?	bitten	um + A
Es geht um Ihren Reisepass, Herr Berg.	gehen	um + A
Hier handelt es sich ganz klar um ein Verbrechen.	s. handeln	um + A
Ich kümmere mich nicht um die Meinung der Leute.	s. kümmern	um + A
Etwas zu essen stehlen fällt unter Kleinkriminalität.	fallen	unter + A
Sie litt unter den schlechten Arbeitsbedingungen.	leiden	unter + D
Was versteht man eigentlich unter einem „Fettnäpfchen"?	verstehen	unter + D
Unter „Sozialismus" stellt sich fast jeder etwas anderes vor.	s. vorstellen	unter + D
Es hängt vom Wetter ab, ob das Konzert im Freien stattfindet.	abhängen	von + D
Abgesehen von einigen sprachlichen Fehlern ist die Arbeit gut.	absehen	von + D
Ich gehe davon aus, dass Sie die Prüfungsbedingungen kennen.	ausgehen	von + D
Von seinem Tod habe ich erst durch die Zeitung erfahren.	erfahren	von + D
Er erholte sich nur langsam von seiner schweren Krankheit.	s. erholen	von + D
Sie erzählte ihrem Mann von dem Unfall.	erzählen	von + D
Der Film handelt vom Zweiten Weltkrieg.	handeln	von + D
Ich habe lange nichts von meinem Bruder gehört.	hören	von + D
Reden wir nicht vom Geld!	reden	von + D
Von den Folgen des Krieges sieht man fast nichts mehr.	sehen	von + D
Viele Leute träumen von einem großen Lottogewinn.	träumen	von + D
Sie hat sich von ihrem Mann getrennt.	s. trennen	von + D
Er wollte sich selbst von der Lage des Hotels überzeugen.	s. überzeugen	von + D
Im Charakter unterscheidet er sich stark von seinem Bruder.	s. unterscheiden	von + D
Ich möchte mich von Ihnen verabschieden.	s. verabschieden	von + D
Er versteht nichts von Computern.	verstehen	von + D
Von deiner Türkei-Reise wusste ich ja gar nichts.	wissen	von + D
Ich fürchte mich vor Schlangen.	s. fürchten	vor + D
Vor ansteckenden Krankheiten muss man sich schützen.	s. schützen	vor + D
Er hat mich nicht vor dem Hund gewarnt.	warnen	vor + D
Darf ich Sie zu einer Tasse Kaffee einladen?	einladen	zu + D
Ich habe mich zu einem Studium im Ausland entschlossen.	s. entschließen	zu + D
Was gehört außer der Textwiedergabe noch zur Prüfung?	gehören	zu + D
Ich gratuliere dir zum Führerschein!	gratulieren	zu + D
Ich bin noch nicht zum Briefeschreiben gekommen.	kommen	zu + D
Was sagen Sie zu diesem Skandal?	sagen	zu + D
Kann ich dich zu einer Tasse Kaffee überreden?	überreden	zu + D
Tennis ist zu einem Volkssport geworden.	werden	zu + D
Man kann niemanden zu seinem Glück zwingen.	zwingen	zu + D

Valenz von Adjektiven und Nomen

	Adjektive	Nomen
auf + A	aufmerksam; eifersüchtig neugierig; wütend; neidisch; stolz; gespannt	e Aufmerksamkeit, -en; e Eifersucht; e Neugier; e Wut; r Neid; r Stolz; e Antwort, -en; r Eindruck, ¨e, r Einfluss, ¨e; Hoffnung, -en; e Rücksicht; e Reaktion, -en
an + A		e Bitte, -n; e Erinnerung, -en; e Freude, -en; r Gedanke, -n; r Glaube
für + A	dankbar; interessant; genug; leicht; schwierig; nützlich; schädlich; typisch; wichtig; zuständig	e Dankbarkeit; s Interesse, -n; e Schwierigkeit, -en; e Nützlichkeit; e Schädlichkeit; e Wichtigkeit; e Zuständigkeit
gegen + A	gleichgültig; misstrauisch	e Gleichgültigkeit; s Misstrauen; r Protest, -e
um + A	besorgt	e Bitte, -n; e Bemühung, -en; r Kampf, ¨e; e Trauer
über + A	ärgerlich; erstaunt; froh; glücklich; traurig; wütend (auch auf)	r Ärger; s Erstaunen; e Freude, -n; s Glück; e Trauer; e Wut; r Schmerz; r Bericht, -e e Meinung, -en; e Klarheit
an + D		e Arbeit, -en; e Beteiligung, -en; s Interesse, -n; e Kritik, -en; e Teilnahme; e Schuld; r Spaß
bei + D	beliebt; behilflich	e Beliebtheit; die Hilfe, -n
mit + D	bekannt; befreundet; verlobt; verheiratet; verwandt; zufrieden; einverstanden; fertig; böse	e Bekanntschaft, -en; e Freundschaft, -en; e Verlobung, -en; e Hochzeit, -en; e Verwandtschaft; e Zufriedenheit; s Einverständnis; r Ärger; e Beschäftigung, -en; r Kontakt, -e; s Mitleid; e Mühe, -n; r Zusammenhang, ¨e
von + D	abhängig; begeistert; frei; müde; überzeugt; voll; verschieden	e Abhängigkeit; e Begeisterung; e Freiheit; e Verschiedenheit
vor + D	blass; sicher	e Angst, ¨e; e Furcht
zu + D	bereit; entschlossen; fähig; geeignet; freundlich; lieb; böse	e Bereitschaft; e Entschlossenheit; e Fähigkeit, -en; e Eignung; e Liebe

Lösungsschlüssel

2.c) F, A, G, B, D, E, H, C.

d) Er empfindet als positiv: die Höflichkeit, Nettigkeit und Geduld der Deutschen. Er empfindet als anders: das häufige Halten des Zuges, den Begriff „Schnellzug", das Fehlen von Kontakten zwischen den Menschen im Zug, die niedrige Temperatur, die geringe Lautstärke und die fehlende Geschäftigkeit auf den Straßen. Er befürchtet: die Kälte im Winter und dass er sich vielleicht ändert.

3.a) Eine Mexikanerin und ein deutscher Journalist; in einer Hotelbar in Mexiko-City; über die unterschiedlichen Mentalitäten der Völker: über Verantwortungsgefühl, Pünktlichkeit und Höflichkeit in Deutschland und Mexiko.

4.a) (über 4.b) hinaus): angucken (ein Foto angucken), aufsehen (von einem Buch aufsehen), besichtigen (eine Stadt besichtigen), ein Auge werfen auf (ein Auge auf das Mädchen werfen), erblicken (ein Reh erblicken), spähen (durch das Schlüsselloch spähen), übersehen (einen Fehler übersehen), wegsehen (von der Wunde wegsehen)

b) 1. bemerken 2. ansehen, betrachten 3. beobachten, zusehen 4. nachsehen 5. entdecken 6. anstarren, anglotzen 7. einen Blick werfen 8. ansehen

c) 1. ansahen, sahen 2. starrte ... an 3. bemerkte, starr ... an 4. gesehen, aussehen, sehen ... aus 5. sah ... nach, warf ... auf 6. beobachtete, betrachtete

d) Spiel – sich ein Spiel ansehen/einem Spiel zusehen, Wörterbuch – im Wörterbuch nachsehen, Partner – den Partner bemerken/anschauen/beobachten, Veränderungen – Veränderungen bemerken/entdecken, in die Zeitung – einen Blick in die Zeitung werfen/in die Zeitung sehen, Kunstwerk – ein Kunstwerk betrachten/sich ansehen

5.b)

formell	salopp
– Ich möchte Sie übernächsten Samstag ...	– Wir wollen nächsten Samstag chinesisch kochen ...
– Das kann ich noch nicht sagen.	– Mal sehen, ich weiß ...
– Ich glaube, das geht nicht ...	– Du, eigentlich habe ich ...
– Es tut mir sehr leid, aber ...	– Am Samstag? Da geht`s ...
– Das ist wirklich schade, aber ...	– Echt schade, du, da kann ...
– Schade! Geht es wirklich nicht ...?	– Och, komm doch auch!
– Das wäre aber sehr schade ...	– Versuch doch mal, ob's ...
– Sehr gern! Vielen Dank!	– Na klar, ich bin dabei.
– Vielen Dank für die Einladung ...	– Oh, super, ich komme ...

6.c) zu 1. Er ist überall beliebt. zu 2. Er hat keine Verspätung. zu 3. Es hängt von bestimmten Faktoren ab.

9. 1. Ich kann nicht. 2. Ich bin zu schüchtern. 6. Was haben Sie für'n Tierkreiszeichen? Das ist alles, was du tun musst. 8. Kommen Sie oft hierher?

12.c) eine Diskussion d) 1. zu C., 2. zu A., 3. zu B.

Phonetik:

2.a) Als Beispiel für die richtige Art,(→) Freunden einen Dienst zu erweisen,(→) gab Herr K. folgende Geschichte zum Besten.(↓) Zu einem alten Araber kamen drei junge Leute (→) und sagten ihm: (→) „Unser Vater ist gestorben.(↓) Er hat uns siebzehn Kamele hinterlassen (→) und im Testament verfügt,(→) daß der Älteste die Hälfte,(→) der Zweite ein Drittel (→) und der Jüngste ein Neuntel der Kamele bekommen soll.(↓) Jetzt können wir uns über die Teilung nicht einigen;(↓) übernimm du die Entscheidung!"(↓) Der Araber dachte nach (→) und sagte:(→) „Wie ich sehe,(→) habt ihr,(→) um gut teilen zu können,(→) ein Kamel zu wenig.(↓) Ich habe selbst nur ein einziges Kamel,(→) aber es steht euch zur Verfügung.(↓) Nehmt es (→) und teilt dann,(→) und bringt mir nur,(→) was übrig bleibt."(↓) Sie bedankten sich für diesen Freundschaftsdienst,(→) nahmen das Kamel mit (→) und teilten die achtzehn Kamele nun so,(→) daß der Älteste die Hälfte,(→) das sind neun,(→) der Zweite ein Drittel,(→) das sind sechs,(→) und der Jüngste ein Neuntel,(→) das sind zwei Kamele,(→) bekam.(↓) Zu ihrem Erstaunen blieb,(→) als sie ihre Kamele zur Seite geführt hatten,(→) ein Kamel übrig.(↓) Dieses brachten sie,(→) ihren Dank erneuernd,(→) ihrem alten Freund zurück.(↓) Herr K. nannte diesen Freundschaftsdienst richtig,(→) weil er keine besonderen Opfer verlangte.(↓)

Grammatik:

1.a) 1. Als ich nach Deutschland kam, fiel mir auf, dass die Leute immer sehr schnell gehen. 2. Jetzt fällt mir auf, dass ich auch sehr schnell gehe, und oft gehe ich sogar schneller als die Deutschen, wenn ich pünktlich sein will.

b)

Brücken-wort	Vorfeld	V1 oder Rahmen	Mittelfeld	V2	V1
	Jetzt	fällt	mir	auf,	
		dass	ich auch sehr schnell		gehe,
		gehe	ich sogar schneller als ...		
und	oft	wenn	ich pünktlich		sein will.

c) Als ich nach Deutschland kam, fiel mir auf,
1. dass die Leute beim Gehen auf der Straße essen oder rauchen; 2. dass abends in den Innenstädten nur wenige Leute auf den Straßen sind; 3. dass sich junge Leute auf der Straße küssen; 4. dass es viele Parks und Gärten mit Blumen gibt; 5. dass sich die Leute im Sommer wenig bekleidet in der Natur sonnen; 6. dass sich die Leute nachmittags oft zu Kaffee und Kuchen einladen; 7. dass die Schüler nur vormittags Unterricht haben; 8. dass es viele Wohngemeinschaften gibt, in denen junge Männer und Frauen zusammen wohnen; 9. dass man auf den Autobahnen meistens so schnell fahren kann, wie man will.

2.a) 1. Während einer Europareise lernte ich Heidelberg kennen, und trotz des kurzen Aufenthalts verliebte ich mich in die Stadt. 2. Wegen des berühmten Schlosses und wegen der romantischen Straßen und Plätze in der Altstadt wollte ich gern noch einmal wiederkommen. 3. Statt einer weiteren Touristikreise plante ich dann, einen Deutschkurs in Heidelberg zu machen.

mask.	neutr.	fem.	Plur.	Adj.
↓	↓	↓	↓	↓
-s	-s	-r	-r ;	-en;

b) 1. wegen meiner schlechten Deutschkenntnisse ...;
2. Statt eines schriftlichen Eignungstests ...; 3. Trotz
meiner vielen Fehler ...; 4. Während der zweiwöchigen
Weihnachtsferien ...

3.b) Ich muss am Samstag wegen meiner Prüfung ganz
intensiv in der Bibliothek arbeiten.

d) Am Samstag muss ich wegen meiner Prüfung ganz
intensiv in der Bibliothek arbeiten./Wegen meiner Prüfung muss ich am Samstag ganz intensiv in der Bibliothek arbeiten.

e) 1. Wir möchten Sie gern am Samstag gegen 8 Uhr zu
uns einladen./Am Samstag gegen 8 Uhr möchten wir Sie
gern zu uns einladen./Am Samstag möchten wir Sie
gegen 8 Uhr gern zu uns einladen. 2. Ich bin leider am
Wochenende nicht da./Am Wochenende bin ich leider
nicht da./Leider bin ich am Wochenende nicht da. 3. Ich
will am Samstag wegen des schönen Wetters mit Freunden an die See fahren./Wegen des schönen Wetters will
ich am Samstag mit Freunden an die See fahren. Am
Samstag will ich wegen des schönen Wetters mit Freunden an die See fahren. 4. Wir kommen am Sonntag
wegen des starken Rückreiseverkehrs wahrscheinlich
sehr spät zurück./Wahrscheinlich kommen wir am Sonntag wegen des starken Rückreiseverkehrs sehr spät
zurück./Am Sonntag kommen wir wegen des starken
Rückreiseverkehrs wahrscheinlich sehr spät zurück./
Wegen des starken Rückreiseverkehrs kommen wir am
Sonntag wahrscheinlich sehr spät zurück.

4.a) 2. sich informieren über (+A) 3. sich erkundigen nach
(+D) 4. anfangen mit (+D) 5. mitmachen in/bei (+D)
6. sich treffen mit (+D)/zu (+D) 7. sich beteiligen an (+D)
8. teilnehmen an (+D) 9. sich unterhalten mit (+D)
10. zugehen auf (+A) 11. sich interessieren für (+A)
12. sich verabreden mit (+D)/zu (+D) 13. einladen zu (+D)
14. fragen nach (+D) 15. sprechen mit (+D)/über (+A)
16. erzählen über (+A) 17. helfen bei (+D) 18. sich kümmern um (+A) 19. bitten um (+A) 20. reden von (+D)
21. sich beklagen über (+A) 22. vergleichen mit (+D)
23. schimpfen über (+A) 24. sich ärgern über (+A)
25. sich entmutigen lassen von (+D) 26. sich verlieben
in (+A)

6. 1. schon, einfach 2. schon, eben 3. ruhig 4. denn 5. ja/
doch 6. ruhig 7. eigentlich/etwa 8. ja/eigentlich

Aktivitäten:

2.a) GELD GESCHENK SÄFTE KATZE ZIEGE MÄDCHEN
GESICHT HAND → Gegensätze ziehen sich an.

3. A: Komm mal her! B: Pst, leise! C: Das kommt nicht
in Frage!/Das geht nicht! D: Keine Ahnung!/Nichts zu
machen!/ Tut mir leid! E: Warum so spät?/Wo kommst
du jetzt erst her?/Tut mir leid, jetzt ist es zu spät!
F: Klasse! Super! Toll! Spitze!
4. 1. → a) 2. → c) 3. → b)

Lektion 22: Lernen S. 26

1.d) 1. **Auf** diesem **Bi**ld sieht m**an** ein traditi**one**lles Klassenzimmer. 2. **Vor** der Kla**sse** sitzt ein etwas äl**terer** Lehrer **an** seinem Ti**sch**. 3. Er hä**lt** ein Bu**ch** in d**en** Händen,
aus dem **er** vorliest. 4. **Links** von **ihm** hängt ei**ne** große
Ta**fel** an d**er** Wand. 5. **Weil** der Unter**richt** offensichtlich
lang**weilig** ist, h**ab**en die Sch**üler** Figuren **aus** Pappe

gem**acht** und **auf** die **Tische** gestellt. 6. **Im** Vordergrund
sie**ht** man, **wie** die **Sch**üler hinter d**en** letzten Stü**hlen** zur
Tür kriechen u**nd** aus d**em** Klassenzimmer flie**hen**. 7. Der
Lehr**er** scheint nic**hts** zu bemer**ken** und lie**st** weiter **aus**
seinem Bu**ch** vor.

4.b) 1. sich etwas merken + A 2. sich etwas einprägen
+ A 3. etwas behalten + A. 4. sich erinnern an + A
5. jemanden erinnern an + A

c) 1. erinnert 2. behalten 3. erinnert, einprägen/merken
4. behalten 5. merken

6.c) 1. stimmt nicht 2. stimmt 3. stimmt nicht 4. stimmt
5. stimmt nicht 6. stimmt nicht 7. stimmt nicht 8. stimmt
9. stimmt nicht 10. stimmt

7.b) 1. vergessen; merkt; vergisst; 3. behält; erinnern;
vergisst; vergisst; merkt; prägt ... ein; eingeprägt; behalten; erinnern

8.a) 0 bis 100 Punkte = Sie müssen noch etwas üben;
 101 bis 200 Punkte = durchschnittlich;
 201 bis 300 Punkte = gut;
 301 bis 380 Punkte = sehr gut – Gratulation!

Phonetik:

1.a) 1.= a 2.= b 3.= b 4.= b 5.= a 6.= b 7.= a
b) 1.= a 2.= c 3.= b 4.= a 5.= c

2.c)

SOHN: Du,(→) Papa,(→) Charly hat gesagt,(→) 'n blauen
   Brief kriegt jeder mal in seinem Leben.(↓)

VATER: Entschuldige,(→) ich hab' eben nicht
   zugehört.(↓) Was war mit dem Brief?(↑)

SOHN: 'n blauen Brief.(↓) So'n Brief von der Schule.(↓)
   Charlys Schwester sagt,(→) das wäre ein blauer
   Umschlag.(↓) Deswegen heißt so ein Brief
   „blauer Brief".(↓) Weil er blau ist. (↓)

VATER: So,(→) einen blauen Brief kriegt Charlys Schwester.(↓) Dann wird sie ihn wohl auch verdient
   haben.(↓)

SOHN: Gab's früher denn auch schon blaue Briefe,(↑)
   ich mein,(→) zu deiner Zeit?(↑)

VATER: Natürlich!(↓)

SOHN: Und hast du auch mal ... (→)

VATER: Ich?(↑) Nie!(↓) Wie kommst du denn darauf?(↓)

SOHN: Nur so.(↓) Charlys Schwester kriegt den Brief
   aber gar nicht.(↓)

VATER: Wer denn?(↑) Charly?(↑)

SOHN: Charly doch nicht!(↓)

VATER: Charly auch nicht?(↑) Wer kriegt ihn denn
   nun?(↓)

SOHN: Wer?(↑) Also – ich.(↓)

Grammatik:

1.b) 1. hatte arbeiten müssen 2. hingeschrieben hatte
3. einschlief, vergessen hatte vorzubereiten

c) 2. Weil Iliana die ganze Nacht gearbeitet **hatte** ...
  Weil sie zu spät ins Bett gegangen **war** ...

d) 4.Todmüde ging ich an meinen Schreibtisch zurück ⊠.
5. Als ich da etwa eine halbe Stunde gesessen hatte,
bemerkte ich plötzlich ⊠, dass ich so gut wie nichts
von dem Gelesenen behalten hatte. 6. Deshalb ging
ich schließlich doch ins Bett ⊠, weil ich noch etwas
schlafen wollte ⊠. 7. Weil ich mich so schlecht vorbereitet hatte, schrieb ich am nächsten Tag einen sehr

schlechten Test ⊠. 8. Müde und deprimiert kam ich an diesem Tag wie immer nachmittags um vier nach Hause ⊠. 9. Ich wollte nur noch schlafen ⊠. 10. Aber da war noch ein letzter Test ⊠, den ich unbedingt bestehen musste ⊠. 11. Also versuchte ich ⊠, noch etwas zu lernen. 12. Weil ich aber fast die ganze vorangegangene Nacht nicht geschlafen hatte, konnte ich mich überhaupt nicht konzentrieren ⊠. 13. Ich beschloss deshalb ⊠, gleich ins Bett zu gehen und am nächsten Tag früh aufzustehen. 14. Ich stellte mir den Wecker auf fünf Uhr ⊠.15. Als ich aufwachte ⊠, war es schon sieben Uhr ⊠, kurz nach halb acht fuhr mein Bus ⊠. 16. Da hatte der Wecker mal wieder nicht geklingelt, oder ich hatte ihn nicht gehört. 17. Nachdem ich schnell geduscht (hatte) und etwas gegessen hatte, rannte ich zur Haltestelle ⊠. 18. Als ich etwa fünf Minuten gewartet hatte, wurde ich langsam unruhig ⊠. 19. Ob ich den Bus verpasst hatte? 20. Es schien so ⊠, denn außer mir war niemand an der Haltestelle ⊠. 21. Total frustriert ging ich nach Hause ⊠. 22. Vielleicht konnte mich meine Mutter ausnahmsweise zur Schule fahren ⊠. 23. Als ich zu Hause angekommen war, wollte meine Mutter wissen ⊠, wo ich gewesen war. 24. „An der Haltestelle", sagte ich kleinlaut ⊠. 25. Da lachte meine Mutter ⊠ und zeigte auf die Küchenuhr ⊠. 26. Es war 8 Uhr ⊠, aber abends! 27. Da war ich überrascht und erleichtert ⊠.

2.a) Früher war alles ganz anders: 1. Da <u>musste</u> der Lehrer morgens im Chor <u>begrüßt werden</u>. 2. Anschließend <u>musste</u> gemeinsam <u>gebetet werden</u>. 3. Während des Unterrichts <u>durfte</u> nicht <u>gesprochen werden</u>, wenn man vorher nicht <u>gefragt worden war</u>. 4. Wer nicht gehorchte oder frech war, <u>durfte</u> von dem Lehrer <u>geschlagen</u> oder an den Ohren <u>gezogen werden</u>.

b)

werden-Passiv	*werden*-Passiv mit Modalverben
Die Kinder *werden* anders erzogen.	Sie *dürfen* nicht geschlagen werden.
Die Kinder *wurden* anders erzogen.	Sie *durften* geschlagen werden.
Die Kinder *sind* anders erzogen *worden*.	Sie *haben* geschlagen werden *dürfen*.
Die Kinder *waren* anders erzogen *worden*.	Sie *hatten* geschlagen werden *dürfen*.

4.a) 1. ..., desto besser kann man es behalten. 2. ..., umso besser kann man Informationen behalten. 3. ..., desto weniger Probleme hat man.

b)

		Vorfeld	Rahmen-elem. / V1	Mittelfeld	V2	V1
NS				*Je lieber*	*man etwas*		*lernt,*
HS	*desto besser*		*kann*	*man es*		*behalten.*
NS				*Je mehr L ...*	*man*		*aktiviert,*
HS	*umso besser*		*kann*	*man Informationen*		*behalten.*
NS				*Je früher ...*	*man eine Sprache*		*lernt,*
HS	*desto weniger Probleme*		*hat*	*man.*		

c) 2. viel, schneller 3. gute Eselsbrücken, leichter 4. stark, mehr Fehler 5. häufig, weniger Sprechangst

6. viele Phonetikübungen, besser
7. regelmäßig, größer

d) 1. Je bewusster man Lernstrategien anwendet, desto/umso bessere Ergebnisse erreicht man. 2. Je mehr man liest, desto/umso schneller wächst der Wortschatz. 3. Je bessere Eselsbrücken man findet, desto/umso leichter kann man etwas behalten. 4. Je stärker man im Stress ist, desto/umso mehr Fehler macht man. 5. Je mehr man Deutsch spricht, desto/umso weniger Sprechangst hat man. 6. Je mehr Phonetikübungen man macht, desto/umso besser wird die Aussprache. 7. Je regelmäßiger man das Gehirn trainiert, desto/umso größer wird die Gedächtniskapazität.

5. 1. Je kleiner die Gruppe ist, desto/umso häufiger kann man sprechen. 2. Je mehr Spaß der Unterricht macht, desto/umso besser lernt man. 3. Je moderner das Buch ist, desto/umso erfolgreicher lernt man. 4. Je besser man die Lernstrategien kennt, desto/umso bessere Ergebnisse erzielt man. 5. Je häufiger man gutes Englisch hört, desto/umso besser versteht man es. 6. Je mehr man liest und darüber spricht, desto/umso größer wird der Wortschatz.

Aktivitäten:

2. 0 bis 60 Punkte = Sie müssen noch etwas üben;
   61 bis 120 Punkte = durchschnittlich;
   121 bis 180 Punkte = gut;
   181 bis 240 Punkte = sehr gut – Gratulation!

Eine Fremdsprache lernen X, S. 41

I.b) nach einem Tag etwa   50–65 Prozent,
nach einer Woche etwa 70–75 Prozent,
nach einem Monat etwa 80   Prozent.

Lektion 23: Krieg und Frieden S. 42

2.d) (1. → 8.45 Uhr) 2. → 9.15 Uhr 3. → 11.00 Uhr 4. → 10.20 Uhr

4.c) Das ist eine Abwechslung. Man muss nicht so viel Geld bezahlen. Du kannst dort fahren, und dann kannst du auch noch Pokale (und so) gewinnen, wenn man auf einem Rennen mitfährt. Und das mit einem Cart, das ist meist ein Wochenende, und am Wochenende habe ich nie gewusst, was ich machen soll, und da habe ich gleich gesagt: „Ja, da mache ich mit."

5.b) 1. sich richten gegen (A) 2. angewiesen sein auf (A) 3. befähigen zu (D) 4. sich einsetzen für (A) 5. praktizieren

7.a) Stell dir vor, es ist Krieg und keiner geht hin.

b) 1. um ein Interview 2. Felix mit Jörg Gerspach, einem Schüler eines Heidelberger Gymnasiums. 3. Eine Sammelaktion, mit der verschiedene Dinge, wie z. B. Nahrungsmittel, Winterkleidung, Decken usw., gesammelt und nach Bosnien gebracht werden sollten. 4. Am stärksten haben sich die Schüler der Klassen 5 bis 7 engagiert. Einige Schüler der oberen Klassen hielten sich etwas zurück, weil sie meinten, nicht sicher sein zu können, dass das Gesammelte auch dorthin kommt, wo es hin soll. 5. Der Erfog war groß. Allein aus Jörgs Schule sind 19 große Kartons zusammengekommen. Es war eine tolle Erfahrung, selbst etwas Praktisches getan zu haben.

8.c) 2., 3., 4., 6.

9. verachten, verarmen, verbauen, verbeißen, verbiegen, verbilden, verblättern, verdrucken, versagen, verschmutzen; zerbrechen, zerfallen, zerfleischen, zerknüllen, zerplatzen, zerreden, zerreißen, zerschlagen, zersetzen, zerspalten, zertreten ...

Grammatik:

1.a) Sie erklären ein Nomen./vor oder nach dem Nomen.

2.a) 2. gefunden, das 3. ist, den 4. weg, (mit) dem 5. nicht, die 6. nicht fangen, den 7. nicht gleich wieder ausspucken, den;

b) 1. Handtasche 2. Ding 3. Schlüssel 4. Rotstift 5. Milch 6. Tausendfüßler 7. Salat;

Bei den Sätzen 6. und 7. kann der Relativsatz unmittelbar nach dem Bezugswort stehen. Zwischen dem Bezugswort und dem Relativpronomen kann stehen: Attribut zum Bezugsnomen, Verb oder Verbteil, Satznegation *nicht*, Adverbien.

d) 1. Er wollte in das Arbeitszimmer seines Vaters gehen, in dem es so viel schönes Papier gab. 2. Er fand, dass die Zigarette, die er zerbrochen hatte, nicht besonders schmeckte./Er fand, dass die Zigarette nicht besonders schmeckte, die er gefunden hatte. 3. Der Dreck, den er gegessen hatte, hatte einen witzigen Geschmack.

3.a) 1. was, worüber 2. dessen 3. deren 4. auf der 5. was 6. bei deren

c) in Kasten 1 → Verben ohne Präpositivergänzung
in Kasten 2 → Verben mit Präpositivergänzung

d) dessen; deren; deren

e)

	Singular			Plural
	maskulin	neutral	feminin	
Nominativ	der	das	die	die
Akkusativ	den	das	die	die
Dativ	dem	dem	der	denen
Genitiv	dessen	dessen	deren	deren

f) 1. In Heidelberg 2. Da 3. Jetzt 4. In einer Apotheke

4.a) 1. was 2. was 3. dessen vordere Seiten herausgerissen waren 4. deren letzte beide Ziffern unleserlich waren 5. an dessen linkem Daumen Blutspuren waren 6. dessen Größe nicht zu der Handgröße des Toten passte 7. was 8. was 9. deren Wohnung direkt neben dem Spielplatz lag 10. worüber sie mit dem Kommissar sprechen wollte 11. dessen Fenster auf den Spielplatz hinausgingen 12. deren Gesichter sie natürlich nicht hatte erkennen können 13. wo/auf der etwas lag, was 14. wofür, womit 15. an dessen kräftige Gestalt sie sich noch erinnerte 16. dessen leicht hinkender Gang ihr aufgefallen war 17. was 18. was

6a) 1. ...kann ich Sie vielleicht mal eben etwas fragen? 3. Schildern Sie mir doch mal ... 5. Können Sie sie mal eben herrufen? 6. ..., kommt doch gerade mal her!

Aktivitäten:

2. Das Ende des Konfliktes:

3. 1. Ich wünsche dir, dass alles gut geht 2. Wir haben

gewonnen! 3. Es hat geklappt!

4. 1. Dem Frieden nicht trauen → sich nicht sicher fühlen 2. Mit dem Kopf durch die Wand wollen → seinen Willen durchsetzen 3. Jemandem die Pistole auf die Brust setzen → jemanden zu etwas zwingen 4. Auge um Auge, Zahn um Zahn → sich rächen 5. Jemanden in Frieden lassen → jemanden in Ruhe lassen

c) DER KLÜGERE gibt nach.

Weltkulturerbe in Ⓓ Ⓐ ⒸⒽ, S. 56/57

1. A → 2., B → 11., C → 1., D → 5., E → 3., F → 4., G → 7., H → 8., I → 9., J → 10., K → 6.

2. Romanik → Gotik → Barock → Rokoko

Lektion 24: Religion und Religiosität S. 58

1.a) A→2, Priester vor einer russisch-orthodoxen Kirche in Moskau; B→3, Felsendom in Jerusalem; C→2, Stephansdom in Wien; D→2, Nonnen im Kloster Oberschönenfeld bei Augsburg; E→1, Wat PraThat Haripunchai in Lamphun (Thailand); F→4, Klagemauer in Jerusalem; G→1, Mönche vor dem Borobudur in Java (Indonesien); H→3, Freitagsgebet vor der Hussein Moschee in Kairo (Ägypten).

3.a) 2. denn/eigentlich 3. denn/eigentlich 4. ja 5. eben 6. denn 7. schon 8. denn 9. eigentlich 10. doch

b) Die DDR bestand vom 7.10.1949 bis zum 3.10.1990.

6.a)

	Ⓓ	Ⓐ	ⒸⒽ
1.	81,5	8,2	7,2 Mill.
2.	34% - 35%	81% - 5%	46% - 40%
3.	446.000	46.000	keine Angaben
4.	2,5 Mill.	160.000	152.000
5.	29	1	2
6.	x		

7.d) 1. war Anhänger (2) 2. nahm zu sich (4) 3. wandte sich ... ab (7) 4. vernachlässigte (7) 5. fastete fast ständig (17) 6. beging Selbstmord (23) 7. Schlafentzug und körperliche Erschöpfung (26/27) 8. nimmt an, dass (28/29) 9. Spenden (35) 10. eingetrieben wird (35)

e) *Anhänger:* 1. jemand, der von einer Sache (z. B. von einer Religion, Theorie oder Ideologie) oder von einer Person so überzeugt ist, dass er sich dafür interessiert und engagiert 2. ein Gefährt, das ohne eigenen Antrieb von einem anderen Fahrzeug gezogen wird, z. B. von einem Auto

Laster: 1. *(ugs. für Lastkraftwagen)* ein großes Kraftfahrzeug, das schwere Gegenstände transportiert 2. schlechte oder moralisch nicht akzeptable Gewohnheit;

Steuer: 1. Geld, das der Staat vom Verdienst der Bürger bekommt 2. Vorrichtung an Fahrzeugen, um die Fahrtrichtung zu bestimmen

Phonetik:

1.a) 1. Der /Guru ist für mich \alles. 2.a) /Wo liegt \Helgoland? 2.b) /Wie war das in der DD\R/? 3. Hat man den Religionsunterricht \abge/schafft? 4. Du bist \Katho/lik?

b) ○ Glaubst du an ein Leben nach dem \Tod/? □ Warum /fragst du \das?

○ Ich will´s halt /wis\sen.

□ Mit dem /Tod ist man \tot.

○ Du glaubst also nicht an ein Leben nach dem \Tod/?

□ Was für einen /Sinn sollte das \haben?

2.a) Ehepaar, Urlaubsreise, unglücklich, eingeschlossen, Mitternacht, Prozession, Gewänder, Seiteneingang, Mittelschiff, mitgeführt, Kreuzzeichen, Hauptportal, Touristenpaar, einige, nachsehen, offenen, Leichentuch, erzählten, Konsulat, Erlebnis

b) Ein Ehepaar besuchte auf einer Urlaubsreise im Ausland eine Kirche. Durch einen unglücklichen Zufall wurden sie am Abend eingeschlossen. Um Mitternacht kam plötzlich eine Prozession von Männern in langen Gewändern aus dem Seiteneingang. Sie gingen durch das Mittelschiff zum Altar. Auch eine Frau wurde mitgeführt. Man brachte sie hinter den Altar, einer der Männer machte ein Kreuzzeichen, und die Frau verschwand. Dann gingen sie durch das Hauptportal hinaus. Als das Touristenpaar nach einiger Zeit hinter dem Altar nachsehen wollte, fanden sie dort einen offenen Sarg. Und auf einem weißen Leichentuch lag – die Frau. Erst einige Zeit später erzählten sie auf dem deutschen Konsulat von ihrem Erlebnis.

Grammatik:

1. b)

Hauptsatzförmige Ergänzung			
	Vorfeld	V1	Mittelfeld	V2
1. Ich hoffe,	Sie	haben	eine gute Fahrt	gehabt.
2. Ich nehme an,	Sie	brauchen	zuerst einmal einen Kaffee.	
3. Ich fürchte,	wir	haben	uns noch nicht einmal richtig	vorgestellt.
4. Ich schlage vor,	jeder	sagt	noch mal seinen Namen.	
5. Ich finde,	wir	sollten	uns erst mal	hinsetzen.

c) In a) steht das Verb am Ende der Sätze (Nebensätze). In b) steht das Verb in Position II wie in einem Hauptsatz.

d) 1. Ich meine, die Themen, die im LER-Unterricht angesprochen werden, sind für die Schüler gerade in einer multikulturellen Gesellschaft sehr wichtig. 2. Ich würde sagen, die Schüler sollten zuerst einmal über ihre eigene christliche Tradition informiert werden. 3. Ich denke, diese christlichen Traditionen sind für viele unserer Schüler wegen der DDR-Geschichte etwas Fremdes, für das sie sich auch nicht interessieren. 4. Ich bin dennoch der Meinung, wir leben in einem christlichen Staat und sollten deshalb Interesse an christlichen Werten und Normen wecken. 5. Ich finde, wir müssen von der Realität ausgehen und den Jugendlichen das anbieten, was sie aufnehmen können und wollen. 6. Ich muss sagen, auch bei uns wird die Religion von den Jugendlichen kritisch gesehen, aber für die gibt es dann Ethik als Alternative.

2.a) 1. Die Nonnen im Kloster Oberschönenfeld bei Augsburg stehen zum Beispiel täglich um vier Uhr auf und beten dann drei Stunden lang./Im Kloster Oberschönenfeld bei Augsburg stehen die Nonnen zum Beispiel ...

2. Sie müssen während des Tages meist schweigend in verschiedenen Bereichen arbeiten, und jeden Abend ist um neun Uhr Bettruhe./Während des Tages müssen sie .../Meist schweigend müssen sie ...

3. Die 29-jährige Schwester Elisabeth arbeitet seit fünf Jahren in diesem Kloster./Seit fünf Jahren arbeitet .../ In diesem Kloster arbeitet ...

4. Sie hieß früher Elvira Hillenbrand./Früher hieß sie ...

5. Sie hatte in Bonn ein katholisches Gymnasium besucht und dort das Abitur gemacht./In Bonn hatte sie ...

6. Sie hatte anschließend eine dreijährige Ausbildung zur Hotelfachfrau gemacht./Anschließend hatte sie ...

7. Sie wurde Stewardess auf einem Urlauberschiff, nachdem sie die Prüfung bestanden hatte./Nachdem sie die Prüfung bestanden hatte, wurde sie ...

8. Die Zweiundzwanzigjährige fuhr damals über ein Jahr lang durch die Weltmeere./Über ein Jahr lang fuhr die Zweiundzwanzigjährige ...

9. Das exklusive Leben an Bord gefiel ihr zunächst sehr, aber immer öfter bemerkte sie, dass sie nicht ganz zufrieden war, obwohl sie alles hatte, was sie sich wünschen konnte./Zunächst gefiel ihr das exklusive Leben an Bord sehr, aber immer öfter bemerkte sie, .../..., aber obwohl sie alles hatte, bemerkte sie immer öfter, dass ihr ...

10. Sie sah sehr viel Armut, als sie einmal in Venezuela an Land ging .../Als sie einmal in Venezuela an Land ging, sah sie ...

11. Der Reichtum und der Luxus an Bord fielen ihr nach ihrer Rückkehr auf das Schiff ganz besonders auf. Nach ihrer Rückkehr auf das Schiff fielen ihr der Reichtum und der Luxus an Bord ganz besonders auf.

12. Sie musste ständig an die armen Menschen denken und überlegte, wie sie ihnen helfen könnte./Ständig musste sie an die armen Menschen denken und ...

13. Sie hatte kurze Zeit später Urlaub, und weil sie von einem Kloster gehört hatte, das für einige Zeit Gäste aufnahm, verbrachte sie dort einige Urlaubstage, um in Ruhe über ihr weiteres Leben nachzudenken./Kurze Zeit später hatte sie ...

14. Ihr war nach relativ kurzer Zeit durch Gespräche und Meditationen immer klarer geworden, dass sie Nonne werden wollte./Nach relativ kurzer Zeit war ihr .../Durch Gespräche und Meditationen war ihr ...

15. Sie trat kurz darauf in das Kloster ein, obwohl ihre Eltern über ihre Entscheidung nicht sehr glücklich waren./Kurz darauf trat sie in das Kloster ein, obwohl ihre Eltern über .../Obwohl ihre Eltern über ..., trat sie ...

16. Sie verzichtete auf Beruf und Besitz, um ganz für Gott leben zu können./Um ganz für Gott leben zu können, verzichtete sie ...

17. Sie meint, dass auch Gebete etwas im Leben verändern können, obwohl man den Nonnen oft Lebensflucht und Egoismus vorwirft./Obwohl man den Nonnen oft ... vorwirft, meint sie, ...

3.a) 2. noch nie 3. noch keins 4. noch niemand 5. noch nichts

c) 2. nichts mehr 3. keinen mehr 4. niemand mehr 5. nie mehr

e) 1. schon 2. noch nicht 3. schon einmal 4. noch nicht 5. kein ... mehr 6. noch jemand 7. keinen mehr

f) 3. **Schon** drei Tage; **Erst** zwei Stunden 4. **Schon** dreimal; **Erst** einmal 5. **Schon** vier Jahre; **Erst** zwei Jahre

g) 2. **Erst** zweimal; **Nur** zweimal 3. **Erst** eins; **Nur** eins

h) 1. schon; erst 2. schon; noch nicht 3. schon; noch nicht 4. erst 5. erst 6. schon 7. schon; nur 8. schon 9. noch 10. schon

Aktivitäten:

2.a) 1. Atheist 2. Religion 3. Metropole 4. Wahlfach 5. Ideologie 6. Europa

b) arm wie eine Kirchenmaus

3.a) 1.¬ Zum Glück!/Glücklicherweise! 3. ¬ Wie ärgerlich!/Wie schrecklich! 2. ¬ Hoffentlich ist es nichts Schlimmes!

b) 3. Ach, Gott! 5. Gott sei Dank ... 6. Um Gottes Willen!

Lektion 25: Vorurteil S. 74

3.b) 1. Die Deutschen haben eine für ihre Region typische Kleidung an, die in Bayern besonders auf dem Land an Sonn- und Feiertagen getragen wird. 2. Diese Kleidung besteht aus einer dunklen Strickjacke, einem weißen Hemd und einer dreiviertellangen, (dunkel)grünen oder schwarzen Lederhose mit Hosenträgern. 3. Dazu tragen sie Kniestrümpfe aus Wolle. 4. Auf dem Kopf tragen sie grüne oder schwarze Hüte mit Federn. 5. Sie stehen auf dem Gehweg vor einem Schaufenster. 6. Der eine sieht ziemlich unfreundlich auf zwei Ausländer hinunter, die auf dem Bürgersteig sitzen. 7. Der linke hat einen Turban auf dem Kopf. Er hat einen dunklen Vollbart. 8. Er trägt eine helle Jacke, ein kariertes Hemd und einfarbige Hosen. 9. Zwischen seinen Beinen steht eine helle Umhängetasche. 10. Der andere hat dunkle Haare. 11. Er hat eine kurze Jacke an und trägt Jeans und Turnschuhe. 12. Links neben ihm steht ein kleiner Koffer.

4.a) 1. doch mal 2. eigentlich 3. also 4. ja 5. mal 6. denn 7. eigentlich 8. denn 9. also 10. ja

6.b) *Linker Rand:* Frankreich, Türkei, Japan; *rechter Rand:* USA, Holland, Italien – Zeichnen Sie einen Ihrer Meinung nach typischen Bewohner eines anderen Landes.

e) fertig ↔ unfertig; zwei; romantisch ↔ nüchtern, sachlich; arm ↔ reich; stolz ↔ unauffällig, bescheiden; blond ↔ schwarz; kariert ↔ uni; klein ↔ groß; zäh; groß ↔ klein; verschlagen ↔ offen; blond ↔ dunkelhaarig; deutsch; sympathisch ↔ unsympathisch, unangenehm; bequem ↔ unbequem; feige ↔ mutig; national ↔ international; besser ↔ schlechter;

g) Es kommt oft vor, dass ...; Ich habe erlebt, dass ...; Als ich in ... war, habe ich gesehen, dass ...; Geschäftsleute aus ... sind oft ...; Viele Leute auf dem Lande sind oft ...; Meine Eltern/Freunde/Bekannten haben mir erzählt, dass in XY ...

7.a) erwärmen   verkürzen   erweitern   vergrößern
erschweren   veralten   erneuern   verkleinern
ermöglichen   verdünnen   erheitern   verbreitern
ermüden   verdunkeln   erleichtern   verschönern

c) mit der Nachsilbe -ung

9.c) Gravitationstheorie von Newton → Sir Isaak N., engl. Mathematiker, Physiker und Astronom (1643 – 1727) entdeckte und formulierte das Gravitationsgesetz.

12.c) 4. Z.4: ganz und gar nicht Z.5: fanden ... den Tod Z.10: beschlossen Z.11: redeten den Kaninchen ins Gewissen Z.13: zu Hilfe eilen, höchstwahrscheinlich Z.16/17: fielen über ... her Z.19/20: fragten ... an Z.22: unter Umständen

5. b) Eines Nachts starben mehrere Wölfe bei einem Erdbeben, und die Schuld daran ... **c)** ... und die Kaninchen fassten den Beschluss, auf eine einsame Insel zu flüchten, um weit entfernt von den Wölfen in Ruhe leben zu können. **d)** Die anderen Tiere aber ... redeten ernsthaft mit den Kaninchen, weil diese ihre Tapferkeit beweisen sollten. **e)** Wir helfen euch – sehr wahrscheinlich jedenfalls –, wenn die Wölfe euch angreifen. **f)** Die Wölfe überfielen die Kaninchen, natürlich um ihnen zu helfen ... **g)** Die anderen Tiere erkundigten sich bei den Wölfen, was mit ihren Nachbarn geschehen sei. **h)** Sie wollten sich möglicherweise zusammenschließen, wenn die Vernichtung der Kaninchen nicht irgendwie begründet würde.

Grammatik:

1.a) Mögliche Lösungen: 1. als ob nichts passiert wäre 2. als ob er kein Mensch wäre 3. als ob sie keine Fahrkarte gelöst hätte 4. als ob sie nicht ganz normal wäre. 5. als ob sie nichts gesehen hätten 6. als ob sie es vergessen hätten 7. als ob sie kein Geld hätten 8. als ob diese an allen Schwierigkeiten schuld wären 9. als ob die Deutschen ausländerfeindlich wären

b) 1. ..., als wäre nichts passiert. 2. ..., als wäre er kein Mensch. 3. ..., als hätte sie keine Fahrkarte gelöst. 4. ..., als wäre sie nicht ganz normal. 5. ..., als hätten sie nichts gesehen. 6. ..., als hätten sie es vergessen. 7. ..., als hätten sie kein Geld. 8. ..., als wären diese an allen Schwierigkeiten schuld. 9. ..., als wären die Deutschen ausländerfeindlich.

2.a) nachdem; dass; um ... zu; als; obwohl; ohne ... zu; weil; was; wenn; ohne ... zu; anstatt ... zu; weil

b) 1. Als der Teller leer war, stand der Afrikaner auf und ging weg. 2. Der Junge fand das sehr unhöflich, weil er sich nicht einmal für die Suppe bedankt hatte. 3. Bevor er selbst anfing zu essen, schob er ein Besteck zu dem Jungen hin. 4. Aber weil er noch Hunger hatte und weil der Afrikaner ja auch von seiner Suppe gegessen hatte, nahm er die Einladung an. 5. Vielleicht ist es in seinem Heimatland üblich, dass man gemeinsam von einem Teller isst, dachte er. 6. Als sie beide wortlos den Teller geleert hatten, sah ihn der Afrikaner wieder lächelnd an. 7. Während er versuchte, etwas auf Englisch zu ihm zu sagen, sah er plötzlich auf dem leeren Nachbartisch einen Teller Suppe stehen – ohne Löffel. 8. Und als er den Teller mit der Suppe auf dem Tisch stehen sah, musste er so lachen, dass er kaum aufhören konnte. 9. Nachdem der Junge sich von seinem ersten Schreck erholt hatte, fing er auch zu lachen an.

3.a) *Linke Spalte:* Anstatt, um ... zu, bevor; *rechte Spalte:* weil, während, ohne ... zu, nachdem, als

b) *Linke Spalte:* stattdessen, davor/vorher/zuvor; *rechte Spalte:* deshalb/deswegen/daher, währenddessen, danach/dann

c) 1. Vor seiner Deutschlandreise hatte Tom einen Deutschkurs besucht. Bevor Tom nach Deutshland reiste, hatte er einen Deutschkurs besucht. 2. Als er ankam, hatte er zunächst Schwierigkeiten. 3. Zur Verbesserung seiner Sprachkenntnisse besuchte er ... 4. Weil er erkrankt war/Weil er krank geworden war, musste er ins Krankenhaus ... Er war erkrankt/Er war krank geworden; deshalb/deswegen/daher musste er ins Krankenhaus ... 5. Während seiner Krankheit konnte er ... Er war krank; währenddessen konnte er ... 6. Nachdem er die Krankheit überstanden hatte, setzte er ... Er überstand die Krankheit; dann/danach setzte er ... 7. Trotz des großen Zeitverlustes bestand er ... Obwohl er viel Zeit verloren hatte, bestand er ... 8. Seit seiner Entlassung aus dem Krankenhaus raucht er nicht mehr. Er ist aus dem Krankenhaus entlassen worden; seitdem raucht er nicht mehr.

4.a) 1. Seitdem Bernhard Breuer von seiner Frau geschieden ist, lebt er auf der Straße. 2. Obwohl viele Leute Vorurteile gegen Nicht-Sesshafte haben, sind für ihn Ehrlichkeit und Höflichkeit wichtige Werte. 3. Wegen seines offenen Wesens findet er überall schnell Kontakt. 4. Beispielsweise lernte er beim Biertrinken in einem Bistro einen Mann kennen, der ihn zum Übernachten in seine Wohnung einlud. 5. Während der Abwesenheit seines Gastgebers durfte er auch am nächsten Tag allein in der Wohnung bleiben. 6. Er nutzte die Zeit zum Baden, Waschen und Kochen. 7. Ohne gezwungen zu sein, will er nicht mehr für längere Zeit innerhalb von vier Wänden wohnen, weil er über sich den freien Himmel braucht.

b) 1. Seit der Scheidung von seiner Frau lebt Bernhard Breuer auf der Straße. Bernhard Breuer ist von seiner Frau geschieden; seitdem lebt er auf der Straße. 2. Trotz der Vorurteile vieler Leute gegen Nicht-Sesshafte sind für ihn ... Viele Leute haben gegenüber Nicht-Sesshaften Vorurteile; trotzdem sind für ihn ... 3. Weil er ein offenes Wesen hat, findet er ... Er hat ein offenes Wesen; deshalb/deswegen/daher findet er ... 4. Als er in einem Bistro Bier trank, lernte er beispielsweise einen Mann kennen, der... 5. Während sein Gastgeber abwesend war, durfte er ... Sein Gastgeber war am nächsten Tag abwesend; währenddessen durfte er ... 6. Er nutzte die Zeit, um zu baden, waschen und zu kochen. 7. Ohne Zwang will er nicht mehr für längere Zeit ... Ohne gezwungen zu sein, will er nicht mehr ...

5.b) Einer der kleinen Jungen wollte den Rest von seinem Taschengeld – eine Mark – für die „Aktion Sorgenkind" spenden.
c) herfahren sehen; rufen hören; verstehen; stehen bleiben; stehen; herankommen lassen; warten
I: Er hat etwas tun *wollen*; weil er etwas hat tun *wollen*; weil er etwas hatte tun *wollen*; II: Er hat sie kommen *sehen*; weil er sie hat kommen *sehen*; weil er sie hatte kommen *sehen*; III: Er ist stehen *geblieben*; weil er stehen *geblieben* ist; weil er stehen *geblieben* war
d) In I und II besteht V2 aus zwei Infinitiven, in III aus Infinitiv und Partizip Perfekt.
I: können, müssen, dürfen, sollen, mögen; II: hören, lassen

e) 1. Er hat seine Behinderung akzeptieren gelernt./Er hat gelernt, ... zu akzeptieren. 2. Er hat auf behinderte Menschen und ihre Probleme aufmerksam machen wollen. 3. Er hat viele z. B. über zu enge Aufzug- und Straßenbahntüren klagen hören. 4. Andere suchen jemanden, der sie zu einem Spaziergang abholen kommt. 5. Wieder andere brauchen jemanden, der für sie einkaufen geht. 6. Kinder können oft am natürlichsten mit Behinderten umgehen. 7. Sie sind ihm auf seinen Touren oft entgegen gelaufen, wenn sie ihn haben kommen sehen. 8. Im Sommer hat er sie manchmal Eis holen geschickt. 9. Einmal hatte er auch Pech, weil sein Rollstuhl auf der Landstraße stehen geblieben ist und man ihn erst in der nächsten Stadt hat reparieren lassen können.
Aktivitäten:
2. „Das bleibt doch selbstverständlich unter uns!"
3. Unter einer Decke stecken → Bild 4; Reden ist Silber, Schweigen ist Gold → Bild 1; Alles kurz und klein schlagen → Bild 3

Lektion 26: Arbeit und Beruf S. 90
2.e) laut Statistischem Bundesamt 1995:
1. Kfz-Mechaniker (79.122) 2. Elektroinstallateur (53.998) 3. Arzthelferin (51.385) 4. Bürokauffrau (48.788) 5. Maurer (46.875) 6. Einzelhandelskauffrau (43.965)
f) Elektroinstallateur, Einzelhandelskauffrau
4.b) 1. zuverlässig 2. ehrlich 3. pflichtbewusst 4. leistungsbereit 5. zielstrebig
7.b) Lohn, Gehalt, Entgelt, Verdienst, Einkommen
10.c) Die zentrale Frage ist: Lebt man, um zu arbeiten, oder arbeitet man, um zu leben?
Phonetik:
1.b) 2. Überraschung 3. Nachdenklichkeit 5. angenehmes Gefühl 6. Enttäuschung/Bedauern 7. Überraschung 8. Bewunderung 9. Überraschung, Bestürzung
c) 1. Oh/Ach 2. Oh 5. Oje 6. Tja 7. Hm 8. Hm 11. Tja
Grammatik:
1.a) Jungen; Astronauten; Meeresbiologen; Pressefotografen; Planeten; Präsidenten; Diplomaten; Angestellten; Beamten; Juristen; Journalisten; Gymnasiasten; Praktikanten;
c) Wie heißt der Junge? Fragen Sie doch den Jungen! Sprechen Sie mit dem Jungen! Wer sind die Eltern des Jungen?
2.b) 1. Jugendliche, Arbeitslosen 2. Jungen, Arbeitslosen, Langarbeitslose 3. Langzeitarbeitsloser, Selbständiger, Angestellter, Fremden 4. Herrn, Beschäftigten, 5. Beamter, Beamten
3.a) empfiehlt, entschuldigt sich, erklärt, gefällt, hintergeht, missachtet, vergisst, zerbricht;
durchquert, übersetzt, unterschreibt, umfährt, wiederholt, widerspricht; fällt durch, tritt über, bringt unter, fällt um, holt wieder, spiegelt wider; steigt ein, hält fest, fährt fort, nimmt teil, bleibt übrig, läuft weg,
geht weiter, fährt vorbei, kehrt zurück, fasst zusammen; fährt ab, kommt an, springt auf, bessert aus, tritt bei, redet mit, sieht nach, geht vor, hört zu;
gibt her, holt heraus, kommt herein, kommt herüber, nimmt herunter, holt hervor, sieht hin, trägt hinein, bringt hinauf, geht hinaus, fährt hinunter

3.b)

trennbar		untrennbar	
Präsens	Perfekt	Präsens	Perfekt
Sie steigen um	Sie sind umgestiegen	Sie verschwinden	Sie sind verschwunden
Sie stoßen zusammen	Sie sind zusammengestoßen	Sie erkennen wieder	Sie haben wiedererkannt
Sie fahren hin	Sie sind hingefahren	Sie durchqueren	Sie haben durchquert
Sie bieten an	Sie haben angeboten	Sie unterschreiben	Sie haben unterschrieben
Sie nehmen teil	Sie haben teilgenommen	Sie überlegen	Sie haben überlegt

4. 3. erkundigt, festgestellt 4. angeboten 4. herausgefunden, zusammengestellt 5. begegnet, teilgenommen 6. ausgefragt 7. angekreuzt, zugeordnet 8. übersetzt, überarbeitet 9. ausgewertet, mitgeteilt, bestanden 10. unterhalten 11. aufgenommen 12. vorbereitet, durchgefallen 13. entmutigt, abgeschickt

5.a) 2. weder ... noch 3. nicht nur ..., sondern auch, entweder ... oder 4. sowohl ... als auch 5. teils ..., teils 6. zwar ..., aber

6.a) 1. entweder ... oder 2. weder ... noch 3. zwar ..., aber 4. teils ..., teils

b)

Position 0	Vorfeld	V1	Mittelfeld	V2
	Man	braucht	weder lange Anfahrtszeiten	
	noch	benötigt	man teuren Büroraum.	
	Weder	braucht	man lange Anfahrtszeiten	
	noch	benötigt	man teuren Büroraum.	
	Die Firma	hat	zwar zunächst höhere Kosten,	
aber	die Telearbeit	hat	auch viele Vorteile.	
	Zwar	hat	die Firma zunächst höhere Kosten,	
aber	die Telearbeit	hat	auch viele Vorteile.	
	Teils	loben	die Telearbeiter die flexible Arbeitszeit,	
	teils	kritisieren	sie die schlechtere Bezahlung.	

d) 1. Zwar würden viele Männer gern eine Telearbeit übernehmen, aber ihre Firma ist dagegen. 2. Mütter von kleinen Kindern können weder Vollzeit arbeiten noch können sie feste Arbeitszeiten akzeptieren. 3. Als Telearbeiterinnen können sie sowohl einen Teil der Arbeit morgens erledigen als auch abends arbeiten, wenn die Kinder schlafen. 4. Sie arbeiten teils für ein höheres Familieneinkommen, teils wollen sie auch mit Kindern im Berufsleben bleiben.

Aktivitäten:

2.c) Professor – Diplomingenieur – Doktor – Kontonummer – Bankleitzahl – das heißt – vergleiche – siehe oben – beziehungsweise – und so weiter – zum Teil – meines Erachtens – zu Händen – im Auftrag

3. 1. Wer rastet, der rostet. 2. Morgenstund hat Gold im Mund. 3. Ohne Fleiß kein Preis. 4. Erst die Arbeit, dann das Vergnügen. 5. Müßiggang ist aller Laster Anfang. 6. Morgen, morgen, nur nicht heute, sagen alle faulen Leute.

Lektion 27: Engagement S. 106

1. D: Kollwitz, Käthe „Deutschlands Kinder hungern" (1924)

1.b) etwas leiten; jemanden betreuen; etwas vorbereiten für jemanden, etwas übernehmen für jemanden; sich sorgen um jemanden; sich kümmern um jemanden ...

2.a) 1. also 2. denn 3. doch 4. und 5. ja 6. ja 7. doch 8. doch 9. etwa 10. doch 11. doch

3. 1. beschlossen 3. entscheiden 4. sich entschließt, Entschluss

4.a) *Greenpeace* wurde 1971 gegründet, internationale Organisation. Ziele: Globale Umweltprobleme bewusst machen, Zerstörung der natürlichen Lebensgrundlagen verhindern.

5. Das Ende der Geschichte:

6. Reiner Kunze, deutscher Schriftsteller, geb. 1933 in der ehemaligen DDR, 1976 Ausschluss aus dem Schriftstellerverband und Übersiedlung in die Bundesrepublik; das Gedicht stammt aus dem Band „Sensible Wege" (1969).

8.c) Designerin – (industrielle) Formgestalterin; **Marketing** – Strategie zur Sicherung der Absatzmärkte; **Autorin** – Schriftstellerin; **Initiatorin** – Urheberin, Auslöserin einer Handlung; **Projekt** – Plan, Vorhaben; **Sponsorin** – Firma oder Person, die andere Personen, Veranstaltungen usw. finanziell unterstützen; **Managerin** – Betreuerin von künstlerischen, sportlichen usw. Veranstaltungen, auch Leiterin eines Betriebes; **professionell** – berufsmäßig, **Engagement** – Einsatz für etwas; **engagieren** – sich für etwas einsetzen; **Kollektion** – Sammlung, Mustersammlung (von Waren), Auswahl; **traditionell** – herkömmlich, üblich; **Pestizide** – Schädlingsbekämpfungsmittel; **Realität** – Wirklichkeit; **privilegiert** – bevorzugt; **Profit** – Gewinn, Vorteil, Nutzen; **Konsum** – Verbrauch; **funktionieren** – wirksam sein; **Ideal** – Vollkommenheit, Wunschbild; **Medien** – Presse, Rundfunk, Fernsehen; **Revoluzzerin** – Scheinrevolutionärin; **Provokateurin** – jemand, der andere herausfordert

e) 2. finanziell gefördert 3. Sonderstellung 4. Presse, Rundfunk, Fernsehen 5. herausfordernd

Grammatik:

1.a) 1. gemacht werden würden 2. hätten gemacht werden müssen 3. gemacht worden wären 4. gemacht werden müssten

b) *Vergangenheit:* ... gemacht worden wären *Gegenwart und Zukunft:* ... gemacht werden würden *Vergangenheit:* ... hätten gemacht werden müssen *Gegenwart und Zukunft:* ... gemacht werden müssten

d) 1. G; 2. G; 3. G; 4. V; 5. V; 6. V; 7. V; 8. G;

2.a) 2. ... 6% gesenkt werden könnten, wenn ... gesenkt (werden) würde 3. ... wären 400 Liter ... verbraucht worden, ... worden wäre 4. ... gefahren (werden) würde, könnten sicher 20% Benzin gespart werden 5. ... würden bis zu 20 Liter ... eingespart (werden), wenn ... benutzt (werden) würde ... 6. ... 20 Mark reduziert werden könnte, wenn ... ausgeschaltet (werden) würde.

3. 1. müsste ... sein 2. dürfte ... angesehen werden; müsste ... betrachtet werden 3. dürften ... haben

4. müsste ... werden 5. dürften ... erschrecken
6. würden ... gezwungen (werden) 7. müsste ... ersetzt
werden 8. dürften ... gefahren werden 9. müsste sich ...
erholen 10. müssten ... sein; dürften ... konsumieren
11. ... müssten ... sein.

4.a) keine, keiner, niemals, nirgendwo

b) a- (atypisch), **ab-** (abnorm), **anti-** (Antipathie),
de- (dezentralisiert), **des-** (desinteressiert), **dis-** (dis-
harmonisch), **ent-** (entkommen), **gegen-** (Gegenteil),
il- (illegal), **im-** (immobil), **in-** (intolerant), **ir-** (irreal),
miss- (missgestaltet), **un-** (unschön), **ver-** (verlernen),
weg- (weggehen), **wider-** (widerwillig);
-los (arbeitslos), **-frei** (abgasfrei), **-leer** (menschenleer),
-arm (schadstoffarm)

c) ... Kindern, die weder Vater noch Mutter haben oder
um die sich niemand kümmert; ... nie die eigene Mutter
ersetzen; ... aber nirgends können diese Kinder ...

d) 1. nichts 2. niemals/nie 3. kein 4. nirgendwo/nirgends
5. weder ... noch 6. noch nicht 7. keine ... mehr

e) jemand; alles; schon; noch; immer; überall; ein_;
sowohl ... als auch

f) Sie können sich nicht vorstellen, wie es wäre, wenn
1. ... sie nichts hätten, was Sie zum Leben brauchen würden. 2. ...sie nie genug zu essen und zu trinken hätten.
3. ... sie kein Dach über dem Kopf hätten. 4. ... sie
nirgends akzeptiert würden. 5. ... sie weder physisch noch
geistig normal entwickelt wären. 6. ... sie mit 8 Jahren
noch nicht lesen und schreiben könnten. 7. ... sie mit
12 Jahren keine Kinder mehr wären.

5.a) 1. Sag mal, stimmt es **etwa**, dass ... 2. Ja, wusstest
du das **denn** nicht? 3. Meinst du **etwa**, dass das in Ordnung ist? 4. ..., aber hast du **denn** eine Lösung für das
Problem? 5. Willst du **etwa** die ganze Industrie abschaffen?

c) Du willst **doch** sicher ..., oder? Denk **doch mal** an das
Ozonloch! ...Du weißt **ja**, dass ... Und was soll man **denn**
deiner Meinung nach machen? Das habe ich dir **ja** schon
vorhin gesagt. Oder glaubst du **etwa** immer noch, dass
wir **einfach** abwarten können? Vielleicht hast du **ja**
Recht.

Kommunikationszentrum:

1.e) 1. → ⑥ 2.→ ① 3. → ② 4. → ③ 5. → ⑤
6. → ④

Aktivitäten:

1.a) Projekte:
Greenpeace: Große Elbstraße 39,
D - 22767 Hamburg
Tel.: 040 - 36 12 08
Fax: 040 - 2 16 48 31

SOS-Kinderdorf Head Office,
Hermann Gmeiner-Straße 51
P. O. Box 443
A - 6021 Innsbruck
Austria
Tel.: 0043 - 512 - 33 10-0
Fax.:0043 - 512 - 33 10-88

Senior Experten Service
Postfach 22 62
D - 53012 Bonn
Tel.: 0228 - 2 60 90-0
Fax: 0228 - 2 60 90-77

2. Letzter Cartoon:

3. ... Er lebte nach dem Motto: <u>Jeder ist sich selbst der
Nächste.</u>
... sagte er sich: „<u>Hilf dir selbst, so hilft dir Gott.</u>"
... Er sagte sich: „<u>Dem Mutigen gehört die Welt.</u>"

Lektion 28: Angst S. 122

1. D: Munch, Edward „Der Schrei", (1893)
F: Hokusai (1760 - 1849) „Die große Woge" (Wellen bei
Kanagawa)

2.b) *Linke Seite:* 2. Angst haben; 3. Angst haben vor (D);
rechte Seite: 1. Furcht erregend 2. etwas (be)fürchten
3. furchtbar/fürchterlich

c) 2. furchtbaren/fürchterlichen 3. Furcht erregende
4. Angst 6. (be)fürchteten 7. Angst um 9. Angst vor

5.a)+c) Z.2: Im Freien → draußen; Z.4: durch Zufall →
zufällig; Z.5: hin ... entzogen → geschützt; Z.7: einigermaßen → relativ; Z.10: dafür gesorgt → garantiert; Z.11:
zugestoßen → passiert; Z.15: bebender → zitternder;
Z.21: rasch → schnell; Z.23: verkroch → versteckte; Z.25:
dermaßen → so sehr; Z.32: unverzüglich → sofort; Z.34:
ausschließlich → nur noch; Z.35: einen ängstlichen Eindruck machen → ängstlich wirken; Z.46: unvermeidlichen
→ unumgänglichen; Z.49: den es erwischte → der Schaden erlitt; Z.50: ausgelöst → verursacht; Z.52: unversehens → plötzlich; Z.54: verwirrt → ganz konfus; Z.59:
überbieten → übertreffen; Z.62: Klopperei → Schlägerei

5.a) (Moral) Mein Vorschlag: Wenn man nicht den Mut
hat, feige zu sein, ist die schönste Angst für die Katz.

8.a) 2. Angst, sich lächerlich zu machen; 3. Angst, dumm
zu werden; 4. Angst, nicht mehr widersprechen zu können; 5. Angst zurückzubleiben; 6. Angst vor dem Wettbewerb; 7. Angst vor Liebe und dem Wunsch, sie zu zeigen;
8. Angst, manipuliert/von anderen bestimmt zu werden;
9. Angst vor dem Tod; 10. Angst, Widerstand zu leisten

c) 4. Mut, anderen zu widersprechen 10. Mut, Widerstand
zu leisten

9.d) 23, 20, 13, 5, 18, 21, 8, 22, 16, 14, 17, 11, 5, 15, 6, 7,
9, 19, 4, 12, 1, 10, 2

Phonetik:

1.b) Sprechtempo: **schneller**; Lautstärke: **leiser**; Tonhöhe:
geringer; vor und nach dem Einschub ist **eine Pause**;
Sprechmelodie vor und nach dem Einschub ist **gleichbleibend**;

2.a) 1. Schmerz 2. Abscheu/Ekel 3. Abscheu/Ekel 4. Missfallen

c) 1. Igitt (Iih ist auch möglich) 2. Pfui 3. Au 4. Iih (auch Igitt)

Grammatik:

1.b) *Erste Spalte:* wurde angestrichen, ist angestrichen worden; war angestrichen worden; *zweite Spalte:* war angestrichen

c) 1. ... wird gesperrt 2. ... wird umgeleitet 3. ... werden geöffnet 4. ... werden aufgestellt 5. ... wird überprüft 6. ... werden verkauft

d) 1. ... ist gesperrt 2. ... ist umgeleitet 3. ... sind geöffnet 4. ... sind aufgestellt 5. ... ist überprüft 6. ... sind verkauft

2.a) vor den geschmückten Häusern, stehenden Menschen, mit rollenden Augen, laut brüllend, durch die überfüllten Straßen

b) ... Häusern stehenden Menschen ...; ... mit rollenden Augen ...; ... vor den geschmückten Häusern ...; ... durch die überfüllten Straßen ...

c) 1. den brüllenden Drachen 2. den verletzten Drachen 3. den sterbenden Drachen 4. den gestorbenen Drachen

d) 1. Die geschmückten Häuser 2. Ein sich durch die Straßen bewegender Drache 3. Begeistert applaudierende Leute 4. Ausgebuchte Hotels 5. Ein sterbender Drache 6. Ein gestorbener Drache 7. Ein getöteter Drache

e) ... zwischen **Artikelwort** und **Nomen**

3.a) 1. ... eine Schlacht, die in alten Chroniken überliefert ist 2. ... nimmt die Bauern, die vor den Soldaten fliehen, in ihrem Schloss auf. 3. Ein Drache, der das Böse symbolisiert ... 4. ... Ritter Udo, der aus dem Krieg zurückgekehrt ist ... 5. ... im Rathaus, das aus diesem Grunde festlich erleuchtet ist. 6. ... Musik- und Tanzgruppen, die aus der ganzen Umgebung kommen ... 7. ... das Feuerwerk, das zur Tradition geworden ist.

b) 1. In Furth wird die Beliebtheit dieses weithin bekannten Volksfestes überall deutlich. 2. Es ist besonders schwierig, in den schon lange vor dem Fest ausgebuchten Hotels ein Zimmer zu finden. 3. Die von überallher kommenden Besucher wollen den berühmten, sich durch die Straßen bewegenden Drachen sehen. 4. Sie wollen den mutig gegen den Drachen kämpfenden Ritter erleben. 5. Und sie wollen schließlich sehen, wie der von Menschenhand besiegte Drachen stirbt.

4.b) gehört zu haben; gemacht zu haben; gewesen zu sein; vertrieben zu haben;

c) Partizip II + *zu* + *haben* oder *sein*

d) 1. Gleichzeitigkeit 2. Vorzeitigkeit

h) Kindheitsängste

Es war schon spät. Draußen begann es zu regnen. Jens Sievers hatte angefangen, einen Brief zu schreiben. Plötzlich glaubte er, an seinem Fenster einen Schatten zu sehen. Er versuchte, in der Dunkelheit etwas zu erkennen. Aber es war unmöglich, von seinem Schreibtisch aus etwas zu sehen oder zu hören. Deshalb beschloss er, hinauszugehen und nachzusehen.

Es hatte aufgehört zu regnen. Aber es war schwer für ihn, sich an die Dunkelheit zu gewöhnen. Da schien sich im Garten etwas zu bewegen. Er forderte den Unbekannten auf hervorzukommen. Langsam bewegte sich ein kleiner Schatten auf das Haus zu. Es war ein Kind. Jens konnte sich nicht erinnern, es schon einmal gesehen zu haben.

Das Kind schien sich vor ihm zu fürchten. Deshalb sagte er: „Du brauchst keine Angst vor mir zu haben, aber was machst du hier im Dunkeln?" – „Ich weiß, dass es nicht erlaubt ist, in einen fremden Garten zu gehen, aber ich habe meinen neuen Ball heute Nachmittag hier auf der Straße verloren, und mein Vater hat mir befohlen, ihn so lange zu suchen, bis ich ihn gefunden habe. Er hat mir verboten, ohne den Ball nach Hause zu kommen."

Jens wollte das Kind überreden, ins Haus zu kommen, aber es schien ihm gar nicht zuzuhören. Schließlich schlug er ihm vor, eine Lampe zu holen und gemeinsam im Garten zu suchen. Da kam plötzlich aus der Dunkelheit ein Mann. Ohne ein Wort zu sagen, nahm er das Kind an der Hand und verschwand.

Kommunikationszentrum:

1.d) *plötzlich:* auf einmal; mit einem Mal;

f) Variation der Lautstärke (laut, leise), des Sprechtempos (schnell, langsam), der Tonhöhe (stärker, geringer); Pauseneinsatz

Aktivitäten:

3. ... Angsthase, ... vor Schreck wie gelähmt, ... vor Angst fast gestorben, ... mir das Herz bis zum Hals schlug, ... mit dem Schreck davon gekommen

Lektion 29: Information und Medien S. 138

1. A: Gemälde: „Der Lesesaal" (unbekannter Maler)

2.c) 2. Redakteur 3. Druckmedien 4. Feuilleton 5. Ausgaben 6. inserieren 7. Artikel 8. abonniert 9. Illustrierte 10. recherchieren; → **Zeitungsente**

3.a) 1. *denn* 2. *ja* 3. doch 5. *einfach* 6. *mal* 7. *eigentlich* 8. *also* 9. *Und* 10. *ja* 11. *ja*

4.a) *Reime:* dran – **an**; zwei – **dabei**; stur – **Flur**; Raum – **Traum**; dumm – **um**; *Entsprechungen:* Finanzskandal → schockierendes Ereignis; sich stur stellen → hier: so tun, als ob man nichts damit zu tun hätte; taumeln → sehr unsicher gehen; wanken → unsicher wie ein Betrunkener gehen; sich umbringen → sich das Leben nehmen

5.a) 1. hineingehen in + A; betreten + A; 2. hinausgehen aus + D, verlassen; 3. stolpern, wanken, taumeln; 4. eilen, laufen, rennen; 5. spazieren, bummeln, schlendern

5.b) 1. verlassen, betreten 2. taumelte, wankte 3. lief/ging, eilte/rannte 4. schlendern/bummeln, lief 5. eilte/rannte/lief 6. ging ... hinein

6.c) irgendetwas ↔ **nichts**; irgendwer ↔ **niemand**; irgendwo ↔ nirgends/nirgendwo; irgendwohin ↔ nirgendwohin; irgendwann ↔ niemals/nie

7a) *wissen:* die Adresse, das Neueste, einen Rat, die Lösung; *kennen:* Mozarts kleine Nachtmusik, den Film, das Restaurant, München; *können:* den Text kopieren, Auto fahren, Englisch, kochen

8. Internet: 2.; Cyberspace: 3.; CD-Rom: 2.; E-Mail: 3.

9.b) 1. für 2. bei, von 3. für 4. von, über, für

d) schwer sein für + A → erschweren für + A → e Erschwernis für + A; beliebt sein bei + D → e Beliebtheit bei + D; unabhängig sein von + D → (nicht) abhängen von + D → e Unabhängigkeit von + D; problematisch sein für + A → ein Problem sein für + A; problematisieren; überzeugt sein von + D → überzeugen von + D → e Überzeugung von + D; froh sein über + A; wichtig sein für + A → e Wichtigkeit für + A

10.d) -bar = kann gemacht/getan werden
Grammatik:
1.a) Z.5: gehöre, Z.6: könne, Z.8: müsse, Z.9: gebe, Z.10: hätten, Z.11: habe, Z.12: auftrete, Z.13: wollten
b) könn - en → könn - t-en; woll -en → woll - t -en, woll -en → woll - t -en; hab -en → hätt -en, hab -en hätt -en;
Bildung des Konjunktiv I (Gegenwart und Zukunft):
→ Infinitiv-Stamm + **Konjunktivendung**
c) geb -en → gäb -en, geb -en → gäb -en; gehör -en → gehör-t -en; gehör -en → gehör - t -en;
d) Er betonte: „Dazu gehört die Osterweiterung der Europäischen Union. Nur ein einiges Europa kann sich in der Welt von morgen behaupten. Dafür muss sich jeder an seinem Platz einsetzen. In der Welt von morgen gibt es große geistige und ökonomische Machtblöcke, die ihren Platz in der Weltpolitik haben. Europa hat nur eine Chance dazuzugehören, wenn es einig auftritt. Das ist das Ziel. Die Europäer wollen keine politische oder wirtschaftliche Vormachtstellung in der Welt haben, sondern friedlich und in gegenseitigem Respekt mit den anderen Regionen der Welt zusammenleben."
2.a) hätten verloren, seien gekommen, hätten akzeptieren müssen, hätten verarbeitet, bedeutet hätten, hätten geweckt
b) er/es/sie sei; wir seien; sie/Sie seien; er/es/sie habe; wir hätten; sie/Sie hätten; er/es/sie habe; wir hätten; sie/Sie hätten
Bildung des Konjunktiv I (Vergangenheit):
→ sei_ oder habe_ + **Partizip Perfekt**
→ bei Modalverben habe_ + **2 Infinitive**
c) Der Bundespräsident betonte: „Ich kann die gegenwärtigen Sorgen vieler meiner Mitbürger sehr gut verstehen. Viele haben ihren Arbeitsplatz verloren und sind dadurch in materielle Schwierigkeiten gekommen. Andere haben akzeptieren müssen, nicht mehr so viel Geld zur Verfügung zu haben. Viele Ostdeutsche haben den Schock noch nicht verarbeitet, den die völlig neuen Lebensverhältnisse für sie bedeutet haben. Die Medien haben in dieser Situation Zukunftsängste in der Bevölkerung geweckt, anstatt Zuversicht und Hoffnung auf die Leistungsfähigkeit eines geeinten Europas zu verbreiten ..."
3.a) ist, war, haben bekommen, haben beschlossen, wünsche ... zurück, war, wart, habt ... angepasst, denke ... zurück, hat ... verändert, haben ... gehen müssen, wusste, ist, bedeutet ... aufzuhören, kritisieren
b) S fragt, warum die taz heute nicht mehr das sei, was sie früher einmal gewesen sei. Damals hätten zum Beispiel alle Redakteure den gleichen Lohn bekommen, und alle hätten alles gemeinsam beschlossen.
M sagt, sie wünsche sich diese Art von Demokratie nicht zurück. Sie sei sehr originell gewesen, aber auch oft sehr chaotisch und ineffektiv.
S meint, dass sie politisch viel offensiver gewesen seien, und sich dann angepasst hätten.
M sagt, sie denke ja auch ganz gern an die frühen Jahre zurück, aber seitdem hätte sich doch vieles völlig verändert, und sie hätten auch mit der Zeit gehen müssen. Seit dem Mauerfall habe niemand mehr genau gewusst, was eigentlich „links" sei. Für sie persönlich bedeute ...

4.a) wüsste, machen könnte, anfangen sollte, würde ... einfallen, wäre, ... gegangen, hätte ... gewusst, hätte ... machen sollen, hätte ... aufgeschrieben
b) N: „Yoko, sag mal, weißt du nicht, wie ich meine Seite für die Klassenzeitung machen kann?"
Y: „Fang doch einfach an, dann fällt dir ganz bestimmt auch was ein. Mir ist es zumindest so gegangen. Ich habe zuerst auch nicht gewusst, was ich mit der Seite machen sollte, aber dann habe ich einfach alle meine Ideen aufgeschrieben und die beste davon genommen."
5.a) 1. Als/Nachdem Herr Blattner die Tür hinter sich
<u>NS</u>
geschlossen hatte, hängte er seinen Mantel in den Schrank
<u>HS</u>
und setzte sich an seinen Schreibtisch, um die Zeitung zu
<u>HS</u> <u>NS</u>
lesen. 2. Als er die Zeitung aufschlug, sah er sofort sein
<u>NS</u> <u>HS</u>
Foto und daneben einen Artikel über einen Finanzskandal.

3. Während er den Artikel las, wurde ihm sofort klar, dass
<u>NS</u> <u>HS</u>
das eine Verwechslung sein musste; denn nichts von dem,
<u>NS</u> <u>HS</u>
was in der Zeitung stand, war wahr. 4. Er fragte sich, wie
<u>NS</u> <u>HS-Rest</u> <u>HS</u>
so etwas möglich sei. Er wusste nicht, wie man sich
<u>NS</u> <u>HS</u>
dagegen wehren könne. 5. Sein Chef sagte: „Bleiben Sie
<u>NS</u> <u>HS</u> <u>HS</u>
zunächst mal zu Haus, spannen Sie aus, und machen Sie
<u>HS</u> <u>HS</u>
Urlaub." 6. Er verließ das Büro sofort und eilte zur U-Bahn-
<u>HS</u> <u>HS</u>
Station, wo er ungeduldig auf den Vorortzug wartete.
<u>NS</u>
7. Die Leute sahen ihn alle komisch an, und es schien
<u>HS</u> <u>HS</u>
ihm, als ob sie alle Bescheid wüssten. 8. Nachdem er
<u>NS</u>
schließlich in der Redaktion angekommen war, verlangte
<u>NS</u> <u>HS</u>
er von dem verantwortlichen Redakteur eine Erklärung.

9. Der meinte: „Das ist doch nicht so schlimm, denn eine
<u>HS</u> <u>HS</u>
Verwechslung kann immer passieren, auch wenn man noch
<u>HS</u>
so sorgfältig recherchiert. 10. Weil Herr Blattner mit
<u>NS</u>
dieser Erklärung nicht einverstanden war, ging er zum
<u>NS</u> <u>HS</u>

Chefredakteur. 11. Der fand das Ganze auch nicht so
                                                    HS
schlimm und veröffentlichte eine Gegendarstellung mit
                                HS
dem Bedauern der Redaktion, die schon am gleichen

Abend erschien. 12. Herr Blattner fragte sich, wer das
        NS   HS
lese, was klein gedruckt in der Zeitung stehe.
NS   NS

6.b) Artikelwörter, V1, Rahmenwörter mit Nebensatz-konstruktionen

c) 2. ... dass ein Mann bei einem Banküberfall getötet wurde. 3. ... dass eine Lehrstellenkatastrophe vermieden werden muss. 4. ... dass es nicht genügt, wenn man die Kirchenaustrittserklärung in den Briefkasten einwirft, sondern dass sie im Rathaus ankommen muss. 5. ... dass es im Großmarkt einen Brand gegeben hat, aber dass niemand verletzt wurde. 6. ... dass die Gegner der Gentechnik eine ökologische Katastrophe befürchten und dass der Nutzen der Gentechnik in der Landwirtschaft umstritten ist. 7. ... dass die EU-Außenminister in Luxemburg ein Treffen hatten/sich getroffen haben, aber dass sie sich über die Beschäftigungspolitik nicht einigen konnten. 8. ... dass der 1. FC Köln die Saison erfolgreich abgeschlossen hat. 9. ... dass der Fahrraddiebstahl gestoppt werden muss und dass die Polizei Fahrradabstellplätze verstärkt überwachen will. 10 ...dass beschlossen worden ist, das Weimarer Nationaltheater zu erhalten.

Aktivitäten:

1.c) *Adressen:*
Deutsche Welle:
Raderberggürtel 50, D-50968 Köln,
Fax 49/221/389/2510
Radio Österreich International:
Würzburggasse 30, A 1136 Wien, Fax: 431/87878/4404,
E-Mail; info @ rai.ping.at
Schweizer Radio International:
Giacomettistr.1, CH-3000 Bern 15, Fax 0041/31/3509569.
E-Mail: german @ sri.-srg.-ssr.-ch.
Kommunikationszentrum:
b) 1. 92 % Abfall in den Wald (16) 2. 88 % Fahrerflucht (3); 88 % die Straße verschmutzen (1) 3. 87 % heimlich eingepackte schlechte Ware (10) 4. 86 % Hundehaufen(6) ; 86 % Partner heftig kritisieren (9) 5. 84 % vor Kindern bei Rot über die Straße gehen (2) ; 84 % Kassen zu in Supermärkten 6. 83 % Vordrängler in Supermärkten (11) 7. 82 % nach oben buckeln, nach unten treten (8) 8. 77 % Kleingärtner mit Giftspritze (5); 77 % wer sich zu Hause wie ein Pascha bedienen lässt (12) 9. 76 % Kolonnenspringer im Straßenverkehr (4) 10. 70 % Radios und Fernseher Tag und Nacht (13) 11. 69 % vor anderen angeben (7); 69 % Unpünktlichkeit (17) 12. 67 % Putzteufel (13) 13. 57 % andere rücksichtslos nass spritzen (15) 14. 48% Verbotsschilder nicht beachten (18) 15. 36% Bäume und Sträucher in Nachbarsgärten hineinwachsen lassen (14)

Europäische Union
1. 1: Pablo Picasso, in Spanien → G; 2: in Kopenhagen → J; 3: Frankreich → C; 4: in Brüssel → E; 5: in Griechenland → B; 6: Venedig → D; 7: Rembrandt, in Amsterdam → H; 8: Lissabon → F; 9: Finnland → I; 10: London → K
2. Bundesrepublik Deutschland, Irland, Luxemburg, Norwegen

Lektion 30: Zukunft S. 154
1. E: Beckmann, Max: „Selbstbildnis mit Seifenblasen" (um 1898)
3.a) 2. durchsetzen 3. abzubauen 4. abschaffen 5. kürzen; unterstützen 6. verstärken
b) abbauen
4.b)

	Marco (1)	Ann (2)	Michael (3)	Gina (4)
Alter	19 Jahre	19 Jahre	18 Jahre	20 Jahre
Abi-Note	1,4	1,3	2,1	2,7

e) bestimmt/sicher(lich), höchstwahrscheinlich, es ist gut möglich/wahrscheinlich, eventuell/vielleicht/es kann sein/möglicherweise/vermutlich, auf keinen Fall
6.b) 1. 1. Im Vordergrund sieht man eine winzige Insel im Meer mit einer runden Hütte unter einer kleinen Palme. 2. Sonst wächst auf der Insel außer ein paar Blumen nichts. 3. Auf der linken Seite sieht man ein offenes Motorboot, das von einem Schiff im Hintergrund gekommen ist. 4. Der Mann im Boot spricht mit einem Mann, der barfuß, nur mit Hemd und Hose bekleidet, neben seiner Hütte steht. 5. Der Mann im Boot will den Inselbewohner retten, aber der schreit entsetzt, dass er nicht gerettet werden will. 6. Seine Ablehnung betont er durch eine eindeutige Geste mit beiden Armen. 7. Der Mann im Boot versteht das nicht. 8. Über der Sprechblase des Inselbewohners sieht man in einer großen Denkblase den Grund für seine Weigerung: Eine Großstadt mit Hochhäusern ohne ein Zeichen von Leben.
10.b) Z. 1: Glück, Z. 7: Glück, Z. 11: Glück, Z. 13: Glück, Z. 17: Glück, Z. 20: Glückstest, Z. 23: Glücklichsein, Z. 29: Glück, Z. 30: glücklicher; Z. 31: Glücklichsein, Z. 34: Glücklichsein, Z. 35: glücklich
d) Z. 8/9: sich den Kopf über etwas zerbrechen; Z. 20: einen Test durchführen; Z. 28: ein Rätsel erklären/ lösen; Z. 34: Sport treiben; Z. 35: Zeit mit etwas verbringen
Phonetik:
b) Rheinisch
„Tünnes", fragt Schäl, „du weißt doch immer alles. Kannst du mir erklären, was drahtlose Telegrafie ist?" – „Also, das ist so", sagt der Schäl, „du stellst dir einen ganz langen Hund vor, der von Köln bis Berlin geht. Wenn du den Hund in Köln in den Schwanz kneifst, dann bellt der in Berlin. Das ist Telegrafie. Drahtlose Telegrafie ist genau so, bloß ohne Hund."
Grammatik:
1.a) 2. Bei Bewerbungen muss/soll(te) man darauf achten, ... Bei Bewerbungen muss/soll(te) darauf geachtet werden, ... 3. Mit schnellen Zusagen kann man meist nicht rechnen. Mit schnellen Zusagen kann meist nicht

gerecnet werden. 4. Politiker und Unternehmer müssen/ sollten für genügend Ausbildungsplätze sorgen.

1.b) 1. Es ist zu befürchten, dass .../Man muss befürchten, dass ... 2. Es ist gut zu verstehen, wenn ... 3. ... haben sie sich ... zu melden. 4. ... muss man sofort annehmen./ müssen ... angenommen werden. 5. ... haben ... zu akzeptieren ... 6. ... muss ... mitgeteilt werden./Jeden ... Wohnungswechsel ... muss man ... mitteilen. 7. ... muss ... überweisen./Das Arbeitslosengeld ist vom Arbeitsamt ... zu überweisen. 8. Es kann nicht abgesehen werden, wann .../Man kann nicht absehen, wann ... 9. ... kann ... erwartet werden./... kann man ... erwarten. 10. ... können ... beneidet werden./... kann man ... beneiden. 11. ... sind ... zu motivieren./... kann man ... motivieren. 12. ... getan werden muss./... man ... tun muss. 13. ... abgelehnt werden muss./... man ... ablehnen muss.

2.a) werden aussehen; werden (zu); wird eingespielt; werden durchgeführt; werden gereicht; (werden) abgehalten; wird geben; wird abnehmen; (wird) zunehmen; geschützt werden ; wird geben; wird (weniger); wird betragen; werden arbeiten; (werden) (arbeitssüchtig) werden (können); wird geben; (zu) werden;

2.b) 1.: wird (weniger), (zu) werden 2.: durchgeführt werden, werden ... gereicht, werden ... abgehalten, ... geschützt werden müssen 3.: wird ... geben, wird ... abnehmen/zunehmen, wird ... geben, wird ... betragen, werden ... arbeiten, werden (arbeitssüchtig) werden können, wird ... geben

d) Das Passiv bildet man mit **werden + Partizip Perfekt**. Das Futur bildet man mit **werden + Infinitiv**.

e) Es **wurde** kalt. Es **ist** kalt **geworden**. Es **war** kalt **geworden**. Bis wann **wurde** gearbeitet? Bis wann **ist** gearbeitet **worden**? Bis wann **war** gearbeitet **worden**?

3.b) 2. Die reichen Länder werden dann sicherlich alle Möglichkeiten nutzen, um ... 3. Sie werden vermutlich ihre Deiche ... erhöhen und ... anpassen. 4. Die armen Länder werden diese Möglichkeit wohl nicht haben ... 5. Dann werden wahrscheinlich Millionen von Wirtschaftsflüchtlingen in die reichen Länder kommen ... 6. Das eigentliche Problem wird aber höchstwahrscheinlich die Bevölkerungsexplosion sein, weil die Menschheit jährlich weltweit um 93 Millionen zunehmen wird.

Aktivitäten:
2. Im Hotel → ein Hotelgast; Im Geschäft → ein Kunde; Im Zug → ein Reisender; Im Bus ein Fahrgast; Auf einer Schiffsreise → ein Passagier; Auf einer Besichtigungsreise → ein Tourist; Im Konzert → ein Zuhörer; Vor dem Fernseher → ein Zuschauer; Im Straßenverkehr → ein Verkehrsteilnehmer; Auf dem Gehweg → ein Fußgänger; In der Lehre → ein Auszubildender/Lehrling; Beim Finanzamt → ein Steuerzahler; Durch den Abschluss eines Universitätsstudiums → ein Akademiker
Keine feminine Form haben: Hotelgast, Fahrgast, Passagier, Lehrling

3.a) ... Alle ihre Bekannten meinten: „Träume sind Schäume." Und ihre Mutter sagte: „Mir wäre das nicht im Traum eingefallen." ... Sie bewarb sich auf gut Glück nach dem Motto: Jeder ist seines Glückes Schmied. ... Als sie dann die Zusage in der Hand hielt, war sie im siebten Himmel. Ihre Eltern sagten nur: „Du bist eben ein Glückspilz!"

Fitness Center S. 169

15.b) 1 - A, 2 - B, 3 - B, 4 - A, 5 - B, 6 - A, 7 - B, 8 - B

e) *v* in deutschen Wörtern → [f] z. B. Volk, Vater, viel, von
v in Fremdwörtern meist → [v] z. B. Vokal, Ventilator, Venus, Venedig

f) *v* als [f]: aktiv - aktivsten, naiv - naivsten, intensiv - intensivsten

g) 1 ☐☒ 2 ☒☒ 3 ☐☒
   4 ☒☒ 5 ☐☒

16.b) 1 - A, 2 - B, 3 - B, 4 - A, 5 - B, 6 - A, 7 - A, 8 - B

e) 1 ☒☒ 2 ☐☒ 3 ☒☐
   4 ☒☒ 5 ☐☒

17.b) 1 - A, 2 - A, 3 - B, 4 - B, 5 - A, 6 - A, 7 - B, 8 - A

e) 1 ☐☒ 2 ☒☒ 3 ☐☒
   4 ☒☒ 5 ☐☒

18.b) 1 - B, 2 - A, 3 - A, 4 - B, 5 - B, 6 - A, 7 - A, 8 - B

e) s, ss, ß [s] z. B. Haus, Masse, weiß, lassen, las
s [z] z. B. Sonntag, Saarland, Hase, reisen

f) 1 ☐☒ 2 ☒☒ 3 ☒☒
   4 ☐☒ 5 ☐☒

19.b) 2. gleiten - geleiten 3. Geräte - Gräte 4. Belag - Blag 5. blieben - Belieben 6. beraten - braten 7. Klang - gelang 8. Genick - Knick 9. Terrasse - Trasse 10. Briten - berieten 11. Blut - belud

Grammatikregister

Angaben
- temporale, kausale, modale, lokale, 18 (L 21)

Adjektiv
- Nomen mit Adjektivendungen, 98 (L 26)

Adverb
- *noch, schon, erst, nur*, 68/69 (L 24)
- *daher/deshalb/deswegen, danach/dann, seitdem, stattdessen, trotzdem, vorher/davor/zuvor, währenddessen*, 83 (L 25)

Attribut
- Funktion und Position von Attributen, 50 (L 23)

Brückenwort → **Konjunktor**

Konjunktiv I → **Verb**

Konjunktiv II → **Verb**

Konjunktor
- zweiteilige Konjunktoren: *sowohl ... als auch, nicht nur ... sondern auch, entweder ... oder, teils ... teils, zwar ... aber, weder ... noch*, 101 (L 26)

Modalverb
- Modalverben als Alternative zu *haben ... zu* und *sein ... zu*, 162 (L 30)

Nebensatz
- *dass*-Sätze und satzförmige Ergänzungen, 66 (L 24)
- *je ... desto/umso*, 37 (L 22)
- *als, bevor, nachdem, obwohl, ohne ... zu/ohne dass, seitdem, statt ... zu, um ... zu, während, weil/da, wenn*, 83 (L 25)
- Nebensätze mit Modalverben im Perfekt bzw. Plusquamperfekt, 34 (L 22)
- Attributsätze: Relativsätze mit *deren, dessen, was, wo* (+ *r*) + Präposition, 51 (L 23)
- Attributsätze: Relativsätze (Wiederholung), 132 (L 28)
- Relativadverb *wo*, 52 (L 23)

Negation
- Negationselemente: *niemand, nichts, noch nicht, kein_ ... mehr, nie/niemals, nirgends/nirgendwo, kein_, weder ... noch*, 116 (L 27)

Nomen
- maskuline Nomen auf -*e(n)* im Plural, 98 (L 26)
- Nomen aus Adjektiven und Partizipien, 98 (L 26)

Nominalstil
- Nominalstil – Verbalstil, 83 (L 25)
- Nominaler oder verbaler Ausdruck, 148 (L 29)

Partikel
- *denn, doch, eigentlich, einfach, eben, ja, ruhig, schon* (Wiederholung), 20 (L 21)
- *mal eben/ mal gerade*, 53 (L 23)
- *etwa, denn*, 116 (L 27)

Positionen im Satz
- Komplexe Sätze (Wiederholung), 17 (L 21), 67 (L 24), 147 (L29), 164 (L30)
- Position von Attributen und Attributsätzen, 50 (L 23)
- Position von Modalverben in Nebensätzen mit Modalverben, 34 (L 22)
- Position von Relativsätzen, 50 (L 23)
- Satzförmige Ergänzungen, 66 (L 24)
- Verbposition in Haupt- und Nebensatztypen (Übersicht), 165 (L 30)
- Positionen im Satz (Wiederholung von Bildern und Lernhilfen), 165 (L 30)

Präposition
- mit Genitiv: *während, wegen, (an)statt, trotz*, 17 (L 21)

Rahmenwort → **Subjunktor**

Satzstellung → **Positionen im Satz**

Subjunktor (Rahmenwort) → **Nebensatz**

Valenz
- Adjektive und Nomen, 176 (Anhang)
- Verben mit Präpositivergänzung (II), 19 (L 21)

Verb
- Futur, 163/164 (L30)
- *haben ... zu, sein ... zu*, 162 (L 30)
- mit Infinitiv, 84 (L 25)
- Infinitiv I und II mit *zu*, 133 (L 28)
- Konjunktiv I: Gegenwart und Zukunft, 145 (L 29)
- Konjunktiv I: Vergangenheit, 146/147 (L 29)
- Konjunktiv II: Irreale Vergleichssätze mit *als ob*, 81 (L 25)
- Konjunktiv II Passiv, 113 (L 27)
- Konjunktiv II Aktiv und Passiv (Zusammenfassung), 114 (L 27)
- Partizip I und II, 131 (L 28)
- Trennbare und untrennbare Verben, 99 (L 26)
- *werden*-Passiv mit Modalverben, 36 (L 22)
- *werden*-Passiv, *sein*-Passiv, 130 (L 28)
- Konstruktionen mit *werden*, 163 (L 30)
- Zeitenfolge: Präsens, Präteritum, Perfekt, Plusquamperfekt, 34 (L 22)

Verbalstil → **Nominalstil**

Quellenverzeichnis

Quellennachweis: Texte

S. 16: Bertolt Brecht, Freundschaftsdienste. Aus: Gesammelte Werke, © Suhrkamp Verlag, Frankfurt am Main 1967

S. 22: Sinase Dikmen, Kein Geburtstag, keine Integration. Aus: Ein Fremder in Deutschland, dtv © Dikmen

S. 27/28: Aus: Winston S. Churchill, Meine frühen Jahre. Genehmigt durch: Paul List Verlag GmbH & Co KG, München

S. 32/40: Gedächtnistest. Aus: Gedächtnistraining, GU Verlag ©Klaus Kolb

S. 33: Margarete Jehn, Blauer Brief. Aus: Papa, Charly hat gesagt, © Fackelträger Verlag GmbH, Hannover

S. 42: Ernst Jandl, Markierung einer Wende. ©1985 Hermann Luchterhand Verlag GmbH & Co KG, Darmstadt und Neuwied. Jetzt: Luchterhand Literaturverlag GmbH, Müchen; Josef Reding, Friede: © J. Reding, Dortmund

S. 43: Hellmut Holthaus, Aus dem Tagebuch eines Zweijährigen. Verlag Josef Knecht, Frankfurt © Angelo Holthaus, Staufen

S. 44: Nach der Schule in den Krieg. Nach: Computer-Kids. STERN 51/1993

S. 45: Kommentar. Aus: NEUE REVUE Nr. 22/1996; Texte 1–6 und „In einer Hauptschule...". Nach: Jochen Schweitzer, Friedenserziehung ist Menschenrechtserziehung. Aus: Erziehung und Wissenschaft 7–8/1986

S. 48: Wolfgang Borchert, Nachts schlafen die Ratten doch. Aus: DAS GESAMTWERK © 1949 by Rowohlt Verlag GmbH, Hamburg

S. 54: Frauen als Soldatinnen. Aus: Freundin 9/1996

S. 59: Texte. Aus: BUNTE 50/1994, S. 20

S. 62: Textauszug. Aus: Sekten in Deutschland. ©Christian Krug/STERN

S. 67: Vom Urlaubsschiff ins Kloster. Aus: Freundin 23/1996 mit freundlicher Genehmigung der Zisterzienserinnen-Abtei Oberschönenfeld

S. 78: Franz Hohler, Die blaue Amsel. © 1995, Luchterhand Literaturverlag GmbH, München

S. 79: Aktion Sorgenkind. Nach Artikel aus: Das Magazin 1/97; Unterwegs für die Aktion Sorgenkind. Aus: Die Zeitung 1–2/95

S. 80: James Thurber, Die Kaninchen, die an allem schuld waren. Aus: James Thurber, 75 Fabeln für Zeitgenossen ©1967 by Rowohlt Verlag, Reinbek

S. 86: Weltenlaube. Mit Genehmigung von Peter Hohenauer (Projektveranstalter)

S. 91: Das Duale System. Nach Texten aus: Mach's richtig, Heft 2, Bundesanstalt für Arbeit

S. 96: Günter Wallraff, Am Fließband - Auszug. Aus: Reportagen 1963–1974 von Günter Wallraff, ©1976, 1984, 1987 by Verlag Kiepenheuer & Witsch, Köln

S. 97: Rudolf Otto Wiemer, Empfindungswörter ©Wolfgang Fietkau Verlag, Berlin

S. 98: Lieselotte Rauner, Denkpause. Aus: Schleifspuren, Asso Verlag, Oberhausen

S.106: Zum Beispiel Ehrenamt. Auf der Grundlage von Informationen aus: PZ Nr. 86/1996. – Bundeszentrale für politische Bildung, Bonn

S.109: Reiner Kunze, Sensible Wege. Aus: Reiner Kunze, Gespräch mit einer Amsel, ©S. Fischer Verlag GmbH, Frankfurt am Main 1984

S. 110/111: Einen Stein ins Wasser werfen. Nach: Janet Schayan, Eine Frau geht ihren Weg. Aus: Deutschland 5/10, 1996 mit Genehmigung der Klaus Steilmann GmbH & Co KG Bochum

S. 112: Text aus: Die Weiße Rose © 1952, 1991 by Inge Aicher-Scholl, mit Genehmigung der Liepmann AG, Zürich

S. 114: Test. Aus: Meine Familie und ich 10/1992

S. 124/125: Robert Gernhardt, Die Angstkatze © R. Gernhardt

S. 128: Angst und ihre Überwindung. Nach: Gerda Pighin, Angst: so wird man sie los. Aus: Freundin/Psychologie 9/1989

S. 135: Programmiert auf Panik. Aus: STERN 22/1995

S. 139: Was die Deutschen täglich lesen. Aus: Deutschland Nr. 2/1995

S. 142: Elektronische Information. Aus: STERN 6/1996

S. 144: Frederic Vester, Die totale Information. Aus: bild der wissenschaft plus, Juli 1995 © Prof. Dr. Vester

S. 145: Auszug aus Interview. Aus: taz, Jubiläumsausgabe v. 17.4.1997

S. 157: Nina Achminow, Meine Zukunft. Aus: Morgen beginnt heute. Hrsg. von Uta Biedermann, Harry Boeseke, Martin Burkert. Beltz & Gelberg Verlag, Weinheim und Basel, 1981. © bei den Herausgebern.

S. 158: Vom Zeitsparen... Aus: Michael Ende, MOMO. © 1973 by K. Thienemanns Verlag, Stuttgart - Wien - Bern

S. 160: Glück beschreiben... Aus: „Glück" STERN 2/1997 © Luise Wagner, Klaus Thews/STERN

S. 188 Informationen nach STERN vom 6.3.1986

Quellennachweis: Fotos und Zeichnungen

S. 9: Foto A, D, F, H: dpa; Foto B, E, I: Bähr; Foto C: Bildarchiv Huber; Foto G: IFA-Bilderteam

S. 14: Zeichnung: Hägar, der Schreckliche. Aus: King Features Inc./Distr. Bulls, 1989

S. 15: Foto: IFA-Bilderteam

S. 17: Hintergrundfoto: TONY STONE Bilderwelten

S. 20: Foto links: Christiane Reinelt; Foto rechts: Astrid Müller

S. 21: Foto: Christiane Reinelt

S. 22: Zeichnung: © René Bosc

S. 24: Foto B: Bildagentur Huber/Scharpe; Foto C: O. Zimmermann © Office Tourisme, Colmar; Foto E: © Office Tourisme, Colmar; Foto F: Städt. Verkehrsamt Breisach am Rhein; Foto G: privat

S. 25: Foto J, L: Freiburg Wirtschaft und Touristik GmbH Foto: Raach; Foto M: IFA-Bilderteam; Foto N, Q, O: Basel-Tourismus

S. 26: Zeichnung. Aus: Hickel, Sanfter Schrecken © Quelle & Meyer Verlag, Wiesbaden

S. 36: Foto oben: AKG, Berlin; Foto unten: Bernd Krug, Heidelberg

S. 39: Zeichnung. Aus: Hickel, Sanfter Schrecken © Quelle & Meyer Verlag, Wiesbaden; Foto: © Michael Seifert, Hannover

S. 42: Foto oben: dpa; Foto unten: Inge Werth, Frankfurt am Main

S. 43: Zeichnung: © Marie Marcks, Heidelberg

S. 44: Fotos: Jörg Müller/STERN

S. 45: Foto: NEUE REVUE

S. 53: Karikatur von H. E. Köhler © Wilhelm-Busch-Museum, Hannover

S. 54: Foto links: Bundesministerium für Verteidigung; Foto rechts oben: Marion Techmer; Mitte: Christiane Schweigmann; unten: Helen Schmitz

S. 56/57: Foto A, B, D, E, F: Bildarchiv Huber; Foto C: MIKAD, Lübeck; Foto G: © Staatl. Konservatoramt, Saarbrücken-Bildarchiv; Foto H: IFA-Bilderteam/W.Otto; Foto I: privat; Foto J: © Kunstverlag Peda, Passau; Foto K: Salzburg Information

S. 58: Foto A: privat; Foto B, E: IFA-Bilderteam; Foto C: © Österreich Werbung; Foto D: Zisterzienserinnen-Abtei, Oberschönenfeld; Foto F, H: Axel Krause/laif; Foto G: Jan Banning/laif

S. 59: Foto oben links u. rechts, unten Mitte: Hermann Roth TV-Pressebild; Foto oben Mitte: © Prof. Dr. Pförringer; Foto unten links: © DER SPIEGEL Foto: Monika Zucht; Foto unten rechts: dpa

S. 61: Foto: © Andreas Simon

S. 62: Foto: © actionspress

S. 63: Foto oben: dpa; Foto unten: © Hans Lachmann, Monheim

S. 64: Foto oben: Marion Techmer; Foto unten: IFA-Bilderteam/ Selma

S. 67: Foto: Zisterzienserinnen-Abtei, Oberschönenfeld

S. 68/70: Fotos: epd-bild/Neetz

S. 71: Foto oben: © Hans Lachmann, Monheim; Foto unten links; epd-bild/Zöllner; Foto unten rechts: epd-bild/Neetz

S. 74: Foto A: Thomas Hegenbart/STERN; Zeichnungen B, C, D: Peter Schössow/STERN; Zeichnung F: Marie Marcks, Heidelberg; Foto E: Aktion Sorgenkind: Magazin 3/1995; Foto G: Andrea Bachmann

S. 79: Foto oben und Zeichnung unten aus: Aktion Sorgenkind-Ordner; Foto Mitte: Aus: Aktion Sorgenkind, Die Zeitung 1-2/1995

S. 83: Foto: © K.F. Schimper-Verlag GmbH, Schwetzingen

S. 86: Schaubild: Globus Kartendienst; Foto: © Peter Hohenauer, München

S. 87: Zeichnung oben: von K. Iwamoto. Aus: Katalog „Hakenkreuz und Butterfly" © Institut für Auslandsbeziehungen, Stuttgart; Zeichnungen rechts: Marie Marcks, Heidelberg

S. 88/89: Gemälde B, I: AKG, Berlin; Gemälde C: Foto: Jochen Remmer-ARTOTHEK © Pechstein, Hamburg/Tökendorf; Gemälde D, E, F, G, AKG, Berlin © VG Bild-Kunst, Bonn 1997; Lithozeichnung H: Käthe Kollwitz Museum Köln Träger Kreissparkasse Köln © VG Bild-Kunst, Bonn 1997; 7 Fotos: AKG, Berlin; Foto C: Karger-Decker/INTER-TERFOTO

S. 90: Foto A: VOLKSWAGEN AG; Cartoon B: © CCC/Mandzel; Foto C: Paul Glaser, Berlin; Foto D: Markus Bähr; Foto E: Irmin Eitel, München

S. 91: Foto: Aus: Mach's richtig, Heft 2, Bundesanstalt für Arbeit

S. 92: Foto oben: Presseagentur Report GmbH, Berlin; Foto unten: Aus: Freundin 19/1996 © Ulli Baranski; Schaubild: Globus Kartendienst

S. 93: Schaubild: Globus Kartendienst

S. 95: Foto links: Heike Bützer; Foto Mitte und rechts: Marion Techmer

S. 96: Foto AUDI AG

S. 101: Foto: Irmin Eitel, München

S. 102/103: Collage. Aus: Freundin 2/1997

S. 106: Foto A: Greenpeace/Gibbon; Foto B: Süddeutscher Verlag, Bilderdienst; Foto C: Nomi Baumgartl/Bilderberg; Lithokreide D: Käthe Kollwitz Museum Träger Kreissparkasse, Köln © VG Bild-Kunst, Bonn 1997; Foto E: Andrea Bachmann

S. 109: Foto: © Grafik Werkstatt, Bielefeld

S. 110: Fotos: Aus: Broschüre „Freiwilliges Soziales Jahr – Freiwilliges Ökologisches Jahr. Herausgegeben: Bundesministerium für Familie, Senioren, Frauen und Jugend, 53107 Bonn

S. 111: Foto: Jim Rakete ©Klaus Steilmann GmbH & Co KG, Bochum

S. 112: Fotos: ©Geschwister Scholl Archiv, Rotis

S. 115: Foto: SOS-Kinderdorf-Verlag

S. 117: Foto: © Bunte-Verlag; Illustrationen von Wolfram Nowatzky. Aus: Freundin: 24/1996

S. 119: Foto: AKG, Berlin

S. 120: Fotomontage: Karl-Friedrich Bähr

S. 122: Foto A, C: dpa; Foto B: Ellerbrok/Bilderberg; Foto D: AKG, Berlin ©The Munch Museum/The Munch Ellingsen Group/VG Bild-Kunst, Bonn 1997; Foto E: © Tony Angermayer, Holzkirchen; Foto F: AKG, Berlin; Foto G: © G+J Fotoservice

S. 123: Schaubild: R+V Versicherungen

S. 124: Zeichnung: © Robert Gernhardt

S. 126: Zeichnung: Jan Rieckhoff/STERN

S. 127: Foto: dpa

S. 130/131: Karte und Foto: Tourist-Information Furth im Wald

S. 138: Foto A: Deutsches Historisches Museum, Berlin; Foto B: © 1995 Louis Psihoyos Matrix/FOCUS; Titelseite C: taz, die tageszeitung; Foto D: © 1996 Stefan Pielow/FOCUS

S. 139: Foto Zeitungsstand: Cassardelli

S. 142: Fotos: Jens Görlich, Oberursel; Cartoon: © CCC/Mohr

S. 144: Zeichnung: © Matthias Schwoerer

S. 146: Foto links: Marion Techmer; Foto rechts: © Heinrich Drach, Berlin

S. 149: Cartoon: © CCC/Stauber

S. 150/151: Collage: © CCC/Magnus

S. 152: Foto B, F, I, K: Bildagentur Huber; Foto C: Bavaria Bildagentur/Jacques Alexandre; Foto D, E: Andrea Bachmann; Foto G: INTERFOTO Pressebild-Agentur; Gemälde H: AKG, Berlin; Foto J: IFA-Bilderteam/Thiel

S. 154: A: Malerpalette: Aus: Was Werden 2/1997 © Designerwerkstatt Jutta Pötter; Collage B: Foto: Geld/Sekt. IFA-Bilderteam / Foto: Haus. Andrea Bachmann / Foto: Auto. Mercedes; Foto C: TONY STONE Bilderwelten; Foto D: Peter Ginter/Bilderberg; Gemälde E: ARTOTHEK © VG Bildkunst Bonn 1997; Foto F: Marion Techmer

S. 155: Foto: Michael Seifert, Hannover

S. 156: Fotomontage: © Bunte Verlag

S. 157: Cartoon: © CCC/Taubenberger

S. 158: Foto: Bavaria Bildagentur/Reetz

S. 159: Foto A: von Hipp GmbH & Co KG © Wolfram Jürgen Mehl; Foto B: Bunte Verlag © Georg Valerius; Foto C: Bunte Verlag © W. Knopp; Foto D: © Prof. Binning; Foto E: © Maria Lehrmann

S. 160: Foto: © Andreas Pohlmann, München

S. 163: Foto: Michael Seifert, Hannover

S. 168: Schaubild: Globus Kartendienst

Fotos ohne Vermerk: Martin Brockhoff, Bielefelder Fotobüro
Zeichnungen ohne Vermerk: Christa Janik, Leinfelden

Trotz intensiver Bemühungen konnten nicht alle Inhaber von Text- und Bildrechten ausfindig gemacht werden. Für entsprechende Hinweise ist der Verlag dankbar.